中国工程院院士
是国家设立的工程科学技术方面的最高学术称号，为终身荣誉。

中国工程院院士传记

石玉麟自传

石玉麟 著

中国农业出版社

人民出版社

北京

图书在版编目（CIP）数据

石玉麟自传 / 石玉麟著.—北京：中国农业出版社，2023.3

（中国工程院院士传记）

ISBN 978-7-109-30459-8

Ⅰ.①石… Ⅱ.①石… Ⅲ.①石玉麟–自传 Ⅳ.①K826.1

中国国家版本馆CIP数据核字 (2023) 第035298号

中国农业出版社出版

地址：北京市朝阳区麦子店街18号楼

邮编：100125

责任编辑：汪子涵　贾　彬　　文字编辑：汪子涵　耿增强

责任校对：吴丽婷　　责任印制：王　宏

版式设计：王　晨

印刷：中农印务有限公司

版次：2023年3月第1版

印次：2023年3月北京第1次印刷

发行：新华书店北京发行所

开本：700mm×1000mm 1/16

印张：22.5　　插页：12

字数：302千字

定价：82.00元

踏遍千山万水与天同乐，走访万户千村与民共苦。

石玉麟　中国工程院院士

我的自述

石玉麟

石玉麟高中时期（1953年）

1985年，石玉麟在新疆伊犁天山上考察

1958年，在天山南坡考察，站立者为石玉麟，右二为苏联土壤学专家诺辛，右三为苏联植物专家尤纳托夫

1958年秋，在新疆阿克苏考察，土壤组部分成员，前排左三为石玉麟，后排左一为苏联专家扎哈琳娜，左二为石元春，左四为苏联专家诺辛，左七为组长文振旺，左八为苏联专家戈尔布洛夫，左十一为苏联专家平斯科依

1959年9月，在罗布泊考察，从左向右为陈治平、赵济、石玉麟、张佃民

1980年，在法国蒙彼利埃市访问，左四为石玉麟，中为该市市长

1981年，《中国1：100万土地资源图》编图组部分成员在河南省野外调研，左六为石玉麟

1986年，新疆维吾尔自治区领导与中国科学院新疆资源开发综合考察队部分队员合影，第一排左四为宋汉良，左五为王恩茂，左六为石玉麟，左七为铁木尔·达瓦买提

1988年，访问苏联吉尔斯共和国科学院，左二为石玉麟，左三为当时副院长阿扎耶夫，后为吉尔吉斯斯坦第一任总统

1989年，在乌鲁木齐的新疆人民大会堂向新疆维吾尔自治区领导汇报的图表前

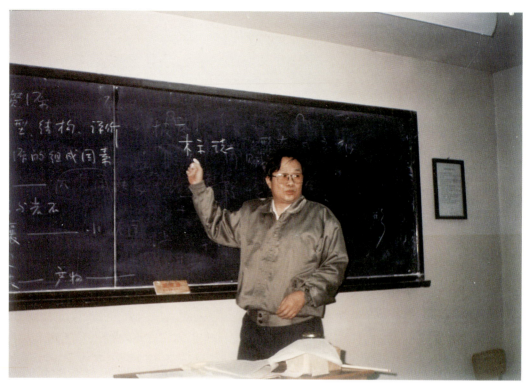

1993年，在中国科学院研究生院讲课

1995年，在讲解《中国1：100万土地资源图》

石玉麟1996年院士照

1998年12月，在江西省泰和县中国科学院千烟洲站考察，从左至右为：李家勇、刘燕鹏、石玉麟、陈超子、张红旗、谭新泉

1999年，国庆50周年在天安门观礼台上，石玉麟（中）与刘昌明院士（左）和陈述彭院士（右）

1999年，在美国明尼苏达州北部的一个农场考察精准农业，左五为石玉麟

　　2001年中国工程院"西北水资源"项目组部分成员合影，第一排左七为钱正英院士，左八为徐匡迪院长、右三为石玉麟

2001年7月，石玉麟（左）在宁夏考察土地沙漠化

2002年，石玉麟（左二）在福建长汀考察水土保持

2004年，中国工程院钱正英院士团队部分成员合影，前排右二为石玉麟、右三为钱正英院士

2005年1月，石玉麟（右）与石元春院士在生物质能论坛上

2005年9月，石玉麟（左）与钱正英院士（右）谈工作

2005年，石玉麟与徐乾清院士（中）、陈志恺院士（右）在黑龙江考察

2005年，在内蒙古草原考察，前排左一为钱正英院士、左二为石玉麟

　　2006年10月，在四川省凉山黎族自治州宁南县大同乡与当地干部群众座谈会，中间发言者为石玉麟。

　　2008年11月，石玉麟在浙江绍兴兰亭，参加中国工程院院士书画社笔会。

2014年5月，石玉麟在福州市长乐区古槐
镇南石院士故里石碑前

2014年7月，石氏宗祠院士牌匾

1963年，与陈超子女士拍摄的结婚照

1998年，在美国佛罗里达州西棕榈滩探亲时留念

2013年，在中国照
相馆拍摄的金婚照

2014年，在美国探亲时与儿子、女儿两家拍摄的全家福

石玉麟的获奖证书和奖章

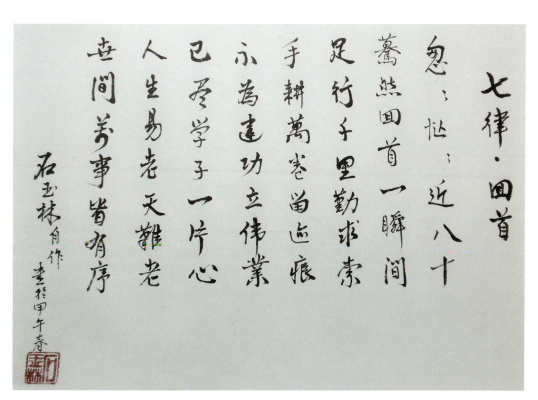

七律·回首

忽、忽、近八十

蓦然回首一瞬间

足行千里勤求索

手耕万卷留遗痕

小为达功立伟业

已尽学子一片心

人生易老天难老

世间万事皆有序

石玉林自作

书于甲午春

2013年8月，书法作品：七律·回首

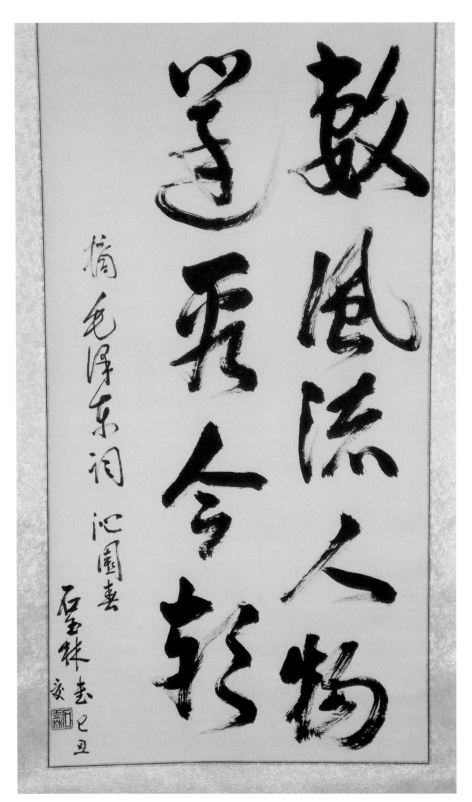

2014年7月，书法作品：数风流人物还看今朝

中国工程院院士传记丛书

编撰出版工作领导小组

　　顾　问：宋　健　徐匡迪　周　济

　　组　长：李晓红

　　副组长：钟志华　蒋茂凝　邓秀新　辛广伟

　　成　员：陈建峰　梁晓捷　徐　进　唐海英　丁养兵

　　　　　　李冬梅

编辑和审稿委员会

　　主　任：钟志华　蒋茂凝　邓秀新

　　副主任：陈鹏鸣　徐　进

　　成　员：葛能全　唐海英　吴晓东　黎青山　赵　千

　　　　　　常军乾　侯　春

编辑出版办公室

　　主　任：赵　千

　　成　员：侯　春　张丽四　龙明灵　张　健　方鹤婷

　　　　　　姬　学　高　祥　何朝辉　宗玉生　张　松

　　　　　　王小文　张秉瑜　丁　宁　聂淑琴

总　序

　　20世纪是中华民族千载难逢的伟大时代。千百万先烈前贤用鲜血和生命争得了百年巨变、民族复兴，推翻了帝制，击败了外侮，建立了新中国，独立于世界，赢得了尊严，不再受辱。改革开放，经济腾飞，科教兴国，生产力大发展，告别了饥寒，实现了小康。工业化雷鸣电掣，现代化指日可待。巨潮洪流，不容阻抑。

　　忆百年前之清末，从慈禧太后到满朝文武开始感到科学技术的重要，办"洋务"，派留学，改教育。但时机瞬逝，清廷被辛亥革命推翻。五四运动，民情激昂，吁求"德、赛"升堂，民主治国，科教兴邦。接踵而来的，是大革命、土地革命、抗日战争、解放战争。恃科学救国的青年学子，负笈留学或寒窗苦读，多数未遇机会，辜负了碧血丹心。

　　1928年6月9日，蔡元培主持建立了中国近代第一个国立综合科研机构——中央研究院，设理化实业研究所、地质研究所、社会科学研究所和观象台4个研究机构，标志着国家建制科研机构的诞生。20年后，1948年3月26日遴选出81位院士（理工53位，人文28位），几乎都是20世纪初留学海外、卓有成就的科学家。

　　中国科技事业的大发展是在中华人民共和国成立以后。1949年11月1日成立了中国科学院，郭沫若任院长。1950—1960年有2 500多名留学海外的科学家、工程师回到祖国，成为大规模发展中国科技事业的第一批领导骨干。国家按计划向苏联、东欧各国派遣1.8万名各类科技人员留学，全都按期回国，成为建立科研和现代工业的骨干力量。高等学校从中华人民共和国成立初期的200所增加到600多所，年招生增至28万人。到21世纪初，高等学校有2 263所，年招生600多万人，科技人力总资源量超过5 000万人，具有大学本科以上学历的科技人才达1 600万人，已接近最发达国家水平。

中华人民共和国成立60多年来，从一穷二白成长为科技大国。年产钢铁从1949年的15万吨增加到2011年的粗钢6.8亿吨、钢材8.8亿吨，几乎是8个最发达国家（G8）总年产量的两倍。20世纪50年代钢铁超英赶美的梦想终于成真。水泥年产20亿吨，超过全世界其他国家总产量。中国已是粮、棉、肉、蛋、水产、化肥等世界第一生产大国，保障了13亿人口的食品和穿衣安全。制造业、土木、水利、电力、交通、运输、电子通信、超级计算机等领域正迅速逼近世界前沿。"两弹一星"、高峡平湖、南水北调、高公高铁、航空航天等伟大工程的成功实施，无可争议地表明了中国科技事业的进步。

党的十一届三中全会以后，改革开放，全国工作转向以经济建设为中心。加速实现工业化是当务之急。大规模社会性基础设施建设，大科学工程、国防工程等是工业化社会的命脉，是数十年、上百年才能完成的任务。中国科学院张光斗、王大珩、师昌绪、张维、侯祥麟、罗沛霖等学部委员（院士）认为，为了顺利完成中华民族这项历史性任务，必须提高工程科学的地位，加速培养更多的工程科技人才。中国科学院原设的技术科学部已不能满足工程科学发展的时代需要。他们于1992年致书党中央、国务院，建议建立"中国工程科学技术院"，选举那些在工程科学中做出重大创造性成就和贡献、热爱祖国、学风正派的科学家和工程师为院士，授予终身荣誉，赋予科研和建设任务，指导学科发展，培养人才，对国家重大工程科学问题提出咨询建议。中央接受了他们的建议，于1993年决定建立中国工程院，聘请30名中国科学院院士和遴选66名院士共96名为中国工程院首批院士。于1994年6月3日，召开了中国工程院成立大会，选举朱光亚院士为首任院长。中国工程院成立后，全体院士紧密团结全国工程科技界共同奋斗，在各条战线上都发挥了重要作用，做出了新的贡献。

中国的现代科技事业比欧美落后了200年。虽然在20世纪有了巨大进步，但与发达国家相比，还有较大差距。祖国的工业化、现代化建设，任重道远，还需要数代人的持续奋斗才能完成。况且，世界在进步，科学无止境，社会无终态。欲把中国建设成科技强国，屹立于世界，必须持续培养造就数代以千万计的优秀科学家和工程师，服膺接力，担当使命，开拓创新，更立新功。

中国工程院决定组织出版《中国工程院院士传记》丛书，以记录他们对祖国和社会的丰功伟绩，传承他们治学为人的高尚品德、开拓创新的科学精神。他们是科技战线的功臣、民族振兴的脊梁。我们相信，这套传记的出版，能为史书增添新章，成为史乘中宝贵的科学财富，俾后人传承前贤筚路蓝缕的创业勇气、魄力和为国家、人民舍身奋斗的奉献精神。这就是中国前进的路。

宋健

2012年6月

前　言

　　中国工程院要求每位院士都要写传略——传、自传或自述。我自觉一生平平，不像"两弹一星"的科学家为国家做出重大贡献，建立了功勋；也不像老一辈科学家，建功立业。作家、记者们可将他们的事迹系统地整理出来以教育后人，并载入史册。我一生平淡，只需自己动手将一生经历如实记载下来，故我选择了写"自述"，即"自己述说自己的事情"，留下我一生的经历，以鞭策自己，激励后人。不追求正规，不追求系统，不追求理论、思想，"三不追求"，只是自己说自己的事。

　　我是个农民的子弟，自幼没有受过良好的教育，没拿过学位，也没有到国外留学，竟能成为中国工程院院士，是我从来没有奢望过的。但是，随着时代的变迁，新中国的成立，在共产党的培育下，经过自己的艰苦奋斗，成长为有用之才，我要记下我平凡的经历，记下一个科学工作者在新社会的成长过程。影响我一生的时代特征，概括为三句话：

　　　　生在旧社会，长在红旗下；

　　　　没有共产党，就没有我；

　　　　在毛泽东思想抚育下成长。

生在旧社会，长在红旗下

　　我出生于1936年，全面抗战的前夕；幼年时期，历经了日本帝国主义的侵略，历经抗日战争，随后解放战争，社会动荡，我稀里糊涂地念完小学，在老家农村读完初中。1949年8月家乡解放，1950

年，14岁时，我与伙伴们闯福州寻找求学之路，考上福州职高（后改名为福州农业学校）。1953年，我在福州农校毕业后，考上北京农业大学，1957年提前大学毕业，直接分配到中国科学院新疆综合考察队，接着参加蒙宁综合考察队；30岁之前成家立业，这一段正是我的青年成长时期，也是我与同代人一样，生在旧社会，长在红旗下，我们的经历具有时代的特征。

这期间，我目睹了半封建半殖民地的社会，腐败的政府保护不了百姓，国家遭受帝国主义蹂躏；目睹了旧社会赌博成风，偷盗、抢劫猖獗，再加上保长勾结国民党军队的兵痞到处抓壮丁，民不聊生。新中国成立后，经过"土地改革""镇压反革命"运动，进行社会整顿，高利贷、黄、毒、赌、偷、盗、抢，全部肃清，社会安宁，夜不闭户，农村出现欣欣向荣的景象。我目睹了新、旧社会两重天，在幼小的心灵里，种下了热爱共产党、热爱新社会、热爱新中国的种子。

没有共产党，就没有我

1950年夏天，我与伙伴们闯福州寻找求学之路。在福州，借宿在福州陈氏祠堂大厅里，天气炎热，蚊虫叮咬，我得了疟疾，无医、无药，病情严重，发展成恶性疟疾，身体极度虚弱。这时正值院校调整，共产党进了学校，学校设立了校医室，为我治病，我的疟疾得到根治，共产党从病魔中挽救了我。

我上高二时，父亲失业了，再没钱供我上学了。在我危难时，学校（福州农业学校）给了我甲等助学金，我才得以继续学习，共产党再次挽救了我。

在福州农校毕业时，学校挑选了8位同学报考大学，我是其中之一。想不到我竟考进了高等学府——北京农业大学。我没有进京的路费，吴连昇先生向学校为我借了60元路费，我无以回报，我牢记党的关怀，牢记老师们的关爱。在大学四年里，我一直享受甲等助学金，保证了我的学习和生活，使我能以优异的成绩完成了大学的学业。我立下决心，终身报效祖国、回报人民。在我提前毕业分配到新疆综合考察队时，我二话没说，我的信念是服从组织分配、服从人民的需要。我终身从事综合考察事业，全心全意地工作，几十年来，随着国家的需要转战西北、华北、东北摸清自然条件、自然资源，论证其开发利用的方向与途径；探讨学科发展新领域，获得一个个研究成果。长期艰苦的野外考察及紧张的科研工作，使我体力不支，在野外6次住医院，但我没有离开岗位，仍坚持野外工作，尽职、尽责。

在毛泽东思想抚育下成长

进入大学之后我系统地接受了马克思主义、毛泽东思想的教育，学习了中国共产党历史，苏联革命史——联共党史，政治经济学（讲马克思的《资本论》）。我的报恩思想得到升华，初步树立了为解放全人类，实现没有人剥削人的共产主义人生观。大学毕业后，我反复系统地学习毛泽东选集，特别是其中的《实践论》与《矛盾论》，努力将"两论"应用于科学研究中，效果显著；也用"两论"来观察、剖析社会，受益匪浅，延续至今。后来又学了马列原著，如《共产党宣言》《国家与革命》《反杜林论》《哥达纲领批判》《法兰西内战》《自然辩证法》，在改革风雨中，我系统学习了《资本论》，以识别真假马克思主义。1956年，在大学期间，我有幸加入了中国共产党，我入党申请书上最后一句话是：相信资本主义一定会消亡，共产主义一定会胜利（大意），为实现共产主义社会而奋斗。几十年来风风雨雨，但我仍然坚信我的信念，始终不变。

我要书写，20世纪50年代（中期）新中国培养的，在毛泽东思想抚育下成长的一代新型大学生，有理想，有抱负，献身祖国的建设事业，不谋私利，全心全意为人民服务的事迹；我要记下，我们新疆考察队这支队伍的年轻人能吃苦耐劳，每年春去冬回，毫无怨言，苏联专家伸着大拇指称赞我们这一代中国青年是好青年；我要记下，综合考察队这所"大学校""大熔炉"，将许多专业，水、土、气、生、工交、农林、经济等专业互相融合，同心协力出色地完成国家项目；我要记下，队伍里的专家都是国内及世界顶尖的专家，以老带新，培养出了一批地学、生物学专家及院士（20多位院士），他们成为学科带头人，促进了自然资源学科的发展。

"我的自传"分九章，前三章叙述我的家世、身世与求学的青少年时期，第四章写综合考察，是我从事的科研事业，从第五章到第八章以学术发展过程为主线，总结一生的学术生涯，是本书的主体部分。第九章余音是自传最后的收尾与结束。

"我的自传"本着实事求是的原则，对问题的看法也尽量反映真实思想，借此自述，对一生工作中的功与过、成绩与失败、正确与错误，做个总结，以供后人借鉴并从中吸取教训，避免失误。

完成"我的自传"，特别要感谢我的妻子陈超子，不遗余力地帮我整理、收集历史资料，帮我修改、润色。还要感谢我的秘书刘梦怡，她帮助我完成打印、编排、审校等琐碎而繁重的工作，小刘对计算机的使用非常娴熟，给我抢了很多时间。

特别要提到的是2019年9月，"我的自传"初稿由中国工程院原秘书长葛能全同志审阅。葛能全同志不辞辛苦，认真地审阅，对本书的结构及对一些史实进行了认真的考证并提出宝贵的意见。我根据葛能全同志的意见对本书的结构进行了部分调整，对史实的错误进行了修正，特此表示衷心感谢！

目　　录

总序

前言

第一章　家世与身世 ……………………………………………… 001

一、我的祖国 …………………………………………………… 003

二、我的故乡 …………………………………………………… 003

三、石氏家族的变迁 …………………………………………… 006

四、关于我的身世问题 ………………………………………… 010

五、关于奶娘 …………………………………………………… 011

第二章　农村生活 ……………………………………………… 013

一、新旧两重天 ………………………………………………… 015

二、抓壮丁 ……………………………………………………… 016

三、我的劳动生活 ……………………………………………… 017

四、农田劳动 …………………………………………………… 019

五、文化之乡 …………………………………………………… 021

第三章　求学之路（20世纪40年代至1957年）……………… 029

一、兵荒马乱中度过了小学阶段 ……………………………… 031

二、短暂的小商贩生活 ………………………………………… 032

三、初中迎来了新中国 ………………………………………… 033

四、坎坷而快乐的高中生活 ·· 036

五、旧病复发，共产党拯救了我 ······································ 037

六、经济来源中断，共产党再次救了我 ······························ 038

七、积极参加社会活动 ·· 039

八、艰苦奋斗的大学生活 ·· 044

九、难以忘怀的几位师友 ·· 053

第四章　综合考察 ·· 059

一、综合考察的兴起与沿革 ·· 062

二、综合考察类型与发展 ·· 065

三、综合考察的基本经验 ·· 067

四、信息技术与系统分析方法在综合考察中的应用 ···················· 071

第五章　从土壤地理学研究到土地资源学研究

　　　　（20世纪50年代至70年代） ··································· 079

一、新疆综合考察（1957—1961年） ·································· 082

二、内蒙古综合考察（1962—1966年） ································ 101

三、难忘的师友 ·· 118

四、成家（1963—1966年） ·· 120

五、"四清运动"与"文化大革命" ·································· 135

六、黑龙江省考察（1976—1978年） ·································· 142

第六章　开拓土地资源学领域的研究

　　　　（20世纪70年代至90年代） ··································· 149

一、中国综合农业区划研究 ·· 151

二、中国宜农荒地资源 ·· 156

三、一幅描绘祖国大地的宏图——《中国1∶100万土地资源图》的编制 ····· 159

四、中国土地承载力研究 ·· 173

五、土地资源研究小结 ·· 184

第七章　从土地资源研究领域扩展到自然资源与区域发展

　　　　研究领域（20世纪80年代至90年代） ·············· 189

一、从土地资源向自然资源研究领域扩展的历程 ············ 191

二、新疆资源开发与生产布局研究——第二次新疆综合考察 ····· 192

三、国情研究 ·· 214

四、自然资源与资源科学 ······································ 221

五、当选中国工程院院士 ······································ 233

第八章　从资源领域扩展到资源环境保护领域

　　　　——在中国工程院的日子（2000—2018年） ········ 239

一、资源环境领域研究的历程 ·································· 241

二、为抢救内蒙古高原生态环境上书国务院 ·················· 243

三、转变"人定胜天"思想，树立"人与自然和谐相处"理念 ········ 247

四、关于塔里木河治理问题 ···································· 252

五、对减轻沙尘暴影响的几点看法——在国务院召开座谈会上的发言 ····· 259

六、关于新疆开荒问题 ·· 265

七、农业需水与节水高效农业建设 ······························ 272

八、生态环境安全分析 ·· 276

九、发展水稻生产，提高农民收入，巩固国家商品粮生产基地

　　（2004—2006年） ·· 281

十、关于棚户区与高台危房改造 ································ 284

十一、"中国农业资源环境若干战略问题研究"项目（2016—2017年）····· 288

十二、在中国工程院亲密的师友 ································ 296

第九章　余音（2012年—） ································· 305

一、《石玉林文集》 ·· 307

二、《岁月补遗》 ………………………………………………… 312

结语 …………………………………………………………………… 322

附录一　石玉麟大事记 ………………………………………… 323

附录二　石玉麟主要著作和论文 …………………………… 335

代后记　八十自述 ……………………………………………… 345

第|一|章

家世与身世

一、我的祖国

让我的子孙后代，了解我的祖国是中国，它位于亚欧大陆的东端，太平洋西岸，幅员广阔，陆地面积960万公里^2，仅次于俄罗斯和加拿大，是世界上面积第三大国家。

祖国山川秀丽，气候宜人，土地肥沃，物产丰富，抚育着占全世界人口1/5的14亿人。无论是面积，还是人口总量，中国都可以算是世界上屈指可数的泱泱大国。

我的祖国有着五千年的文明史，有文字记载的历史也有3000多年，是世界历史上最悠久的文明古国之一。在这块土地上生活着56个民族，他们勤劳勇敢，和睦相处，铸成了伟大的中华民族。1911年由革命先行者孙中山发动和领导的民主革命，推翻了2000年的封建帝制，成立了中华民国。1949年由毛泽东领导的中国共产党和人民解放军推翻了帝国主义、封建主义和官僚资本主义三座大山的统治与压迫，建立了中华人民共和国。历经70年的风风雨雨，迄今中国已初步建成了繁荣、昌盛的国家，中华民族已屹立于世界民族之林，正努力为建设现代化国家而向前迈进！

我希望我的子孙无论迁居何处，都不要忘记你们的根是中国。

二、我的故乡

我生长在普通的农民家庭，没有显赫的家族史，也没有值得炫耀的家庭成员。但我为生长在文化古城长乐而自豪，为生长在山水秀丽的故乡而骄傲。

福建省福州市长乐区古槐镇中街村南石（里），我在这里度过了我美好的童年和少年时期，让我终生难忘。

福建省位于中国的东南部，武夷山脉以东，东海之滨，隔海峡与宝岛台湾遥遥相望。靠山面海，八山一水一分田，气候温暖，雨量充沛，森林密布，山川秀丽，物产丰富，文化发达，是我国较文明富庶的一个省份。

福州，有福之州。位处福建省母亲河——闽江的下游，近海处，是福建省的省会，省政治、经济、文化中心。

长乐"居者安之"，取长安乐之意。长乐位于闽江的下游南岸出海口，2017年由市改区，为福州市的一个新区。据历史记载，长乐在唐朝中期武德六年（公元623年）已建县，古称新宁县，县址即在古槐乡，上元元年（公元760年）迁到现今的县址吴航镇。长乐滨海临江，江海交界，得水路交通之利。又由于毗邻省会，经济、文化比较发达。长乐物产丰富，文化昌盛，有"鱼米之乡"和"邹鲁之邦""文献之邦"之美称。

古槐镇处于长乐区的中部董奉山麓（古为福山，后因有董奉圣医而改名），古为新宁县址所在地，曾经（直到新中国成立初期）称"古县"，后来才改为古槐。据我父亲说古槐是由于纵贯镇中心的山前小溪——龙溪两岸

2008年4月，石玉麟回到故乡长乐古槐的故居

长满槐树而得名，现槐树已无存。

古槐西部为山地，东部发源于董奉山脉水系的山前冲积洪积与海相淤积相交叉组成的一块小平原，是长乐区的一块农业生产基地，一年两熟（双季稻）或两熟半（加冬作，小麦、大麦、绿肥、蔬菜等），可生长龙眼、荔枝、枇杷、杨梅、香蕉、橄榄、番石榴以及桃、李、杏等亚热带与热带果树。古槐镇是富裕的鱼米之乡，花果之乡。

中街村是镇政府所在地，也是以前农村贸易集散地，教育文化的中心。随着交通、经济的发展，社会的进步，人民的富裕，中街村逐步失去地方中心的地位，因为古槐离长乐区最远也只有20~30里[*]地，最近不到5里地。

石氏是中街村的主体氏族。按族系和聚居地自北向南分为北石（溪北、坊里）、旧厝、南石（溪南），我的家在南石。具体的房屋，在上厝七间排（一排房子），从北而南的第三间是我的家。我在这里生活了14个年头，读书、种地、砍柴、抗旱，和小朋友们一起摸鱼、捉蟹。在这里我度过了美好的童年和少年时代，接受了启蒙教育和民间传统文化的熏陶，培养了我热爱劳动、热爱劳动人民的深厚阶级感情，我终生难忘我的故乡，难忘这里的山山水水、风土人情、我的小伙伴。我写过多首思念故乡的诗，其中一首《思乡曲》如下：

思 乡 曲

在那遥远地方	董奉山下东海滨
是我生长地方	有我童年记忆
田野上稻花香	学堂里书声嘹亮
怀念这片热土	思念着我亲人
无论你在天边	无论你在海角

---

* 里为非法定计量单位，1里 =500米。——编者注

我愿化朵彩云　　飘到古县①上空

我愿作一只槐雁②　展翅飞到你身边

我亲爱的故乡　　多思念多怀念

——2007年3月31日于北京

我旧宅的院落，已于2018年改建成为9层高楼。

三、石氏家族的变迁

根据《河阳石氏族谱》记载，长乐古槐石氏最早在宋朝年间从河南河阳（开封府的一个地方）迁移到福建，始祖叫德成，"为闽运使，始迁长乐"。第四世"庆，居长乐古槐"，第六世竹所赘岐儿林氏。几经迁徙传到第八世俊山，讳琼，号槐宁，"自宁德来赘古槐，故追号曰'槐宁'"。古槐石氏应该说始于槐宁公，为一世。俊山以后传第四世则简为溪南长房（龙溪之南，即南石）。传十五世至其存，是我们共同祭祖的祖宗。其存下传至十八世学浑，是我的曾祖父，其下生三子：宗耀、宗敬、宗忍（即第十九世）。宗耀是我的亲祖父，宗忍无后，父亲孔鹏（即第二十世）过继给他做儿子。传到我即二十一世了。

族谱排辈是"……其、永、昌、学、宗、孔、孟、志、尚……"以下是上三代和下三代的族谱，如下：

学浑（曾祖）

陈氏（曾祖母）

↓

① 古县即古槐镇。

② 槐雁即古槐之雁。

宗耀（祖父）—宗敬—宗忍
郑氏（祖母）
↓
孔鹏（父）—孔盛（伯父）
李氏（母）
↓
玉麟 — 秀华（姐）
陈超子（妻）
↓
东崖（子）—东晖（女）
赵彤（媳）　陈铭（婿）
↓　　　　　↓
瑞淇（孙女）　陈一石（外孙女）
瑞泉（孙子）　陈一元（外孙女）
　　　　　　陈一典（外孙女）

近代家族以务农为业。我出生前两个月，祖父去世（农历十月），祖母郑氏过世较早，没听老人们提起过。

父亲石孔鹏（1897—1966年，享年69岁。）小字名叫中玉，孔字辈，娶同乡邻村——湖南村李姓女子为妻。父亲比母亲大10岁，母亲16岁出嫁，父亲26岁才结婚，在当时农村已算大龄了。父母恩爱，父亲常年在外谋生，省吃俭用，供养全家。

父亲早年在家种地，青年时跟

石玉麟的父亲石孔鹏

他的姐夫外出当学徒，站柜台，没有读过书，但能写出一手好字，打出一手好算盘，也算是自学成才了。父亲长年在外，曾在福建山区尤溪县一个小山村的小商店任主管（在老板手下，该店只有他和一个店员），后又在福建南平一个相对较大的商号里被聘为"总管"。据说他还去过南洋、上海等地。总之，父亲长期被雇佣为店员，最高职务为商店的总管，靠工资养家糊口，为谋生两年才回家探亲一次。

石玉麟在北京工作期间父亲给他写的信

母亲叫李宝璋，1957年夏天去世，享年49岁。我母亲没有文化，但通情达理、善良，和邻里相处和睦，乐于助人。由于受母亲潜移默化的影响，我也具备了母亲的品德，不计较个人得失，与人为善。

我们家长年只有母亲、姐姐（我大舅的女儿）和我三人，我对母亲感情最深，母亲是位贤妻良母，很溺爱我，对我百依百顺，也造成我从小的坏脾气。父亲见识广，人也威严，在村里也有威望，对我很严厉，平常我若淘气，等父亲回家，母亲就告我的状，我就会受到皮肉之苦。我至今仍记忆犹新，父亲打过我3次，一次是，我向母亲要钱买糖吃，嫌母亲给的钱少了，和母亲大闹，等到父亲回家，母亲告了我的状，父亲痛打了我一顿，母亲又心疼了。还有一次，邻居一位伯母，无缘无故地告了我的状，父亲不问青红皂白，又打了我一顿，算我倒霉。还有一次被打，原因我也忘了。父亲常说："宁可绝序，不可玩誉（福州话）"，意思是宁可断子绝孙，绝不因子孙不肖让人耻笑。在父亲的严管下，我没干过越轨的事，没给家里添麻烦，和小朋友相处也很融洽。

姐姐比我大两岁，很聪明，长得也漂亮，就是读不好书，她只读过小学一年级，就读不下去了。脾气也很倔，像她父亲（我大舅）。在家里我受宠，常与她吵架甚至打架，母亲总是护着我。我上高中一年级，姐姐就嫁到邻村的林家了。生了两男一女。1961年因得肺病去世，享年28岁。

我家三口人，只有8分水田，父亲在外做店员，母亲半缠脚，种不了地。据母亲说"土地改革"时，村里负责"土地改革"的干部（本村农民）问我母亲，是什么成分？母亲随口回答"我最贫穷了"，就被划为贫农，这与母亲和乡亲乡里关系好有关，但主要是因家里地少，只有8分水田。母亲和我分到8分旱地，种白薯*，后来改种茉莉花。当时因为家庭属贫、雇农，我上高

古槐老家石玉麟父母的墓

---

* 白薯的学名为番薯，白薯是它的别名。——编者注

中、上大学，都享受甲等助学金的待遇。在工作中，受到党的培养，在"文化大革命"中少受冲击，都与贫农成分有关。1951年，父亲失业回家，我已外出读书，寒暑假回家帮忙种地。那时正是合作化，即加入合作社，集体劳动，听说父亲当过生产队的会计，还帮助过乡供销社算账。

父母埋葬在湖南村后（母亲的娘家）董奉山山脚下的低山，地势陡峻，风水先生说是虎头穴，是风水宝地。

有趣的是，由于我上了北京的大学（当时在农村也算是大事），毕业后，分配在中国科学院工作，老乡们认为入了"官门"，是墓地的风水好。农村迷信成风，围绕我父母墓的周围，层层叠叠、一座座坟墓建立起来，连成一片，所谓"借风水"，当地还修了一条小汽车可通的山路，成为"可笑"的一景。

四、关于我的身世问题

据我父母讲，我出生在福州某医院（音为"祖马"医院），猪年，农历十二月初八（即1936年1月2日）。乡亲们常在议论我是从外面抱来的。石氏族谱也记载我是嗣子，即养子，从何处领养不得而知，很可能从医院领养的。

关于我出身的事，我从不过问，也没向任何人打听过。我少年的同学曾国英，出于对我的关心，主动去打听我的出身，也没打听到。我认为没有必要，我们是唯物主义者，是谁生的并不重要，重要的是谁养育了我，我有义务孝敬他们，赡养他们，应尽做儿子之责任。

五、关于奶娘

　　我出生后，由于母亲没有"奶水"喂养，故请邻村——感恩村的郑家一位农妇喂我（当时的农村没有牛奶、羊奶和奶粉），我吃的是奶娘1岁女儿的"奶尾"。奶娘喂我一年就回家操持家务了。不久，她丈夫去世，留下公公、女儿及儿子。种地、砍柴、家务都落在她肩上，家贫如洗。旧社会孤儿寡母苦难的生活，促使她信奉天主教，以求有个善终。不久公公也去世了。经人介绍，她与女儿同时嫁给同乡、在福州打铁（匠）的曾家父子，亲上加亲，又生了三男二女，靠打铁为生，家境还算过得去。我称呼她为"依姆"，她对我有哺育之恩，无论我念高中，还是上大学，直至毕业工作后，回家路过福州时，我都会带点小礼物去探望她。

第|二|章

农村生活

一、新旧两重天

旧社会贫穷的农村，晚上伴随我们的是一片漆黑，顶多点个小"油灯"，后来有些改善，用"马灯"，再以后点上蜡烛，直到20世纪60年代我们村才有了电灯。村里的同代人，长年都穿着破烂不堪的衣服，冬天是千疮百孔的破棉袄，夏季光着膀子，长年赤脚。长辈们日出而作，日落而归，过着传统的农村劳动生活。我们的主食是大米和白薯，在那个年代白薯都是穷人们吃的，将白薯搓成条，晒干，掺在大米汤中，作为主食。贫穷人家主食中掺70%~90%的白薯，家境好些的人家也要掺50%左右。小孩肚子一个个都被白薯撑得胀胀的，不顶饿，没一会儿就饿了。我不喜欢吃白薯，可不像今天，白薯成了"高价的保健品"。在抗日战争时期，粮食更少，我们就得挖野菜（如马齿苋等）充饥，不得已时，也吃些白薯秧、白薯藤，尽管会影响白薯的产量，饥饿时也只有"杀鸡取卵"，不像现在食品丰富，吃野菜也成时尚了。

家里烧柴火，稻草不够烧，主要靠上山砍柴，整个山上的树木、野草都被砍个精光，整座山都成光秃秃的一片，看不到树木。

农业生产也很落后，有水灌溉的耕地种水稻，水源不足的地方就旱作，如种白薯。灌溉靠人力踩"龙骨车"从河沟里提引水，从井里"吊水"（提水），一切劳动靠人力和畜力（牛）。人们都很爱护牛，许多农民包括我父亲，一生都不吃牛肉。新中国成立前没有化肥，全靠人的粪尿及养猪积肥。

旧社会穷苦的农民，生活在脏乱的环境中，政府从不过问农民的疾苦，农村家家户户都用露天的厕所，蚊蝇满天飞，传染病肆虐。

据老人们说，我们大院原先人丁兴旺，有一年，从外地传来"天花"或"霍乱"，无医、无药，农民没有抵御的能力，眼看着每天都有几个人死去，整个院子的强劳动力都死得光光。小时候，我和母亲得了一身"疥疮"，好几年都没好，被折磨得面黄肌瘦。我家乡流行传染病——肺病，父亲、母亲、姐姐、舅母以及邻居都死于肺病，这就是半封建、半殖民地社会劳苦农民的境遇。新中国成立后，通过政府大力防治，天花、霍乱、疥疮等疾病很快就灭迹了，肺结核病在20世纪70年代后就没听说了。取而代之的是癌症、糖尿病、高血压之类的老年病了。

旧社会迷信盛行，赌博成风，偷盗、抢劫猖獗，再加上保长勾结国民党军队的兵痞到处抓壮丁，我们院子就被抓去好几个，有的成了国民党军队的逃兵，回来时穷困潦倒。

二、抓壮丁

我小时候就亲眼看到一出抓壮丁的场面。我一位堂兄叫石立星，身材高大，一天下午坐在大门口乘凉，突然保长带着一个个头不高、扛着一支长枪的国民党军队的兵痞，来抓壮丁。保长一出口便要堂兄出钱，无钱就去当兵，双方争执不下，拉扯了一段时间，保长走了，这意味着事情就要发生。果然，保长走后，兵痞就发狠了，举起长枪，一枪一枪地往堂兄的身上打，堂兄身材高大，手臂有劲，枪枪都被挡回，这样僵持了好几分钟。旁边的老乡们也包括一群妇女，我母亲也在内，七言八语帮助劝说，有的老乡在那里骂骂咧咧抱不平，围观的人群越来越多，场面很紧张，也很乱，最后，那位兵痞见势不妙，在堂兄身上也捞不到什么油水，就趁乱逃走了。在这当儿，那位保长始终没有再露面，堂兄总算躲过了一劫。这种抓壮丁的场面，一直留在我的心里，挥之不去。

新中国成立后，经过"土地改革""镇压反革命"运动，进行社会整顿，放高利贷、黄、毒、赌、偷盗、抢等全部肃清，社会安宁，夜不闭户，农村出现欣欣向荣的景象。青年人都踊跃报名参加解放军，我的堂兄弟都参了军。他们转业后，政府都做了安置，有的当上了干部，医疗保险都有保障。通过新旧社会对比，在我幼小的心灵里，种下了热爱共产党、热爱新社会、热爱新中国的种子。

我生活在农村的小天地里，亲眼看见在共产党的领导下，中国人民推翻了压在头上的三座大山，中国人民从此站起来了；政府在短短的时间里，清除了千百年来旧社会遗留下的污泥浊水，扫荡了社会上的残渣余孽，社会发生了翻天覆地的变化，出现了一个崭新的时代。在党的领导下，全民同心协力建设新中国，在经济、社会、文化各领域都发生了巨变，我国从贫穷、落后的传统农业社会初步建立起完整的工业体系和国民经济体系，为以后的经济发展打下了坚实的基础；我们的科技事业，靠着奋发图强、自力更生，在二十世纪六七十年代就成功研制"两弹一星"，步入世界强国之列，成为世界工业强国，这一切成就我们这代人体会最深，也绝不会忘记。

三、我的劳动生活

我14岁以前生活在农村，除了上学读书，还参加一些力所能及的农活。

石品官是我一位堂兄，也是我们院里的孩子头，他比我大5岁，由他带着我们一群小孩，上山砍柴，下水抓鱼，玩耍，打架。我还跟着他卖过糕点，体会到小商贩的艰难。

品官哥家境贫穷，一天中午饿倒在大门口，我母亲唤了他几声，没有反应，赶忙盛了碗稀米汤给他喝，他才苏醒了过来。后来我将这件事作为忆苦思甜讲给他儿子听。品官在新中国成立前经人介绍去福州当打铁学徒，成了工人阶级。

上山砍柴，是非常苦的农活。品官哥带着我们，开始在浅山、低山区砍柴，大孩子用砍刀砍柴，我年幼，就用竹扒扒柴，装入背篓里背回家。随着年龄增长，我也开始用无齿的大砍刀砍柴了。

柴越砍越远，深入到高山、深山中，相对海拔500~600米，直线距离约有1~2公里。天蒙蒙亮我们就结队出发，半天才砍一担柴，待到中午，品官哥帮我捆好柴，让我先走。这时的我已饥肠辘辘，又是烈日当头，肩上压着沉甸甸的柴，常言道："上山容易，下山难"，我双腿发软，全身发汗，已经支撑不住了。一位同乡的大姐，看到我小小的年纪、小小的个子挑这么重的担子，夸了我几句，我反而感到委屈，卸下了担子，坐在地上，号啕大哭起来。品官哥带着大队人马赶到，不分青红皂白把那位大姐臭骂了一顿，我也没为她申辩，至今想起来仍感到内疚。

我们称之为"八月杀"的日子是农历八月，秋高气爽，田里没多少农活，是上山砍柴的好时节。品官哥带领我们爬上很高、很远的山，长着茅草的"窝甸山"（不知名称来源），集中砍10多天的柴。头天，大家背着锅、碗、瓢、勺及米上山，选好有水的地段。其中，一人轮流负责埋锅做饭，其他人第一天都要砍两担柴，大伙还要为做饭的同伴砍两担，把砍下的柴摊在山顶地上晒干。吃饱饭后，挑一担柴下山，也不感觉劳累，留下一担继续晒干。第二天，只需砍一担柴，将头天晒干的柴挑回，最后一天不需再砍了，将最后一担柴挑回，直接放进柴房即可。在"八月杀"砍的柴可以烧半年或大半年，也好烧。"八月杀"的集体协作劳动，团结、愉快，给我留下了美好的记忆。

下水抓鱼。抽闲，品官哥又领着我们一群孩子，各自带着小水桶、木盆到较大的水沟去抓鱼。我们选了一段10~20米长的沟，筑堤将两头堵住，掏干水，七手八脚，扑向蹦蹦跳跳拇指大的小鱼，抓完后，把鱼分成堆，不论出力多少，贡献大小，抽签每人一份，大哥也不例外，各尽所能，一律平等，这也许是共产主义风格的萌芽吧！事后，按工序拆堤，放水，恢复沟道的原貌。大家乘兴而归，回家可以美餐几顿呢。

四、农田劳动

我在农村期间，因年幼，凡重活如犁地、耙地（用牛耕）、播种、插秧都轮不到我，其他农活多多少少也干一些。

抗旱车水（踩龙骨车）。这是农田抗旱的主要方法和工具。继品官哥后，我的另一位农村兄弟——陈必炎，他比我大五岁，他不是我们石家的人，也不住在一个院子里，我们如何走到一起，已经记不清了。他有四位兄弟，老大、老三在福州，老二与他（老四）在家，与母亲住一起。抗旱时，他经常找我去帮他踩龙骨车，我踩车的技术很高明，可以闭着眼睛，快速踩。我们老家农忙时吃5顿饭，上下午间有餐"点心"，一般是稀粥。踩1个多小时后，必炎的二嫂就送来"点心"或茶水，休息一会儿，再踩1个多小时，水满了，就收摊回家了。农家说有"三怕"（或"三累"）：踩车、吊水、扛"棺材"，除后者外，我都干过。我喜欢踩车，除脚板累些外，可漫无边际地穷聊天，边踩边聊，不知不觉地就干完了，感觉轻松、愉快。

吊水是很重的农活。吊水也是抗旱的手段之一，在没有地表水源处，只能从井中一桶桶地将水提上来，倒入水渠，引到自家的田里。木桶很大，直径估计有40厘米左右，高也有40厘米左右。利用杠杆原理，可减轻重量。即在水井后面，立一根长木桩子，在木桩顶部绑一根长的横木杆，支点后段较短（约占长度的1/3），后端捆一个大石头，也可在后端拴一根绳子由妇女或孩子拉。支点前横木杆较长，木杆前端绑一长竹竿，竹竿的下端连接木桶，直插入井中。劳动时，我的双脚踏在水井两侧，将装满水的桶，一桶一桶地提上来，倒入水渠。抗旱时节天热，日头暴晒，井水的水面越来越深，提水越来越费劲，真是个苦差事。不像现在田间布满灌溉网，自流灌溉，自然轻松多了。

薅草即水田除草，不仅起到除草的作用，增加水田的有机肥，还起到搅动作用，增加水与土中的空气，调和水田耕层的水、气。在我们南方水田需薅草3次，特别是"薅三草"最辛苦，大约在农历四月下旬，那时水稻已长成大半人高，薅草必须趴（跪）在水田中，闷（不透气），水层又热，背朝烈日，时间又长，草需一棵一棵地"薅"，实在难熬。再加上田中的蚂蟥专叮人的腿，吸人血。被蚂蟥叮住，拔都拔不下来，它吸饱了血才罢休。我们只有猛击腿部，将它震落。被蚂蟥叮过的腿部会发红、发肿、发痒。蚂蟥再生能力很强，将它切成两段，它就成两条了。农民随身带一小竹筒，装上石灰，将蚂蟥投入，也不知是死是活。蚂蟥现在变害为宝了，利用它吸出病人体内的脓包及毒汁、毒物，造福人类。凡事都是一分为二的，生物资源开发前景也是无量的。

种旱地。"土地改革"我家分了8分园地，那时我已去福州上高中，这块园地离家不超过50米远，现已全部盖上房屋了。我曾在这块地上种过白薯、茉莉花。种白薯，要起垄（昼夜温差大，有利于淀粉的积累），压稻草作肥料，要施草木灰（含钾高），还要翻白薯藤。白薯地的地头大约有7~8米长（横垄），我曾精心地种植过高产白薯，我的经验是，垄要起得高，施大量草木灰，长出的白薯藤粗短、叶茂、叶色浓绿，根部结的薯块均匀、肥圆、数量多。推算亩产有万斤，在当年也算是高产了。我引以为豪，自认为是种白薯的能手。

这块园地后来改种茉莉花，因父亲失业回家，为了养家，从外地买了品质优良的茉莉花插条。我暑期回家茉莉花已长出枝条，当年还开了些花，第二年花开得很茂盛了，满园芬芳，也有利于身体健康。我上大学的4年里，父母就是依靠采茉莉花赚工分生活。1957年我大学毕业回到家，家乡已是高级合作社了，每天清晨，妇女们采下含苞欲放的茉莉花后，供销社立即送往福州茶厂，窨（xūn）制茉莉花茶，工序一环套一环。

回想起少年时代田园劳动的生活，给我留下了深刻的印象，培养了我热爱劳动、热爱农村、热爱农民的好品德；养成了我吃苦耐劳、勤俭节约、团结协作的好素养，为以后成长打下了良好的基础。

五、文化之乡

长乐紧邻省会福州，文化发达，古有"邹鲁之邦、文献之邦"的美誉。我小时受到传统文化影响较大，我们家乡的地方戏剧（闽剧）、评书、小说，讲的、演的、看的都是些忠孝仁义、礼义廉耻之类的传统道德文化。武侠小说也对我的性格形成有潜移默化的影响，我崇拜那些英雄豪杰，那些劫富济贫、舍生取义、见义勇为的英雄形象。

丰富多彩的节气文化

我们老家节气很多，平均每个月都有一个节气，我们小孩都很盼望过节，因为平常日子，吃的饭菜很简单，几乎没什么可口的菜，但每逢过节，就可美餐一顿，俗称"打牙祭"。我印象最深的节日是：过年（春节）、清明节、端午节和中元节（鬼节）。

春节

过年是以春节（旧历年）为主，从小年开始一直到正月廿六，整整1个月。老家的小年祭灶是腊月廿四，比北方一些地区腊月廿三晚一天，这天各家都买些五颜六色的糖果，我们小孩最高兴，胜过过大年。

从这天开始，各个大院子的小孩们开始组织一年一度的"鼓板队"（由打击乐组成：鼓——南方一种用手掌打的长鼓、锣、大挑、小挑、大钹、小钹）。6人组成，鼓、锣、大挑为三大主力，我负责打锣。我们学会了十几首曲牌，每天晚上都到摆香案、上贡的大院子演奏，每次演出，主持的老大爷都赏给我们一包小蜡烛，一个晚上能攒许多大、小包的蜡烛，大家平分，拿回家，母亲很高兴。我们的"乐队"在路上若遇到另一支"乐队"，双方就比赛曲牌，谁打得多，谁就赢了，我们小乐队可以说"打遍南石无敌手"。在元宵节那晚，是"乐队"演出的高潮，以后活动就逐渐减少，到正月底就收摊了，待到来年再重起。"拍鼓板"也算是我们农村过节的一种娱乐文化吧！可惜时光过了70多年，十几首曲牌除了起、序曲以外，只记得一首了。

小年过后家家都做年糕，是必备的，长乐的年糕黏度、甜度适中，比福州的好吃。腊月三十是最热闹的一天，院子里的大厅上，挂上祖先夫妻的画像，摆起香案，供各家、各户上供。上午各家忙碌着杀鸡、宰羊、准备丰盛的菜肴，一般都有十碗八碗的。然后各家将饭菜一碗一碗地端上大桌，一般把整只鸡摆在中央，有的人家摆一整只羊或一只羊头，少数有摆猪头、牛头的，桌前还摆上十盏斟上红酒的酒杯，然后，一家接着一家烧香、放鞭炮，祭天、祭祖，热闹非凡。

下午，只听到家家户户炸、煎、炒、烧、煮，噼里啪啦的炒菜声，像一场热闹的交响乐演出。

晚上，点起红蜡烛，开始一年最欢乐的家筵。按习俗，年夜饭小孩可以敞开肚子吃，大人不能阻拦。听母亲讲，有位表哥拼命吃，他妈妈的眼睛都看"直"了，因为他的家境不好。对于家境差、欠债的人家是很难过"年关"的，债主逼债一直到晚上12点，母亲说某某又去"塔"里躲债了。在旧社会，真是几家欢乐几家愁。

在那些年，由于父亲长年在外，每逢过年，家里只有母亲、姐姐和我三人。有一件事让我终生内疚。1953年我在福州农业学校过的春节，没有回家。后来，听堂兄弟说，春节前，我母亲兴高采烈地准备年货，等我回家过年。她正在街上采购，突然听说我不回家过年了，母亲当场就"懵"了、"呆"了。看得出来，她伤心极了，好不容易盼到春节，可与儿子一起过个快乐的春节，这一小小的愿望，却成了泡影，母亲无精打采地独自一人度过春节。我听后很内疚，觉得很对不起母亲，做儿子的真是不知慈母心。1953年10月我便离开福建到北京了，再也没机会回家与母亲过春节了。我后悔莫及，如果母亲还健在，我一定会给予补偿，年年都会与母亲一起过年，这已无法弥补了，成了我终生的遗憾。

同样，我也不记得父亲有在家过年的时候了。之后有一年我回福建老家过年，这时母亲已过世，秀华姐也不在人世了，仅留下孤苦伶仃的老父亲一人。这是我第一次与父亲一起过年，我看到父亲吃饭时，仅用筷子沾些菜汁下饭，想起也很心酸，父亲长年在外，省吃俭用，养活一家子，还供我上学。父亲为养家糊口，都不能在家过年，仅在正月，小店二人轮流值班，他才可能两年回家一次。我工作后，由于长年出差，无法尽孝，很无奈，只有请堂兄海官照料老父亲了。

热闹的正月

在我们家乡正月要闹一个月。因为从农历正月十六开始全乡进入大"迎神"阶段，最热闹的数正月十八晚上高楼村"迎神"，供奉"齐天大圣"；正月十九晚上是中街村"迎神"，供奉二郎神。正月十九的晚上，"迎神"的队伍打着灯笼火把，人们抬着主神二郎神，除此之外还有牛头、马面和各路神鬼、将军的"神牌"、各种"受罚的犯人"等，保长（神牌）开路，游行队伍很长，游遍全中街，最后到达终点石氏宗祠，年轻人抬着"神位"，扛着神、鬼像，从50米之外，跑进祠堂，这时人墙夹道，锣鼓喧天，小孩、大人，男男女女，熙熙攘攘，整整闹了一晚上。正月二十六是"迎神"的最后一天，供奉的是古槐乡的本地神——石碧山。可能这就是旧社会的"鬼神"文化吧！

"米苕"（福州话 mǐtiáo）艺术展览

正月十二是高楼村艺术品展览日，即展览"米苕艺术"，将一个一个米粒两头粘起来做成各种各样的艺术品，如"桥""楼""球"，多层的"空心球""盘""人"，戏文中的"节目"等等。正月十二晚上，家家户户制作丰富多彩的艺术品，拿到高楼陈氏祠堂展出。来自四面八方各乡、各村的人们都来参观、评比，好生热闹。还听说高楼村的"米苕"手艺，传媳不传女，避免这种"绝活"外传。新中国成立后，随着破除迷信，连同"米苕"民间非物质传统艺术也被废除了。前几年，据《长乐乡亲》报道，只有两位老妇会做简单的"盘子"，其中一位做得还可以。民间传统艺术"遗产"失传，真是可惜！

除了春节外，在我们老家，清明节、端午节和中元节都是大节。

清明节

上山扫墓，追念先人，中华民族以孝为先，清明节历来被重视，延续至今。近几年，清明节还放假一天，有利于迁居外地和在外地工作的乡亲们回家扫墓，乡亲们重视清明节，回家探亲的人群，甚至超过春节回乡的。

端午节

我们家乡与全国一样，端午节是个大节日，全国放假一天，属于"小长假"。端午节前，我的家乡刚"薅"过"三草"，是农闲期，也是老乡们体育活动的最佳时节。每年端午节都会组织划龙舟、赛龙舟活动，村村、里里都有龙舟，我们南石就有一艘。我们老家龙舟比较大，一艘龙舟20多人划，打鼓的人站在船的中间，打锣的人站在龙舟的最前端，比赛开始时，他会摆出各种姿态，全身前后、左右、上下摆动，打出抑扬顿挫优美的锣声，使士气大旺，增加获胜的概率。当然，如果打锣手功夫不过关，就有栽入水中的危险。

在旧社会，赛龙舟也有风险，经常因比赛出现矛盾，相互斗殴、打骂，动棍棒、刺刀，甚至枪支。

中元节

中元节是鬼节，即为死去的人过年，也是大节日。我们家乡中元节是在农历七月十四。记得我小的时候，有一次乡里组织纪念鬼节，在石氏大祠堂里里外外布满了所谓阴间的纸人、纸马。二十四孝、阎罗殿、奈何桥、十八层地狱以及阴间可怕的故事，都用纸折叠呈现出来，祠堂内布置得阴森森，十分恐怖。祠堂外大广场设了道台、搭了木桥，道人、和尚念经，都是封建迷信一套的东西。总之，又恐怖、又热闹，人们都认为是为祖先过年，所以家家户户都踊跃参加。但中元节并不是年年都组织大型活动，平常也是一家一户家庭式的纪念活动。

除了春节、清明节、端午节、中元节四大节日外，我们家乡还过其他节日，如中秋节、元宵节、重阳节等。我的老家中秋节与元宵节不热闹，但福州市对这两个节日很重视。

新中国成立后，封建迷信的思想受到冲击及破除，近年来，信神、信鬼又死灰复燃，中国要清除封建迷信意识，还任重道远！

戏剧、评书与小说深入人心

戏剧与评书在我们家乡是文艺生活中的重要组成部分，我小时候受到戏剧、评书故事的熏陶，对我的思想认识与性格影响颇大。

长乐的戏剧主要是闽剧，与后来改革的新闽剧不同，老闽剧的曲牌，我能唱十来首，可现在只记得一首（1种曲牌）。新闽剧不合口味，不喜欢。京剧在我们那里也很流行。在闽剧演出开始前，先演一段京剧"武打戏"，小孩们都喜欢看，当地称其为"打唠叨"，说的是北京话。因长乐是海防前线，历史上闽江口附近都驻扎有满族营、满族村，故带来了北方文化。福州有几个京剧团，有时农历正月也下乡轮回演出。我从小就喜欢京剧。

评书，福州叫"评话"，在福州一带很流行，不仅农历正月演出，平常有时一个族、一个家办喜事，从福州请评书先生来演唱。福州评书有说有唱，道具也简单，只要一个钹（打击乐器），一支筷子，一个玉扳指（套在左手的大拇指上）和一块压条。在一木板架上，放一张桌子，说书先生或站或坐在桌子一头，就可表演了。表演得绘声绘色，内容丰富，很受老少妇孺们喜爱。

演戏与说书内容多为古代故事，如三国演义、七侠五义、小五义、包公案、彭公案、施公案、岳飞传、隋唐演义、杨家将、薛家将、水浒传、西游记、白蛇传、梁山伯与祝英台以及神鬼之类，应有尽有。这些文化融入我们的生活中，青少年学英雄、演英雄成风，我的几个亲密哥们都自称为七侠五义中的五鼠，因我年龄最小，被"封"为锦毛鼠白玉堂。连我母亲病危前，我赶回家，母亲一见我，伤心地引用"吕蒙正落魄"来形容我们家败落的情景。

在这些文化的影响下，我们村也成立剧团，先有高脚团，一些孩子踩高跷演戏，有时还被外村请去演出；还有乐团，有笙、萧、二胡、唢呐和锣鼓，我也学会了吹笛子和拉胡琴，用的是古乐谱，如"声、宫、商、角……"之类，现已忘记了，不久我便到福州上高中了。后来村里的高脚团升级为闽剧团。

我少年时期看了很多小说，如《西游记》《三国演义》《水浒传》《荡寇志》《七侠五义》《隋唐演义》《封神演义》《岳飞传》以及《儒林外史》和部分聊斋的故事。长大以后，我看了好几遍《红楼梦》，喜欢书里的诗词。我们村的孩子们有看书的风气，比我低一年级的一位少年，能够把《三国演义》从头到尾讲得滚瓜烂熟，我真佩服。

长乐文化昌盛，得益于福州与上海大城市的影响。人才辈出，自唐至清共中进士547人，其中状元8人，还有当宰相的。近代有冰心、郑振铎、郑敏之（女子世界乒乓球冠军）以及5位两院院士，好多海军将领（主要集中在古槐感恩村），近代第一位海军部长是长乐人。工程师、文人就不计其数了。长乐不愧有"文献之帮"的称号。

受这些传统文化的熏陶，我从小就崇拜英雄豪杰，学习他们爱祖国、爱民族、爱故乡的思想，感恩报恩、恩怨分明的性格，以及忠孝仁爱信义和平等的传统美德。同时，也受侠客精神和个人英雄主义思想影响，好强好胜，好打抱不平，甚至常顶撞领导，招人嫌。

第 三 章

求学之路

（20世纪40年代至1957年）

1950年以前，也就是我14岁以前，就读于古槐中街私塾、小学、初中。这时期正值抗日战争后期和解放战争时期，国家处在兵荒马乱之中，我的学业也断断续续受到影响。

一、兵荒马乱中度过了小学阶段

我第一次上小学，在南平市，那时我们家从长乐古槐搬到父亲就业的南平。我与秀华表姐为伴，就读于在山上的梅山岭（音）小学。我年幼走不动，中途要休息几次才到达学校。时局动乱，一次闽江码头被日寇飞机炸了两个大坑。傍晚，我跟着大人去看。没过几天，福建省政府从福州撤往闽西山区永安县；国民党军队大队人马络绎不绝经过南平，日夜转移部队。父亲决定送母亲、我和表姐回老家古槐，古槐还算是偏安一隅，后来长乐也沦陷了，半缠脚的母亲背着我拼命逃到更小的自然村（仅有几户人家），躲了一天，鬼子没到古槐，傍晚，母亲又背着我回南石的家，这也算是我们第一次逃难吧！

在古槐南石我读过一年私塾，学《千字文》，我学得较好，故没有挨先生打、骂过，总算平安过关。

在战争年代，我上小学很不稳定，换过3个地方：中街的石氏宗祠、高楼的陈氏宗祠、上吴顶的黄氏宗祠。初小时校名为"古槐中心小学"，后来"中心"二字也取消了。开学时，小学生很多，待我毕业时，没剩下几个学生了。初小我记不清读了多少年的书，高小只读了"五上"和"六下"。因为学校没有老师教，同时也没有生源，开不了课，我趁乱连跳几级。我原名叫石玉铭（村里人都叫依铭），为了跳级，老师给我改为石玉霖。后来小学停办，我就稀里糊涂地小学毕业了。为了上初中，老师又将我改名为石玉麟，沿用至今，在"文化大革命"时，为了简便，我又私自改为石玉林，但在我的身份证与户口簿中还是石玉麟。

二、短暂的小商贩生活

　　1946年小学毕业，上初中之前，趁假期，我去福州马尾大姨妈家小住。大姨妈家三口人，姨夫、姨妈与大表姐，在马尾租二间屋子。姨夫是个小商贩，每天晚上去"牙行"（批发市场）进货，每天进的货品种不同，有鱼，有蔬菜，种类各异。次日清晨，就摆在大街马路边叫卖，我成了他的收钱小助手。小商贩每天行情都不一样，有时卖得好，有时卖得不好。卖得好时，姨夫就高兴，叫我去酒馆买一壶酒，烫（暖）一下，配一点花生米之类的下酒料，自饮自乐；如果卖得不好，不但不喝酒，还唉声叹气，埋怨买卖的货物或品种选的不对路。做小商贩很辛苦、很操心，买卖鲜活的鱼类放在厨房里，晚间姨夫、姨妈会不时地起床看看鲜货的情况，有没有被老鼠吃了或者是变质了。姨夫、姨妈手艺精湛，他们会做馄饨、饺子、包子、馒头等各类食品，换着花样到市场卖，讨取生活。我待在姨妈家里约1个月，我深深地理解小商贩的操劳和生活的艰辛，这是社会底层老百姓的一个缩影，使我对他们产生了同情心。至今，我对路边的小商贩，总想多买些，能为他们解忧做些微薄的奉献。我也乐于与他（她）们交谈，问长问短（包括社会底层的农民工），我常做些社会调查。

三、初中迎来了新中国

1946年小学毕业，在不知何去何从的关键时候，私立建华初级中学迁入本地，给我继续学习带来了机会。

私立建华初级中学是1942年由福州建华火柴厂厂主，长乐竹田村人，民族资本家林弥钜先生出资创办，地址在南平广积仓的福州会馆内。抗日战争胜利后，1946年学校迁到长乐古槐，最初以北石石氏祠堂为校舍。

1950年，在建华中学校门口，左一为石玉麟

1950年，建华初级中学第五届师生毕业照，后排右五为石玉麟

夏季，我未经考试就进入初中学习了。那时我不到10岁，再加上基础太差，跟不上，这一年我补了高小的课程，等于读了初中预备班。第二年，学校从石氏宗祠迁入新的校址"朱子祠"（即乡里的私塾）。在"朱子祠"的基础上，改造并新建两座教学楼，从此，我才真正步入三年的初中生活。1949年8月17日迎来了福州解放，长乐随之也解放了，我正读初三。

回想起来，我真有运气，那时建华初级中学如果没有迁入古槐，我就会失学，因为我家里的条件，不可能到长乐城里的中学学习，只有在家务农或跟随父亲做学徒了。

新中国成立前夕，中共福建省委从福州迁到长乐南部江田乡的南山（山区）。在长乐，发展了一批革命势力和游击队，镇压了国民党古槐镇镇长。建华初级中学的老师里也有中共地下党员，同学中也有革命分子和进步学生。一次校门口走过一批扛枪的游击队，我竟然发现我的好朋友——高我一级的同学郑依茂也在其中。我们学校的老师和学生思想比较进步，很快就接受了共产党的领导，因此解放时学校很平静，整个地区也没有发生抵抗、捣乱事件，反动势力（地痞流氓、旧官吏、特务等）也不敢作威作福了。

新中国成立后，学校开展排球、篮球、秧歌比赛，跳集体舞等多项文体活动，还与县里中学的学生举办联欢晚会，老师们扮演白毛女、杨白劳。同学自编自演《小二黑结婚》、演双簧、演"土财主"，也有闽剧插段，唱革命歌曲《团结就是力量》，跳秧歌舞。解放军南下的队伍住在我们学校，开展军民大联欢，学校一派生机勃勃的景象。学校还开展批评与自我批评，学生的精神面貌也焕然一新。农村中学的教学水平，不能与城市中学相比，我只在初中一年级学了一年英语，高中也免修英语，以后的英语学习深受影响。但我一个农村孩子，还是完完整整地读完了三年初中。我很愉快地度过了三年的初中生活，结识了不少要好的同学，我的同学大部分是从外乡来的，他们都是寄宿生，我们本村的同学都是走读生。初中一年级时有两个班的同学，到毕业时仅剩下20位同学，大部分辍学，一部分转学到县里中学。毕业时，同乡的同学就剩下石毓俊（与我同院）、陈荣棠（中街坊里）、曾国英（感恩村）和我4人了。

2008年4月，石玉麟携妻陈超子回到母校长乐一中（由县中、培青、建华合并）留念，右为校长。

四、坎坷而快乐的高中生活

　　闯福州探寻求学路。1950年初夏，我初中毕业，与老师们照了毕业纪念照，告别了学校。此后，初中同学各奔一方，同学们都有安排，同院的石毓俊决定在家务农，准备结婚。女同学曾国英的父亲是医生，她会自有安排。只有我六神无主，父亲在外，母亲文盲，13岁的我，只有靠自己做决定了，是考高中？还是到父亲那里做学徒？我犹豫不决，经母亲同意我和同乡陈荣棠一起闯福州，调查了解情况，找到高年级就读航运中学的同学，了解有关学校情况。由于家庭经济困难，我没有选择，只能报考职高，但报什么学校，仍心中无数。后来随江田村以陈心栋（原学生会副主席）为首的五六位同学到福州，准备考职高。经江田村的同学联系，我们借宿在福州陈氏祠堂大厅里。福州天气炎热，蚊虫叮咬，住了几天，我得了疟疾（打摆子），病情严重，又无医、无药，我已经不能参加考试了。无奈中，我硬着头皮去找福州的堂舅李兴钰，他在三山中学当教员，他救了我，给我治疗，服了喹啉特效药，买了"炼乳"给我调剂身体，总算是将病情刹住了。兴钰堂舅替我报了名，先考福州商业学校，后考福州协和职业学校（以下简称"协和职校"）。但我没考上商业学校，协和职校迟迟未发榜，我已不抱考上的希望了，只有一条出路，到父亲处做学徒，担负起赡养父母的责任。回到家，我主动地学着打算盘，母亲见我久病未愈，心疼地说：身体好了再学吧！过了几天，喜从天降，我终于收到录取通知书，考上了福州协和职业学校（后改名为福州农业学校），皆大欢喜。这还要感谢李兴钰堂舅，是他推荐我报考协和职校。回想起来，那时如果没有报考协和职校，我将失学，往后的道路就不可知了。1950年夏天，告别了母亲，走出了我幼年生长的故土古槐，走出了长乐，那是我的根，我不会忘记父老乡亲们对我的抚育之恩。我背上行装，去协和职校报到，到了一个新天地福建省省会福州，对我一个农村的穷孩子来说，在旧中国这就像梦幻。

后来得知，我初中同学考上高中的只有：曾国英（福州师范学校）、陈荣棠、陈瑞琛（闽侯中学），还有一位考上福州工业学校。

我的学校是一所教会办的协和职业学校，它是由美国维理公会办的，面向全省农村，服务于农民，是一所颇有水平的职业中学，校址位于福州西门外祭酒岭，依山傍水（闽江）的丘陵岗地。入学一年后与高农（福州市管的公立农业中学）合并为福州农业技术学校，后改为福州农业学校（以下简称"福州农校"），校址仍在祭酒岭。

协和职校是按美国农业职业学校的模式培育学生，学校的教师大部分是留美或在美国进修过的教师。面向全省招生，学生大多数来自农村，城市的学生很少，年龄相差很大，相当一部分学生都有教会背景，多为基督教徒，这对于我们不信教的学生来说有些格格不入。

五、旧病复发，共产党拯救了我

高中是我度过的最艰难的时期。考高中时，我患疟疾，进高中后，疟疾复发，发展到"恶性疟疾"，不定期复发，有时在白天，有时在晚上，经常在夜间发病，白天还要上课。当时没有校医，也没有药物治疗，疾病折磨得我面黄肌瘦。有一天，我肚子饥饿难忍，看见我的饭盒在蒸笼的最顶层（当时学生都是自己准备粮食），我爬上去，掀开蒸锅盖，不但没拿出饭盒，反而将手烫伤，疼痛难忍，一生难忘。

第二年协和职校与高农两校合并为福州农校，党和政府对学校进行了整顿，学校有了校医室。校医给了特效药喹啉，经过治疗，我再也没复发疟疾，身体恢复了健康，我牢记共产党的恩情。

六、经济来源中断，共产党再次救了我

1951年或1952年上半年，我上高二，一个星期天，下着瓢泼大雨，我戴着斗笠，趟着大水，走了很长的路，到城里我父亲老板的家，取父亲一部分工资——我的生活费，老板对我说："依弟下月不要再来了。"我拿了钱就离开了，我预感到父亲失业了，再没钱了，不出所料，父亲失业回家，我失去了经济来源。1988年大陆对台湾开放，我表兄郑梦锦，第一次回大陆探亲，到北京来看我，我将这段遭遇告诉了他，他很气愤，说老板（与表兄同村、同族，叫郑义炎）不顾多年交情，干出这等事来，他非常理解我当年的处境。

我同班同学张上隆知道我父亲已失业，对我说，你现在应该申请助学金了。于是我回到老家，向镇政府求援，镇长陈良金为我开了一份家庭困难的证明，学校立即批准，给我甲等助学金。从此我再不用为生计发愁了，顺利完成了高中学业，我从内心再次感谢共产党。

七、积极参加社会活动

办夜校

协和职校很重视实践活动，老师带着学生下乡劳动种地。学校在附近农村办夜校，教低年级学生学文化、读书识字；教高年级学生上农业技术课。我当时上高一，也参加夜校讲课，我们都来自农村，自然与农民有着天然的情感，通过办夜校加深了与农民的感情，短短的一年思想收获很大。1952年暑期，我回到老家，和石毓俊二人也在乡里办起了夜校，教青年农民读书识字，教农民唱革命歌曲，学员有二三十人，地点在建华中学的教室。

建校园

协和职校与高农合并后，需要扩大校园，盖新礼堂，建新宿舍，扩大体育场。由于我们学校位于丘岗地，起伏不平，需要平整土地，挖土与填方，这些重活、粗活都由我们学生承担，不分男、女生一齐动手，建设新校园，劳动场面十分壮观。我们不仅经受了劳动的锻炼，而且也培养了吃苦耐劳的好品德。我大学毕业后，拜访母校福州农校时，老师们都赞扬我们这几届的学生，品学兼优，后来的学生就相差甚远了。

闽江防洪

1952年春，闽江大水威胁着城市与农村人民的生命安全，我们学校被动员参加修防洪堤。时间紧，任务重，同学们不分白天和黑夜，不分晴天与雨天，都要不停地挑土修堤，尤其雨天，乡间、田间小路又滑、又黏，同学们都累得筋疲力尽，终于在大家的努力下，闽江江堤保住了，城市、农村的百姓都安全了。通过实践，我深深地认识到，自古以来治水是多么伟大的事业，是造福人类的事业，那些治水英雄们值得人们尊敬！

参加修海堤

1952年夏天，老师们集中几个月思想改造，我们有3个多月的暑期。我回到老家，正值乡政府安排修海堤。因为新中国成立前几年海堤决口，稻米绝收，赤地千里，民不聊生，盗贼横行，社会不安宁。国民党当局忙于打内战，无暇顾及老百姓的安危，海堤年久失修。新中国成立后，人民政府立即抓此事，我也踊跃参加，各乡、各村、各小组包片、包段，千军万马齐上阵，大家团结协力战斗。退潮时，一队队排列下海，涨潮时就收队，我当时也算是主力军，参加了农民队伍。历经20~30天的努力，我们顺利地完成了修海堤的任务，我也加深了与农民的感情。

协助镇人民政府工作

那时镇政府的干部只有"两个半"人，拿全月工资的一个是镇长，一个是秘书、会计、杂事统管的干部。拿半个月工资的是通讯员，负责到各村通知开会，因为农村分散，通知一次走一遍都要半天时间。

那时，我在农村主动帮镇政府做些杂事：每周出一期黑板报，办夜校；农忙时，协助干部做农田防虫、治虫、收公粮之类的工作。乡亲们以为我回乡当干部了，所以有些纠纷、告状的事，都找我帮忙向政府反映，短短的几个月我了解了基层的工作情况。当时的干部总体上是比较廉洁的，许多老同志至今我还怀念着他们，他们也都记得我，多年后有位妇女干部，在福州广场上的照片展中看到我是院士时，还回家高兴地告诉乡亲们。

我通过参加社会活动，逐步培养了为人民服务的人生观及世界观。

保尔·柯察金的影响

那个年代，是火红的年代，我们这代青年都积极追求上进，以英雄为榜样，改造自己的人生观及世界观。我们如饥似渴地阅读苏联的革命小说，如《钢铁是怎样炼成的》《卓雅与舒拉的故事》《童年》《在人间》《我的大学》（高尔基三部曲），以及《远离了莫斯科的地方》《铁流》等，对我影响最大的是《钢铁是怎样炼成的》，主人公保尔·柯察金是我学习的榜样，他的一段名言，成为我一生的座右铭："人最宝贵的东西是生命，生命对于我们只有一次。一个人的生命应当这样度过：当他回首往事的时候不因虚度年华而悔恨，也不因碌碌无为而羞耻——这样，在临死的时候，他就能够说：'我整个的生命和全部的精力，都已献给世界上最壮丽的事业——为人类的解放而斗争。'"保尔的思想在我的心灵中已生根发芽，影响了我的一生，为共产主义事业而奋斗，为祖国建设而献身，回顾一生，我没有因虚度年华而悔恨，我毫不自夸地称得上是为祖国献身、脚踏实地的科学工作者。

加入共产主义青年团

协和职校是教会学校，政治基础比较差，高农是公立学校，有不少共青团员，两校合并后，学校来了一些政工人员，原先的老师集中思想改造，有的留美老师调到福建农学院当教授、讲师，也有的到省内其他地区或调至外省工作，干部、老师队伍得到调整。我们几位福州籍的同学不信教，所以在思想上比较容易与高农来的一些先进同学接近，对我影响比较大的一位同学叫候心工，他是福州市农村人，家庭比较贫寒，他是班上团支部委员，我们谈得来。经他和一位莆田同学许文芳介绍，我很快就加入了青年团，而且没有候补期，时间是1952年下半年。加入中国新民主主义青年团（1957年改名为中国共产主义青年团），对我来说，在政治上是很重要的事件，影响着我后来在大学的进步。

1953年8月，高中共青团员合影，前排右五为石玉麟

福州农校1952学年第二学期毕业留念，前排左四为石玉麟

愉快的职高生活

高中阶段生活最愉快、最丰富。新中国刚刚成立，学校里师生关系、同学关系焕然一新，团结、友爱、互助、一心向上、朝气蓬勃，我们福州农校的学生一毕业就分配工作，有职业保障，没有失业等后顾之忧，加上农业学校数理化基础课课业不重，可以有更多的时间参加其他社会活动，除了办夜校、建校园、修防洪堤，还参加了一些有意义的社会活动，如参加全省农展会解说员的工

作，参与了福建外销橘子的采摘、分级、包装活动，以及森林调查等课外活动。通过这些活动，我们长了见识，了解了社会，密切联系了群众。学校还组织了篮球队、排球队、武术队、舞蹈队、歌咏队等，经常参加校内外的各种比赛，我参加了福州市学生运动会排球比赛，获第二名。我校篮球比赛胜出名校英华。此外，还参加了自己组织的乘风篮球队、武术队，我从高中就开始练习800米、1 500米、3 000米的中距离跑，为大学时期中距离赛跑取得好成绩打下了基础。在1951年参干中，我们学校被录取得最多。我们福州农校同学遍布全省，是农业部门的技术骨干，为社会培养了德才兼备的人才。

福州农校时期参加的乘风篮球队，前排右一为石玉麟

八、艰苦奋斗的大学生活

报考大学

按规定，职业学校毕业后，必须为社会工作两年，方可报考大学。1953年很例外，学校选派了8位同学直接考大学（全年级有90多位同学），出乎意料其中竟有我。高中三年，我还没意识到需要刻苦学习，成绩平平，不知为什么选择我们8人。吴连昇先生召开会议，告诉我们，因为我们8位同学平均分都在80分以上，我被选中了。当时我并没有特别高兴，因为家庭困难，我需要工作，挣钱养家。这时张上隆同学看出我的心思，他劝我不要放弃这个好机会，要参加高考。在我犹豫不决中，他的话促使我下决心，决定了我终生的走向。这次被选去考大学的8位同学有：侯心工、张上隆、刘美炜、刘星辉、吴秋儿、林真真、王淑琴和我，五男三女，我们园艺科班有6位。

侥幸考上北京农业大学

考试准备的时间只有一个月，我们农校生基础差，远比不上普通中学生。我们代数只学到一元二次方程，物理只念了力学与热力学，没有学过外语，学校为我们申请免试外语，减轻了我们许多负担。其实我并不在乎能否考上，考不上就参加工作，没有后顾之忧。但是我们还是认真准备，把基础课复习了一遍。考前要填志愿，我们都抱着离开福建去闯天下的思想，所以最后的第四志愿才填报福建农学院，我第一志愿冒险报了北京农业大学（以下简称"北农大"），报的第一专业是园艺（因为我在农校的专业就是园艺科），第二专业是土壤农业化学。我还报了浙江农学院、扬州农学院、福建农学院。刘美炜第一志愿也是北京农业大学，他第一专业也是园艺，第二专业是农学。我高考成绩不知，估计好不了，数学可能只得20~30分，因为三角一题20分，我做对了，其他题不知得多少分。物理主要考电学，我们没学过，分数高不了多少，化学、生物、政治应该考得还可以。语文的作文题目是"写一个人"，我写了古槐镇镇长陈良金，我对他比较熟悉，估计不至于太差。考完试我没有负担，拜会了已分配工作正在受训的同学，然后回家与父母待了几天，就回学校等发榜通知。过了几天，学校墙上张贴了《人民日报》刊登的高考发榜名单，第一个找到是刘美炜，北京农业大学农学系；接着是我，被录取到北京农业大学土壤农业化学系。浙江农学院园艺系录取了张上隆，吴秋儿考上了浙江农学院的茶叶专科，王淑琴分到福建林学院，其余三位都在福建农学院园艺系，各有归属。

发榜后，轰动了全校，尤其是我们两位考上北京农业大学的事被传为佳话，这是我们学校的学生第一次被北京农业大学录取。这也是我一生的大事，是我人生的第三个重要转折点，我无比兴奋、激动，在旧社会农村的孩子能到北京上大学是梦想，我暗下决心，要报答党和人民对我的恩情。

发榜后，我不能回家与父母告别，因为我没有赴京的路费，需要到处去筹款，最后无奈，吴连昇先生代表学校给了我60元，我也没有过问，是否为借的款。4年后，我大学毕业，回家探亲，返校才知道是学校代我借的款，老师告诉我已经冲掉了。

赴京路上

我们福建的新生，因路途遥远，交通不便，受到党和政府的特别关照，专门派了北京师范大学和天津大学的两位老师，到福建带我们新生到北京、天津上学。从福州到北京足足走了7天，我和刘美炜只需放心地跟着大队伍走。从福州的龙潭角上船，经两天一夜到南平，在船上老师们还组织联欢会，唱歌、谈心愿、谈志向，一路欢笑。从南平坐汽车到江西上饶，途经闽赣分界线（武夷山分水岭），夜色中，经过上饶集中营旧址。从上饶坐火车到上海，我们像"刘姥姥进大观园"，第一次见到铁路、月台、火车。从上海到南京下关，第一次吃到苹果。过了长江，从浦口坐火车到天津，第一次吃到北方的面条，一切都那么新鲜，那么兴奋。告别了天津的同学，我们继续走向最后一站，到达北京已是傍晚（过了一星期才到北京师范大学去取行李）。我和刘美炜坐三轮车从前门北京站到罗道庄，长途跋涉，终于到达学校，当晚有同班同学接待我，班上女班长借给我一床被子，这时国庆节已过，开学已一个多星期了。

北京农业大学旧址在复兴门外罗道庄，即现在玉渊潭公园的西侧，南面为公主坟，北面为百里庄，一片农田。

1950年院校调整，北京农业大学是北京大学农学院、清华大学农学院、华北农学院合并而成，校址是北京大学农学院的旧址。北农大当时是全国唯一的一所农业大学，其余各省份都是农学院。

熬过了第一个寒冬

由于我们福建学生到校晚了，冬装已发过，我们只能穿着福州带来的单薄衣服及棉被过冬了。福建冬天暖和，不需褥子，只有一张草席，到了冰天雪地的北京，我只好用蚊帐当褥子了；在福建，冬天可光着脚，不需穿棉鞋，在北京，冬天我也只能穿单鞋过冬了，更没有帽子，好在当时年轻，早晚加强锻炼，我每天在学校东门外（现在的玉渊潭公园）跑3 000米，有时甚至跑5 000米，以御寒。还好屋里有暖气，还熬得过去。但整个冬天患着气管炎，几个月下来，终于熬过了寒冬，我的气管炎也渐渐好了。

第二年春天，学校发了夏装衬衫等，秋天发了一整套冬装，有棉袄、棉裤，还发了棉被及棉褥子。学校还规定2年可以申请1套冬装，不过我也够用了，再没申请。4年大学生活有了保障。

1956年，在北京农业大学的福州农校校友，第二排左二为石玉麟

奋发图强，报效祖国

　　我们农校学生数理基础差，很多课程没学过或学得很少。开学不久，第一次数学测验，我考了百分制的5分，压力很大。物理课出了一道题：一个碗，球从碗边落下，回到碗的1/2处，问多少力？我摸不着头脑，而这道题，其他同学在高中时都做过，说明我与其他同学差距很大。我唯一的出路就是加倍努力学习，功夫不负有心人，到第一学期期末，我的微积分期终考得了100分，但物理学只考了3分（5分制），其余各门功课都是5分。到学专业课时，我们农校来的同学就有优势了。

　　我的学习有很强的计划性，每周都有学习计划，按计划完成学业。每堂课都要预习，找出不懂的地方及关键的地方，听课有针对性，效果好。每节课后，我都要回忆老师讲的内容并领会其逻辑性，所以学得快、记得牢。我的笔记本每页都留出1/4~1/3空白处，以便写体会、注解、疑问等，效果也很好，老师还向其他同学推荐我的学习方法。对于重要的问题、有趣的问题、有体会的问题，我都会写心得体会，记得我写了一篇"关于威廉斯土壤统一形成理论"，夏荣基先生看后，还写了批语以资鼓励。再加上寒暑假留在学校，到图书馆刻苦学习，因此学习成绩一路领先。记得我班一位女同学陈双璧考进北农大时是全班第一名，在班上学习也是冒尖的，她也主动找我交流学习经验。

遇到小挫折

第一年课程结束后，学校要选一部分学生去苏联留学，我班去3人，有陈双璧、胡荣海和陈心才。当时许多同学认为应该有我。我也没多想，可能我基础差，也可能我表兄在台湾，政审不合格。我继续安心学习，待他们3位1961年回国时，我已为国家工作了4年，并已出科研成果，我也很欣慰。

锻炼身体，建设祖国

锻炼身体，建设祖国，保卫祖国，是我们大学体育锻炼的口号。体育活动，我在高中就有一定基础，是学校排球队的候补队员，参加过福州市学生运动会排球比赛，获亚军；参加过中距离跑。上大学后，我是校排球队队员，参加校体操组和著名的"杨通灵"锻炼小组。这个锻炼小组因长期坚持锻炼，受到学校表扬。我在大学体育活动中得到全面发展，通过二级劳卫制；中距离长跑1 500米获全校第二名；参加与邮电学院联赛（友谊赛），获第二名，但在七校联赛中，我名落孙山，因有北京体育学院参加，我甘拜下风。

由于重视体育锻炼，为健壮我的身体打下了良好的基础，毕业后我参加艰苦的野外考察工作，经受住了考验。我曾因在新疆生产建设兵团农十师篮球赛场上连续奔跑，斗志昂扬，被农十师师长称为"小老虎"。"小老虎"之名一度在考察队北疆分队中流传。

做好社会工作，锻炼了组织能力

大学第二年我被选为班常务干事（即班主席，属学生会系统），当了一年，干了些杂事。后来我们专业一分为二，即土化专业与农药专业。分开后，我们土化专业班长是区沃恒，他从香港回来，是调干生，带工资上学，比我们大几岁。我被调到校团委组织部门，负责收团费，我对此无大兴趣。大学三年级被选为共青团支部书记，在党支部领导下工作，做了两年，直到毕业。

这个时期的社会上，批判红楼梦，反胡风反党集团，肃反运动，中苏论战，反右运动，都在党支部领导下进行，团支部积极配合。肃反运动清查中学时代参加的组织，如山西的同志会，四川的袍哥会等。中苏论战开始，我是团支书，党支部安排"九评"学习。我有一件事一直感到内疚，我班两位同学谈恋爱，女方对男方说，这件事不要告诉党支部负责人，这位男同学（党员）出于对党的忠诚，向党组织汇报了。本来是个人隐私问题，当时却被认为是这位女生对党不忠诚，党支部布置团支部开会批评这位女同学，我们开了小型批评会。后来感到很对不起这位女同学，虽然此事不由我引起，但我起到"帮凶"的角色。离开学校后一直没见过这位女同学，也无法向她道歉。

1956年夏天，北京市团委与团中央举办大学生团干部培训会，地址在清华大学，我在这期培训班上，认识了低班的团支部书记陈超子同志。

保持艰苦朴素的生活作风

我家庭贫寒，大学全部享受甲等助学金，维持着学习与生活。开始助学金是15元/月，其中伙食费9元，零花钱6元，买些学习用品及参考书。有一年甲等助学金降到12元/月，对我来说，生活不受影响。不过，很快又恢复到15元/月，我每月都有点剩余，积攒起来，连同剩余的旅费（福州农校给我60元旅费没有用完），一并寄回家。我的家境养成了我俭朴的生活习惯。我当时穿的背心和汗衫，都穿了很久，千疮百孔，有时我就用线把背心上的破孔扎起来，穿得又破又脏，有位同班的女同学轻视地挖苦我："石玉麟像头猪"，遭到同学们批评，党支部在正式会议上也批评这女同学不尊重工农子弟。后来听说这位女同学毕业后就去香港了。我们班的班长区沃恒是调干生，见我家境困难，很同情我，资助了我10元钱，我立即将钱寄回家给父母救急，此事，我终生难忘。在以后较富裕的日子里，我也不会忘记当年的苦日子，不会乱花一分钱。但遇到急需救济的人，我会很乐意去帮助他们。

我在北农大生活了整整4个春秋，享受着甲等助学金，因为没有回家的路费，寒暑假我都留在学校，我有更多时间用于学习。当时正值青春，加上勤奋学习，我的聪明才智得到发挥，学业上突飞猛进，获得北农大的优秀学生和北京市三好学生的光荣称号。

加入中国共产党，定下了终生奋斗的目标

在这四年里，我受到毛泽东思想的教育，信仰马克思主义，奠定了我的世界观及人生观。结合我的身世经历，深深体会到没有共产党就没有新中国，没有共产党也就没有我的今天，我决心加入共产党，为共产主义事业奋斗终生，至今不悔。

经过党组织一年的考查，我终于在1956年2月17日被批准成为中国共产党预备党员，第二年即1957年转为正式党员。我的入党介绍人是韩炳森和杜婉华，他们都是老党员，都为调干生。我的《入党申请书》只有一页纸，最后一句话是：为献身共产主义事业而奋斗。

我入党有一定的思想基础，我出生在贫农家庭，每逢危难时，是党和政府帮我渡过难关，我永生难忘，我有强烈的报恩思想。新中国成立后，我亲眼看见社会发生巨大变化，我爱新社会，我爱新中国。在大学里，我系统地学习毛泽东思想，深刻地了解党的性质、

奋斗目标、任务和纲领。在大学学了3门政治课，分别是：中国共产党30周年教本（胡乔木著），了解中国共产党奋斗历史；联共党史，认识了第一个社会主义国家苏联的奋斗史，其中由斯大林执笔的第四章第二节，讲马克思主义哲学——辩证唯物主义，受教育颇深，这是我第一次接受马克思主义世界观教育，对我以后树立世界观与人生观影响很大；政治经济学，主要讲授马克思的资本论，系统地接受了马克思主义理论教育，它阐明了资本主义最终必然灭亡，社会主义、共产主义最终必然会实现。这个结论我坚信不疑，这是人类社会发展史。这些政治教育对我人生观的形成起了重要作用，这是我入党的思想基础。

我毕业刚参加工作就买了4本《毛泽东选集》和10本《列宁文集》。我一遍又一遍地通读了四卷毛选（共四遍）并用红、蓝笔标注，特别是矛盾论和实践论，不知读了多少遍，可惜此套书在"文化大革命"时期，因我出差，不知谁从我的办公桌上拿走了，我感到非常可惜。《列宁文集》我没时间阅读，直到后来发行了《列宁选集》和马列6本小册子，即《共产党宣言》（马克思、恩格斯）、《法兰西内战》（马克思）、《反杜林论》（恩格斯）、《哥达纲领的批判》（马克思）、《自然辩证法》（恩格斯）、《国家与革命》（列宁），我认真阅读学习，之后又阅读了《论帝国主义》（列宁）、《家庭、私有制和国家的起源》（恩格斯），以提高马克思主义的理论基础。

不忘初心

我自1956年加入中国共产党之后，60多年来，一直没有忘记入党的誓言——献身共产主义事业，兢兢业业，以身作则，努力奋斗，不忘初心，用共产党员的标准要求自己。改革开放以后，有股势力，否认社会主义，否认、歪曲毛泽东思想和马克思主义，宣扬各种资产阶级思想和修正主义思想，为此我于21世纪初，用两年半的时间（每天早晨坚持30~40分钟）通读《资本论》，目的是对照对比马克思是怎么说，以辨别各种流派的观点。实践证明，有一定效果。2019年10月，我83岁，按中央规定，办了退休手续，没有向党和国家提出任何条件，一切按规定办，不给国家增添任何麻烦。

提前毕业奔赴祖国边疆

1957年5月9日是我人生又一转折点。这一天土化系一位老师来到我生产实习的北京市和平农业生产合作社（地点在北郊来广营），通知我提前毕业，参加李连捷教授领导的中国科学院新疆综合考察队，要求我马上回北农大，5月12日即出发赴新疆。事情来得突然，但当时我的思想是坚决服从组织分配，没过问分配到新疆还是北京？尽管这对我一生来说是十分重要的事情。我急忙借了合作社一辆自行车赶回学校，系主任赵襄告知，李连捷先生向学校要4人，由考察队秘书石元春先生挑了你们4位（我和黄荣金、马式民、韩炳森），参加李先生带队的新疆考察队（后来听说，是夏荣基先生推荐工农学生韩炳森，他是我们政治领头，便于管理），决定让我们提前毕业，征求我们的意见，我们欣然同意。我立即返回和平农业生产合作社，向合作社领导汇报了情况，拿了行李赶回学校，用3天时间准备了衣服、被褥、工作服、布口袋之类的物品行装。5月12日从前门火车站出发，同行者有石元春、林培、辛德惠三位师兄，以及韩炳森、黄荣金，马式民留京筹备化验室。此外，还有不少老先生、科研人员、行政人员。我第一次享受了坐火车卧铺的滋味，那时陇海线只到达兰州，坐了3天4夜的火车到兰州。在兰州待了几天，住在兰州分院（兰州盘旋路）。然后大队人马乘坐新的解放牌汽车，浩浩荡荡出发，经河西走廊，过星星峡进入新疆，到达乌鲁木齐，大约走了1个星期。记得中间住宿地点有永昌、武威、高台、酒泉、安西、哈密、鄯善、乌鲁木齐，共走了7天。沿途都在考察，地貌专业的老科学家介绍什么是第三纪、甘肃系、新构造等；

土壤组讲石膏沉积、戈壁、漆皮等，我们感到很新鲜，长了不少见识，一路上轻松、愉快、欢欢喜喜、热热闹闹到达乌鲁木齐。真想不到，从此开始了我一生近60年的综合考察生涯，经历了千辛万苦，累积了丰富的实践经验，从一个小兵、学徒工、普通考察队员到小队长、分队长，再到率领300多位科学家的大队长。在这段经历中，我取得了大大小小的成绩、奖励、荣誉，一直到获得学术界最高荣誉称号——中国工程院院士。

九、难以忘怀的几位师友

石元春院士

石元春1953—1956年在北农大土化系读研究生，导师为李连捷教授。石元春院士在我的人生道路上起到了重要作用。1957年，在他的挑选下，我被分配到中国科学院综合考察委员会，接着又带领我参加中国科学院新疆综合考察，决定了我一生的科研道路；在中国工程院成立之初（1994年），他是两院院士，参加第一次中国工程院院士遴选工作（1995年），在他介绍推荐下，我有幸成为第一批选举产生的中国工程院院士，决定了我后半生的科研事业。我佩服他敏捷的思维、聪慧的头脑和脚踏实地的科研作风，是我学习的榜样。1957年，他在新疆考察时，就已显露锋芒，是我们年轻一代的表率，其学术水平不亚于老一辈科学家。1958年，石元春做了南疆盐渍土改良的报告，水平超群，得到苏联专家的赞赏。后来，与他工作接触中，他的思路总是那样敏捷、清晰、独特，我经常请他指导。更难能可贵的是到了老年，他仍然勤于笔耕，所有他署名的文章，都是他亲自执笔完成的，不像某些所谓学者，自己不动手、不动脑，徒有虚名。

石玉麟与石元春院士（右）在讨论工作

李连捷院士

李连捷院士是我国土壤学研究的开拓者之一。20世纪30年代初期，李老师在中央地质调查研究所工作时期，协助美国土壤学学者梭颇（J. Thorp）工作。40年代赴美深造，获博士学位，在美国联邦地质调查所从事土壤地理制图工作。1945年回国后，任中央地质调查研究所研究员，那年他与熊毅、侯光炯、李庆逵、马溶之等我国最早一代的土壤学家，在重庆成立了中国土壤学会，并任第一届理事长。1947年任北京大学农学系土壤学教授、土壤系主任。新中国成立后，他拥护中国共产党，热爱新中国，1951年李老师随进藏部队入藏考察，1954年被选为第二届全国政协委员，1955年中国科学院成立学部，李老师就被选为第一届学部委员，1956年被中国科学院任命为中国科学院新疆综合考察队队长。李老师是我国土壤学特别是土壤地理学的开山鼻祖，也是中国考察事业的开创者之一，他为中国土壤学的发展、教育事业和祖国建设做出了重要贡献，立下了汗马功劳。

2012年冬天，我在中国农业大学资源环境学院成立20周年大会上做了"继承发扬李连捷先生等老一辈科学家创建的综合考察事业"的发言，简要地总结了我一生从事的考察事业经历。

李老师是我的授业老师，他教我们班土壤学（Ⅱ）的课程，内容是土壤形成、分类、分布，即土壤地理学部分。他又是新疆综合考察队第一任队长，既是我的土壤地理学的启蒙老师，又是带领我加入综合考察队的领导，我的成长与他分不开。

由于李连捷老师的老资格和权威，在他讲课时土壤系的所有年轻老师都和我们学生一起听课，李老师讲课很风趣，他走的地方多，知识渊博，天南海北像讲故事一样，引人入胜。我最有兴趣的是，当他讲到土壤形成时，讲土壤发育与环境（气候、地貌、地质、生物等）相互关系时，是那么的辩证，使我们学生在学专业课过程中，也受到一次很好的辩证唯物主义教育，他不仅仅引领了我入门，而且对以后我从事土壤地理学研究有着深远的影响，遗憾的是，我在他直接领导下工作的时间太短了。

1957年我回家为母亲奔丧，离队前，李老师语重心长地嘱咐我，路上要小心，不要喝冷水，仅仅几句话，温暖了我，让我永远铭记在心，终生难忘。

夏荣基教授

夏荣基教授亲自教我们课，是亲自辅导我们的老师，他教土壤学（Ⅰ）课程即土壤学的基础，又是土壤学（Ⅱ）课程的负责人，是李连捷教授的副手，作业、考试都由他负责。夏荣基教授为人温文尔雅，做事有条不紊，对学生爱护备至。他还是我们4人被分配到中国科学院的推荐人。他的为人给我留下了深刻的印象，至今难忘。

林培教授

林培教授是我的师兄，他与石元春是同届的研究生，比石元春大几岁，他们俩带领我们参加新疆考察，石元春是考察队的秘书、土壤组组长，事务繁忙，所以具体带我们的是林培师兄。我参加工作的第一个地区是新疆石河子，由林培带领。1958年，二进艾丁湖是林培师兄带队的，在紧要关头，他急命全队往回走，避免了损失。

辛德惠院士

1957年在新疆石河子下野地考察时，辛德惠师兄带我工作，他让我帮他做一幅地质分布图，从而使我学会了如何制作这类图件。这年冬天，辛德惠师兄准备赴苏联留学，与我们住在一起，他为人和蔼可亲，从不摆师兄的架子，谈天说地，与他相处很愉快。他回国后与石元春在河北曲周黄淮海"攻关"，做出很大贡献。1995年与我同时被遴选为中国工程院院士，他胸怀坦荡，勇于坚持真理，敢于说真话，我们很合得来，辛德惠院士的人品也获得其他院士的尊敬。一直让我内疚的事是，1999年5月我应林业部邀请参加一项生态调查研究任务，我因有事，故推荐了他，他欣然接受了该任务，他在途中不幸心脏病发作，抢救无效，离开了人世。为此，我至今仍感内疚、思念。

此外，还有韩炳森同学，他是我们班上的老大哥，"三八"式的干部。转业后，速成中学毕业；在大学，任党支部负责人，也是我的入党介绍人之一，也可以说是我政治上的带路人。毕业后，我们一起参加4年的新疆考察工作，后又参加蒙宁队考察。他于2011年病逝，我作诗一首，以示缅怀。

悼炳森兄

"崑崙"①聚会二月后，尔乘仙鹤"昆仑"②去。

"三八"③抗战驱日寇，"五三"④深造建中华。

农大四年兄带弟，西域⑤六载弟帮兄。

劳动本色君未减，革命到底是榜样。

2011年11月25日于北京

　　黄荣金同学，他是我的福建老乡，泉州农校毕业，学习成绩不错。他也是提前毕业，我们一起参加新疆考察4年，后来他参加西南队贵州分队工作，我在蒙宁队。

　　马式民同学，他也和我一起提前毕业，被分配在实验室工作。学习比较好，可能还是我们的副班长，工作勤勤恳恳。娶了一位有严重心脏病的妻子，长期卧床不起。马式民一辈子受苦，不幸20世纪80年代得癌症病逝。

　　区沃恒同学，我们的班长，调干生，在我家境最困难的时候，他伸出援手，资助我10元钱，以解我燃眉之急，此事我终生难忘。他曾给我讲解联共党史4章2节辩证唯物主义问题，使我受益匪浅。毕业后分到山东农学院，后到广东农学院，现定居香港。

　　他们是我的恩师、学友及战友，我将永远记住他们。

---

① "崑崙"指北京的昆仑饭店。

② "昆仑"指昆仑山，意得道神仙之处。

③ "三八"指"三八"式抗战时期的干部。

④ "五三"即1953年入北京农业大学学习。

⑤ "西域"指新疆。

第|四|章

综合考察

我的经历

我一生从事综合考察，主要是以资源开发、生产布局为目的的综合考察。参加过多次大型考察队，两次新疆综合考察、一次内蒙古综合考察；参加过地区级与县级的中小型综合考察，如岭北地区、伊春地区、尚志市、嘉荫县、铁力市、乌审旗等综合考察。晚年参加中国工程院"中国水资源"项目，西北地区、东北地区、江苏沿海、浙江沿海和新疆五次综合考察，积累了丰富的考察经验。在中国第一次总结综合考察方法的是周立三和沈长江两位先生，周立三先生是20世纪50—60年代第一次新疆综合考察队的队长，沈长江先生当时是畜牧组组长。他俩提出的综合考察经验是以后综合考察事业延续发展的基础。我在此基础上，曾3次写出综合考察方法论问题。第一次是我为当时中国科学院自然资源综合考察委员会（以下简称综考会）领导漆克昌主任代笔，系统地总结了综合考察的方法，在综考会成立三十周年会上发表（1986年）；第二次是我在撰写《资源科学》专著第二章资源科学理论的探讨中，再次提出资源研究方法论（2006年出版）；第三次是我在"中国水资源项目回顾与思考"作为"综考研究方法的一点体会"中总结了12年水资源项目研究的方法（2011年）。我的第二次与第三次的体会系统地阐述了综合考察的历史沿革、主要类型、发展阶段、主要经验，以及信息科学在综合考察研究中的应用5个问题。

一、综合考察的兴起与沿革

综合考察是指围绕一个特定的目标，组织多学科、多专业人员，在一个特定地区并在一定时间内进行联合调查的一种综合研究方法。把各学科、各专业研究集中起来形成集合，这就是综合考察研究。综合考察促进了有关科学的形成与发展，相关科学的形成和发展又提高了综合考察的水平。

综合考察随经济建设而兴起

苏联在"十月革命"后的20世纪20年代，鉴于国内经济发展建设的需要，在西伯利亚、远东地区，相继组织了多种以生产力布局为目的的综合考察。第二次世界大战后澳大利亚也组织了以土地资源开发为中心的综合考察，克里斯顿（C.S.Christion）和斯特瓦特（G.A.Stewart）发表了"综合考察方法论"（methodology of integrated surveys）。在我国，大规模组织综合考察是在20世纪50年代。1956年由于经济建设的需要，国家在制定1956—1967年12年科学技术发展规划中，列为第二、三、四、五项的任务，即开展对我国边远地区，黑龙江、新疆、甘肃、青海、内蒙古、宁夏、西藏等地区的综合考察，以查明自然条件、自然资源与社会经济发展情况，提出自然资源开发方案为主要内容的研究项目，在此之前国务院（政务院）还制定了黄河中游水土保持的任务。在此之后，1958年提出西北治沙以及西线南水北调沿线地区的考察。为了适应和完成国家12年远景规划及随后国家所提出的科研任务，中国科学院在1955—1966年相继组织了黄河中游水土保持、黑龙江流域（中苏合作）、新疆（中苏合作）、甘青（甘肃、青海）、蒙宁（内蒙古、宁夏）综合考察队，云南、华南热带、亚热带资源综合考察队等大型考察队，参加的科研人员多达数千人，涉及几十个专业，包括中央与地方的科研与教学单位，形成我国第一次综合考察高潮。为了管理需要，中国科学院于1956年正式成立中国科学院综合考察委员会（20世纪80年代改为自然资源综合考察委员会），组织管理诸考察队。这一时期的特点是着重摸清考察地区的自然条件与自然资源，结合社会经济情况，研究提出资源开发意见、方案与建议，所谓"摸清资源，提出方案"，是当时的口号，也是反映当时综合考察的主要内容与基本特点。这个时期的综合考察处于摸索阶段，其后期已形成了部门资源队伍，如土地资源、水资源、气候资源、矿产资源与能源资源，部门资源学得到发展，自然资源的综合研究处于起步阶段，资源科学处在孕育之中。

1966年全面提前完成了12年科技规划的任务。随着国家"三线"建设的需要，1966—1975年的10年科学技术规划中设立"西北"与"西南"两个地区的综合考察项目，随之组织西南地区综合考察队与西北地区综合考察队。但由于"文化大革命"，不仅无法完成任务，而且综合考察机构也被取消。

"拨乱反正"促进综合考察的发展

1978年中国共产党十一届三中全会之后，中国进入了以经济建设为中心的时期，综合考察与资源科学也步入了蓬勃发展时期。首先成立了以科学研究空白地区资料积累为目的的青藏高原科学考察队。为经济建设与社会发展需要，国家第七个五年规划的科学技术攻关计划中把黄土高原的综合考察列入重中之重，20世纪80年代中国科学院会同国家计划委员会国土司根据各自的任务相继组织新疆资源开发综合考察队、南方山地资源综合利用科学考察队和西南地区综合开发科学考察队，直接为地区的资源开发、环境治理与生产力布局服务。这一时期参加各综合考察队的科研人员达千余人，涉及十几个学科与专业，近百个科研与教学单位，形成综合考察的第二次高潮。这一时期的特点是综合考察的经验趋于成熟，考察成果多数能够直接为当地资源开发、经济建设和社会的可持续发展服务。学术研究方面，在资源科学进一步发展的基础上，自然资源的综合研究亦得到较大的发展，并与社会科学结合，以系统科学与信息技术为代表的新技术应用得到高度重视。应该说，在第一次和第二次大规模以资源开发与经济发展为中心的综合考察的基础上，通过20世纪90年代的《中国自然资源丛书》和《中国资源科学百科全书》《资源科学》的编写与出版，总结了近半个世纪的资源研究的理论与实践，初步建立了资源科学的框架，标志着资源科学的诞生。

综上所述，从我国综合考察的历史，不难看出，综合考察与经济发展是紧密相连的。第一次高潮产生在新中国成立初期，是经济建设发展的需要；第二次高潮产生在"文化大革命"之后，百业待兴之时，也是大规模经济建设发展的需要。目前，正处于经济转轨的重要时期，中央提出西部大开发战略和振兴东北等老工业基地以及加入世界贸易组织（WTO）之后，正需要深入开展西北、西南、东北的综合考察之际。遗憾的是当时的决策将中国唯一的资源综合研究机构与传统的地理研究所合并，削弱了中国科学院在西部大开发、东北振兴中的作用，影响了方兴未艾的资源科学事业的发展。

然而，与此同时，在中国科学院以外的高等院校和行政部门如雨后春笋般地纷纷成立了资源教育与研究机构，据不完全统计，仅高等院校就成立了20多个与资源有关的教学科研机构，可喜的是国家于2018年组建了自然资源部。中国工程院出现了以钱正英为首的"水资源"综合考察，历时12年，足迹遍布西北、东北、江苏、浙江沿海和新疆等地，取得光辉成就。我一生参与综合考察，对综考会的撤销感到终身惋惜，对资源科学研究的受挫也感到终身遗憾。

二、综合考察类型与发展

综合考察类型

从20世纪50年代开始，历经半个世纪的综合考察按其目的大体上可划分为5个类型：

•以区域资源综合开发为目的的综合考察研究

属于这一类型的有黑龙江流域、新疆、甘肃、青海、内蒙古、宁夏及西南、南方山地等为代表的综合考察，在各类考察中居主流地位。这一类型的特点是以自然资源为基础，综合研究人口、资源、环境与经济、社会的可持续发展，研究区域资源优化配置，提出区域资源开发方向与生产力布局，为当地和中央政府部门制定区域发展规划提供科学依据及必要的基础材料。

•以整治环境为目的的综合考察研究

属于这一类型的有黄河中游水土保持和沙漠等综合考察。其特点是围绕着某一项生态环境治理为主题而开展综合考察研究，调查生态环境的现状与问题，提出综合治理方向、途径及科学方案，为国家有关部门拟定生态环境治理规章制度提供科学依据与基础资料。

•以单项资源开发为目的的综合考察研究

属于这一类型的有华南、云南橡胶宜林地、青海盐湖与西部南水北调沿线区域等综合考察，以及后来的云南紫胶考察。其中以橡胶宜林地综合考察最具代表性。这一类型的特点，主要是研究目的性资源的蕴存量，资源形成的生境条件，进行资源的数量、质量及开发环境的综合评价，提出目的性资源的开发利用方向、开发规模、布局与开发措施，生产性与针对性都很明确。

• 以发展科学为目的的综合考察研究

属于这一类的以青藏高原综合考察最为典型。以学科为基础，如自然地理、地质、土壤、植被等组成综合考察队。

前3个类型应该说具有双重性，既研究区域资源的开发与环境的治理，又带动各有关学科的发展。后者，青藏高原综合考察的特点是填补该区域的科学空白，不具有区域开发的任务。因此，青藏高原综合考察单列一个类型。

• 混合型的综合考察研究

除青藏高原综合考察外，大多的综合考察研究都是围绕着一个主要目的而发展多目标的综合考察，其中以20世纪80年代的黄土高原综合考察最为典型，其任务包含了黄土高原的综合治理、综合开发、工农业的发展以及区域信息的研究，集资源、经济、环境与信息为一体的大型综合考察研究，因此有必要单独列为一个类型。21世纪中国工程院组织的6个"水资源"项目的综合考察基本上可以列入这一类型。

综合考察发展阶段

以综合考察的重点内容来划分阶段，虽然这样划分会遇到很多问题，存在很多困难，因为许多情况下是混合在一起的，难以明显地区分。但与国家发展相联系，适应国家发展的需要，在某一阶段中热点与重点不同，因此大体上可以看出阶段性。

• 以综合研究自然条件、自然资源为主的阶段

这一阶段主要是在20世纪50年代新中国成立初期。当时由于对边远地区的资源缺乏基础资料，为下一步发展需要，组织综合考察。而资源的开发与经济发展的研究，也大部分依据自然条件与自然资

源的情况。这一阶段不少考察队花很大力量调查弄清自然资源概况，特别是地面资源情况，因为地下资源只能依靠地矿部门提供。

• 以综合研究资源开发与经济发展为主的阶段

这一阶段在20世纪开始于60年代，主要发展在80年代。这是因为新中国成立后，经过30多年的努力，有关部门基本上摸清了"家底"，各类资源的数量、质量可以提供，为长远计划与宏观布局服务。因此，这一时期将区域的资源开发与经济发展作为重点研究内容。

• 以生态环境治理为主的阶段

这一阶段开始于20世纪80年代后期，发展在90年代到21世纪初期。经历了40年建设，国家的经济得到飞速的发展，而生态环境问题日益突出，影响了可持续发展，生态环境保护修复治理问题提到议程上来，受到国家和有关部门以及社会各界的重视，加上国家也具备一定治理生态环境的经济基础，因此生态环境问题成了当前的热点与重点。可以预见以生态环境为主要内容的综合考察研究还将延续十来年左右。钱正英领导的中国工程院的"西北地区水资源配置、生态环境建设与可持续发展"项目的综合考察研究，就是一个很成功的例子。

三、综合考察的基本经验

综合考察要围绕着特定目标，组织多专业、多学科联合研究

综合考察是承担任务的，大型综合考察队都是承担国家级的重点任务。按规定任务，要从实际出发确定各项目标，针对性地制定

计划，设立研究专题，组织专业组或学科组。与其他研究方法不同的是，综合考察要组织各专业组在特定地区、一定时间内进行联合或共同考察。一方面，各专业收集第一手资料；另一方面，共同研究讨论问题，从各个方面、不同角度探讨问题，这样既能发挥专业的长处，又可以避免专业的局限性，使问题得到较全面的认识和解决。

组织综合考察队伍的一个重要经验是各专业、各学科的带头人，必须是具备丰富的实践经验与学术造诣的科学家或高级工程师，只有这种高级人才才能在综合考察中及时发现问题和提出解决办法。如果缺乏一批有经验的科学家与工程师，综合考察的应有作用就不可能充分发挥，也不可能很好地完成预期的任务和特定的目标。中国工程院"水资源"项目就是组织一批院士、顶级科学家和工程师参加考察研究，才取得成功。关键在于组织人才。

综合考察要处理好几个关系

•专业与综合的关系

在综合考察研究中处理好专业与综合的关系十分重要。多年的经验说明，要在综合的指导下进行专业研究，在专业研究的基础上进行综合分析。综合就是目标，就是计划，就是预期的成果，离开综合目标，综合设计，进行专业研究就失去了总体目标，失去了中心，因此，必须在综合指导下开展各专业的研究。但又必须在专业研究基础上综合集成。因为专业研究是基础，缺乏专业的深入研究，也就不可能进行高层次的综合分析，根深才能叶茂。

•学科与任务的关系

与处理好专业与综合的关系相同，处理好学科与任务的关系在综合考察中，尤其在中国科学院系统内，是非常重要的一个环节。多年的经验也说明，在一般情况下，是以任务带学科。这是因为综合考察是要完成特定的任务，围绕着任务进行学科的研究，失去任务，就失去了综合考察的必要。但综合考察也肩负着带动学科发展、提高学科水平的责任，而且综合考察都以大自然、大社会为课堂，有关学科在考察实践中都能累积大量的第一手资料。还需提到的是，在综合考察队伍里，十分有利于各学科的交流，可以起到学科间相互交流、交叉渗透、相互促进、取长补短的作用，因此，综合考察可以为学科发展创造有利条件。

• 民主与集中的关系

学术研究要贯彻百家争鸣的方针，真理往往掌握在少数人手里，因此必须发扬学术民主，通过讨论、争鸣，一步一步接近真理，取得共识。要在集中指导下开展民主讨论，在民主的基础上集中。集中就是目标，围绕着目标实行广泛的民主，才有利于集中最广泛学者的意见，同时保留少数人的意见，反映少数人的意见，这样才能为决策者提供更全面的咨询。中国工程院"水资源"项目在这方面做出了典范，在充分发挥科学民主基础上进行了高度集中。

• 中央与地方的关系

中央与地方的关系，即整体与局部的关系。一个大区域综合考察项目一般是承担国家交办的跨地区、跨流域、跨部门的任务。黄土高原、西南地区、南方山地，即使是一个大省份，如新疆、内蒙古，也同样存在着中央与地方之间的关系。处理好中央与地方的关系，有两层意思。第一层是资源开发与区域发展要兼顾整体利益与局部利益，局部服从整体，但要十分尊重地方利益，听取地方的意见，尽可能为地方解决问题，使地方得到好处。第二层是人员组成也要中央与地方结合，广泛地吸收地方专家学者以及地方干部参加，共同研究，取长补短，这对提高考察质量相当重要。

• 远与近的关系

综合考察一般是为拟定国家某项长期发展或区域开发服务，因此它的基本任务是为中长期发展规划服务的，而不是当前的。但是研究长远战略问题不能脱离当前，不能脱离近期问题的解决。尤其综合考察中拥有多方面的实践经验丰富的各类专家，有能力指导当前问题的解决。多年经验是"从远处着眼，从近处着手""远近结合"，有针对性地开展综合考察，特别要抓住几个与综合考察有关的当前或近期要解决的热点、重点问题。

• 点与面的关系

综合考察，以区域的资源综合开发、环境治理与区域经济社会发展为主要研究内容，属于宏观研究。因此，通常情况下，应以面为主，开展面上的综合考察，要研究区域的人口、资源、环境与经济社会的可持续发展。但在研究面上问题时要选择重点地区、重点问题进行综合考察研究。没有重点就没有政策，没有重点就缺少主攻方向，从这个意义上讲"点"也是重要的。多年经验是点面结合，即采取"面上着眼，点上入手"的研究方法。"点"还有另一层意义，即是建立开发示范试验点，但这不是普遍的，要根据地方的具体情况与考察研究的具体需要而定。

选好综合考察队队长

综合考察队队长是研究项目的总带头人，因此，选好综合考察队队长是做好综合考察工作极重要的条件。一个大型综合考察队的队长应该由具有丰富实践经验、知识面广、有民主作风、能团结队伍，而且具有权威的科学家来担任。

综合考察队队长，首先要熟悉考察地区的情况，充分了解考察的基本任务与目标，明了地方的要求。

考察队队长的具体任务：

队长的第一项任务是组织考察研究。根据基本任务制定研究计划，包括总体计划与年度计划，分解课题或专题，组织考察队伍，挑选课题负责人，管好、用好考察经费。

队长的第二项任务是执行计划，包括年度计划。其中关键是处理好集中与分散的关系，对重点地区、重点问题，必须要求有关专业集中考察研究。重点地区、重点问题，不宜过多。对一般性的问题、面上的问题由各专业组按计划分散开展，到一定时间，集中交流讨论。

队长的第三项任务是在考察过程中，必须十分注意新状况、新问题、新观点的出现，及时做好协调工作，这就要求队长必须深入了解各专业组野外考察情况，及时发现问题，及时总结，及时重新调整部署工作，把研究引向深入。

队长的第四项任务是结合全队完成项目成果的总集成，即完成项目综合报告的编写，并向中央与地方有关部门汇报，征求意见。

此外，队长最好选有能力与决策层对话，也具有长期行政经验的领导担任。

四、信息技术与系统分析方法
在综合考察中的应用

信息技术与系统分析方法是普遍应用于各类调查研究的新技术，也是当前广泛应用于以资源开发与环境保护为中心的综合考察的新技术。

信息技术、数字化技术在综合考察研究中的应用

20世纪中期以来，随着计算机技术、遥感技术、信息技术、数字通信技术、航天技术和大数据技术迅猛发展，人类对各类信息的获取、传输、管理、分析和形成决策的手段大大提高，是当今资源、环境、经济、社会调查与综合考察必备的一种科学技术手段与方法。

当前遥感技术、地理信息系统和全球定位系统、人工智能系统

和无人机技术联合应用，是当前综合考察、综合研究新技术应用的发展趋势。因此加强信息技术在综合考察研究中的应用是当务之急。

应用数据库技术、信息技术、计算机技术建立数据库，是综合考察研究过程中的一项任务和重要内容。综合考察的数据库，应是一个区域的、综合的（即包括资源、环境、经济、社会）、动态的和具有空间图形的数据库，以形成一个完整的地理信息系统，提供各专业、各学科以及综合研究服务。

系统分析方法在综合考察研究中的应用

一个研究大区域资源开发与可持续发展的综合考察队，一般都包括人口、资源、生态、环境、经济、社会等几十门专业和学科，其本身就是一个巨大的复杂系统，有目标的应用系统科学与系统分析技术指导综合考察研究是近10年、20年的事。它首先应用系统的原理来制定考察研究计划，用系统的观点协调考察行动，用系统的观点进行考察成果的集成。可以说系统科学与系统分析贯穿着综合考察的始终。综合就是系统分析。

根据任务的要求和专业组特点，应用不同的系统分析方法建立不同的模型。应该说，研究区域综合开发中还没有一种模型能够解决一个巨大的复杂系统。往往是要建设一个模型群或模型组，用多种系统分析方法从专业到综合、从微观到宏观、从局部到整体，一步一步地发展，以取得最终的集成。与上述建立统一数据一样，在综合考察研究过程中，应用系统分析，有其有利条件，这是因为从基础、从专业做起，对情况对问题比较熟悉，所取得的参数比较实际和准确，因此，应用结果一般比较满意。关键是要统一规划，做好各系统之间的协调工作，把系统分析研究与传统的常规研究结合起来，与实际调查研究结合起来，与各专业的研究结合起来，才能取得良好的效果。

我写上述经验总结主要是依据多年来在综合考察中得出的体会，

补充了在中国工程院阶段的体会。其中有两点体会很深：第一个体会是队长或项目组组长的选择。"中国水资源"项目之所以取得成功，就是因为有了钱正英院士为领导，她是全国政协副主席，国家领导人，又当过20多年的水利部部长。对中国水的问题了解得最全面、最深透，用中国工程院秘书长葛能全的话来说，钱正英院士是研究型的部长。钱正英院士的确是一位既具备学术权威，又具备政治权威的领导、带头人，而且能与中央领导对话，加上她品德高尚，实事求是，敢讲真话的作风，所以12年来水资源组研究取得了很好的实际效果，真正起到国家决策的参谋和咨询的作用，与钱正英院士的领导能力分不开。当然，像钱正英院士这样的领导是少有的，尤其是作为综合考察和综合研究的领导，恐怕是少之又少，虽然要求领导都像钱正英院士那样，标准是过高的，但是要求具有这样品质的干部是应该的，是努力方向。

第二个重要体会是经验的第四条，即正确处理民主与集中的关系，是钱正英院士提出的，这是她在中国工程院组织综合研究中的第一条经验。她对我说，中国工程院的特点，它不同于行政机构和科研机构，甚至一个研究所，因为中国工程院在行政上，没有领导与被领导的关系，"人票、钱票"你都管不了，靠科学家的自觉，只能充分发挥民主，调动科学家的积极性。衡量发挥民主的程度是采纳了科学家意见的程度。我们新组织的综合考察队的成员，都是来自四面八方，多个科研、教学、行政单位，实行学术民主是极为重要的，所以我补充了这一条经验。

综考会的兴衰

从1956年中国科学院综合考察委员会（简称"综考会"）成立，到2000年与地理所合并，它经历被取消、恢复、再合并的过程，近半个世纪的沧桑，其经验与教训值得深思，其中有外因也有内因，我认为有几个原因起主要作用。

2004年2月，石玉麟在原917大楼前留影

随着国家形势而兴衰

综考会随着国家经济发展的需要而发展，也随着国家经济紧缩、改革、整顿而消亡。1956年处于第一个五年发展时期，制定了《国家十二年（1956—1967）科学技术发展远景规划》，制定了对边远地区广泛地开展自然资源综合考察研究，为未来经济发展做必要的准备，相继成立了黑龙江流域、新疆、甘肃、青海、内蒙古、宁夏以及特殊地区、特定资源（如黄河中游水土保持；华南、云南的橡胶发展以及青海盐湖等）考察队。为了统管大型综合考察项目，1956年中国科学院成立综合考察委员会，委员会由中国科学院副院长竺可桢主持。竺老生前一直兼任综考会主任。

这是综考会的第一次兴起，它的诞生为国家摸清资源，累积大量、丰富的科学资料，做出了贡献。在第二个五年计划中，由于国家建设的需要，又相继成立了西南考察队和西北考察队，服务于三线建设。不幸，在"文化大革命"中，某些"造反派"在"怀疑一切，打倒一切"的极"左"思潮下，全面否定综考会在国家经济建设和促进科学发展中的作用及功绩。1969年综考会职工全部下放到"五七"干校，1970年"造反派"控制的中科院革命委员会正式下达撤销综考会命令，人员重新分配，使综考会全面解体，这是综考会第一次"消亡"。可幸，基本骨干力量合并到地理所，成为恢复综考会的基本队伍。

"文化大革命"后期，生产科研逐渐恢复，一批老干部逐渐结合进各级领导班子，中央派国务院原秘书长周荣鑫主持中科院的工作。中科院青藏高原综合考察队成立，标志着综合考察事业恢复的开端。各种迹象表明"文化大革命"即将结束，中国正处于"百废待兴"，科学的春天即将到来。在这种形势下，中科院领导酝酿着恢复综考会，再加上原综考会的骨干分子为恢复综考会而上下奔走，其中我是最积极的一个，我和郭绍礼同志配合何希吾推动这件事。因何希吾同志领导青藏队，在野外考察。恢复综考会的事，由我和郭绍礼在北京奔走中国科学院院部，找分管地学部的邓述慧同志汇报，阐述恢复综考会的必要性，邓述慧很支持，为此，我们很感谢她、尊重她。听说，她在20世纪90年代去世了，很惋惜。

1975年中科院领导终于决定恢复综考会。我和原综考会的革命委员会主任何希吾一起参加由周荣鑫主持的院领导会议，在这次会议上决定恢复综考会，周荣鑫当场把新单位定名为中国科学院自然资源综合考察组，他对我们说，不要认为"组"很小，中央"文化大革命"小组小吗（大意如此）？当时我们只能接受，但对外工作十分不便，人们都不理解组是哪个级别，在几年的实践后又恢复为中国科学院自然资源综合考察委员会。

中科院下属的一个业务局在下文件时，将综考会任务，由自然资源改为农业自然资源为主，这是个失误，没有跟上时代潮流，严重地限制了考察研究工作的开展，因为当时国家正需要研究生产力布局，推动工业化和城市化发展。这个错误决定，使综考会又损失了很多业务骨干，原研究矿产、能源与生产力布局的综合经济业务骨干全调走了，综考会业务骨干再次流失，这对综考会是一大损失，致使综考会恢复初期只有百十来人。新成立的综考会只包括水、土、农、林、牧的大农业组了。我被任命为研究室业务负责人，党支书是戴文焕。原经济室也取消了，经济室的人员都到情报室工作，顿时情报室繁荣起来，综考会的情报工作出了不少成果。

综考会恢复后，大家团结一致，奋发图强，一派振兴的景象。随着经济发展的需要，综考会又逐渐发展到300来人，先后成立了青藏、新疆、黄土高原、南方、西南五大考察队；研究室以资源建制，设有土地、水、生物、经济和信息5个研究室，这是综考会科研工作的第二次发展高潮。在考察队系统中，我担任了中科院新疆资源开发综合考察队队长；在研究室系统内，我担任过综合研究室业务负责人，后为土地资源室副主任、主任，一直到担任综考会副主任、常务副主任，主持综考会日常工作。

20世纪90年代，国际经济不景气，金融危机，中国经济也受影响，众多科研机构资金不足，财政危机，中科院进行了机构调整和压缩，在机构合并上"做文章"，首当其冲的又是综考会，2000年综考会再度与地理所合并，改名为中国科学院地理科学与资源研究所。大家都不理解能起什么作用？

综考会兴衰是与国家形势相关连，综考会二度兴起、二度衰亡就是历史见证的一个小小的实例。

任务与学科

综考会因国家任务需要而建立，它承担国家综合考察任务，而不是以发展学科为目的。所以说当综考会任务完成后，或者没有新的任务时，就有可能被撤销。但自漆克昌主持综考会工作后，提出在承担综合考察任务的基础上，还需深入发展新的研究领域即空缺的资源科学。综考会经历40多年的自然资源综合考察，一批土生土长的研究骨干已成长起来，他们积累了丰富的科学资料及实践经验，在自然资源综合考察领域中起着领头羊的作用，带动了中央及地方的有关科研单位开展资源科学的研究与探讨，影响深远，也正是资源科学初步形成的关键时期，全国唯一的一个综合研究资源科学的机构"中国科学院自然资源综合考察委员会"，却被取消其建制，使资源科学从领先地位退出，放弃了领导资源科学发展的机遇。

正在此时，全国各地纷纷建立各种形式的资源与环境的教学、科研、行政、以及企业单位，大力开展资源调查、资源研究。2018年国务院调整有关部门组建了自然资源部。

小结

1976—2000年的20多年是我科研事业的顶峰时期，有成功的也有失误的。在科研方面我承担并出色完成了多项国家和中科院的任务，获得多项国家科技进步奖（一等奖、二等奖、三等奖）和院、部级多项科技进步奖（一等奖、二等奖）、竺可桢野外工作奖及先进工作者的光荣称号，接受记者的多次采访和报道，可谓我人生的鼎盛时期。

在科学发展方面，我从土壤地理学研究进入土地资源学研究，开拓了土地资源学的研究领域，又在土地资源学研究基础上，进入自然资源综合研究，是资源科学发展主要推手之一。我参加和领导了多种大大小小的综合考察队，发展了以资源综合开发与生产布局为目的的综合考察方法和理论。由于我的努力和成就，在1995年当选为中国工程院院士。但凡事总是一分为二，有得必有失，我最大的失败在于，没有选好接班人，造成了全国闻名的土地资源室的衰弱；又由于我缺少预见性，在位期间没有预见资源科学人才培养和引进的重要性，以至于失去时机。这两项失误给我心里留下阴影，终生难忘。可惜时间不会倒流，机遇不会再来！

第 | 五 | 章

从土壤地理学研究到土地资源学研究

（20世纪50年代至70年代）

概况

我有幸参加《国家十二年科学发展远景规划》第四项任务中的中国科学院新疆综合考察队（1957—1961年）、中国科学院蒙宁综合考察队（1962—1966年），这是我步入综合考察及学术生涯的重要阶段（"文化大革命"期间中断十年），也是新中国成立后综合考察发展历史的第一阶段。在学术研究方面，我从土壤地理学研究过渡到土地资源学研究。

这一阶段的主要是考察自然条件与自然资源并对其开发方向和生产布局开展研究。起初偏重于自然条件研究，按学科组队，如地貌、气候、土壤、植被、自然地理等，我参加土壤组，主要任务是研究考察地区的土壤类型、性状、分布和开发利用。随着考察研究的深入，研究重点逐渐向资源方向转移。

这一阶段的主要收获是打下了坚实的土壤地理学基础。

前期，我从事土壤地理学研究，参加《新疆土壤地理》和主持《内蒙古自治区与东北西部地区土壤地理》两部专著的编写，参加编制《新疆百万分之一土壤图》，这些是我研究工作初期的著作。从新疆当"学徒"到内蒙古的"成长"用了约10年时间。

这一时期，我学习了土壤调查与制图的基本功，学习了地貌、气候、植被、水文、水文地质等专业知识，对新疆、内蒙古的荒漠与草原地区的土壤形成、土壤分类、土壤分布、土壤分区和土壤利用改良等方面有了较系统的认识，打下了坚实的土壤地理学基础，为后来向土地资源学领域发展创造了良好的条件，终身受益匪浅。我的土地资源学研究是建立在土壤地理学基础上发展起来的，随后延伸到自然资源与区域发展的研究领域。

一、新疆综合考察（1957—1961年）

我的"学徒"阶段

我步入综合考察事业初期，是跟随李连捷教授、文振旺教授，从事土壤地理学研究，在师兄石元春、林培、辛德惠的带领下工作，也得到马溶之教授的指导。特别是得到苏联土壤学家B.A.诺辛的亲自指导，他们都是我的启蒙老师，我终生难忘。

跟随老师们在新疆考察3年（1957—1959年），1956年考察北疆阿勒泰地区，我没有赶上；1957年考察准噶尔盆地南部、伊犁、塔城地区；1958年考察南疆、天山南部、塔里木盆地北部、吐鲁番、哈密地区；1959年考察南疆喀什、克孜勒苏柯尔克孜自治州、昆仑山、塔里木盆地南部，还进行额尔齐斯河北水南调和罗布泊地区考察等。我参加的考察地区有：石河子—玛纳斯地区，天山南坡、吐鲁番、焉耆、库尔勒、塔里木河下游、拜城、阿克苏及天山南坡山区，额尔齐斯河与乌伦古河流域，以及哈密、噶顺戈壁、罗布泊地区。通过考察、学习和锻炼，完成了我的学徒阶段。

起点——石河子—玛纳斯地区

石河子—玛纳斯地区的考察是我学徒阶段的第一课，是我从事学术研究的起步。

1957年6月初，由林培、辛德惠带领我、黄荣金、韩炳森三位新成员来到石河子市（农八师）和农七师所在地考察。考察范围东起玛纳斯河，西至奎屯河，南自天山脚下，北至古尔班通古特沙漠，中心点在下野地农场。工作对象是荒地。两位师兄带领我们挖土壤剖面，记得第一天我们花了一天时间，挖了两米深的土壤剖面，采了整段标本，做了详细的描述，这个剖面在是琵琶柴群落下，发育的碱化盐化漠钙土——地带性的土壤类型。我们还做了植被的样方并称重，这是我第一次看到盐生荒漠植被发育下的土壤。我们在师兄们的带领下从玛纳斯河到奎屯河的河间冲积平原，做横断面与纵断面的调查；还沿着玛纳斯河从南向北，在炮台、小拐子、大拐子做了调查，上了系统的一课，收获匪浅，一切都很新鲜，激发了我从事土壤地理学研究的兴趣。

不幸，突然接到母亲病危的通知，我心情十分沉痛，别无选择，立刻向队部请假回家"奔丧"，中断了当年的考察。

会战吐鲁番

1958年"大跃进"年代，强调理论联系实际，科研为生产服务，中科院提出"任务带学科"的口号，在此形势下，新疆综合考察队以农业经济学家周立三为首的新领导班子，贯彻中央与中科院精神，在制定1958年考察计划时，突出了为生产服务的问题，其中有两项，一是会战吐鲁番，二是盐渍土改良，到了1959年，设立了额尔齐斯河北水南调的专项计划。

会战吐鲁番是打响的"第一炮"。吐鲁番、托克逊、鄯善三大片，经历一个多月大战苦战，出了专集，我们第一次有目标地为地方服务，为生产服务，改变了所谓脱离当前生产实际的"纯科学"考察研究，因此深得人心，从此新疆综合考察走向以资源开发、经济发展和生态环境保护为重点的考察方向。

盐渍土改良研究课题由石元春师兄认领，他在天山南坡考察中出色地完成了任务。

硝酸盐盐土的形成

吐鲁番考察很辛苦。吐鲁番盆地的夏天炎热，这里的民房一般2/3在地面以下，1/3在地面以上，这里的农民总是在下午四五点钟以后才上地，因为天气太热。但是我们考察队员在最热的中午时分就在野外，顶着烈日考察，每天都能看到真正的"火焰山"。在盆地的中下部，面对北面的火焰山，那红色的沙页岩在热空气折射下，呈现出一闪一闪的"火焰"，真正地感受到了"火焰山"。

吐鲁番盆地的土壤也很特别，它在干枯的芦苇丛下，是深厚的棕红色的粉末，我们不认识是什么土，通通称为盐土。几个月后，八九月时，苏联土壤学家柯夫达院士视察新疆考察队，到了吐鲁番，指出那是硝酸盐盐土。这是世界上最干燥气候下的盐分积累，历史上生长着芦苇沼泽，在随后的脱沼泽化过程中，最活跃的硝酸盐也不能被淋洗，它们大量聚集在土壤剖面中，只有吐鲁番盆地才具备形成硝酸盐盐土的条件。

6月下旬，我随队伍上了博格多山的南坡考察，这是我第一次上高山考察，研究天山南坡的土壤垂直带变化。

北水南调

1959年成立额尔齐斯与乌伦古河北水南调分队，我参加了该分队，重点承担荒地资源调查的工作，为开荒服务，这是我第一次应用土壤学知识开展荒地资源调查。

新疆地多水少，水是经济社会发展的限制因素。然而在全疆普遍少水、缺水的情况下，唯独北疆伊犁河与额尔齐斯河流域是水多土少的地区。伊犁河水土资源优厚，额尔齐斯河流域山前为石质洪积物和剥蚀高原，土层薄，肥力低，只有西南部夏子街、和布克河三角洲才出现百万亩的细土质平原。1956年新疆综合考察队野外工作的头一年，考察队在考察北疆阿勒泰地区时就提出了调水问题，

1959年趁"大跃进"期间，贯彻科研为生产服务的精神，在制定1959年考察计划时，再次提出北疆调水问题，设立了以华东师范大学严钦善教授为首的北水南调考察分队，包括地貌、水文、水工、土壤、农学、畜牧、农业经济等专业，20多位年轻的科学工作者参加。考察队在春夏之交，从准噶尔盆地西部的和硕托洛盖经夏子街、苏鲁沟到乌伦古河南岸的顶山（农十师当时所在地）和乌伦古河以南、以西地区考察，然后从顶山渡过乌伦古河，到额尔齐斯河畔锡泊渡，考察额尔齐斯河与乌伦古河的两河之间地区，最后渡过额尔齐斯河向北，在阿勒泰山区与山麓平原考察，整整经历了3个月，完成考察任务。考察重点是研究从锡泊渡东面，卡拉额尔齐斯河和额尔齐斯河汇合口以下300米处筑高坝100米，或汇合口下35公里处筑高坝60米，调水到乌伦古河的可垦土地，开发两河之间和乌伦古河两岸的土地，再建乌夏大渠到夏子街，开发100多万亩[*]荒地，以及沿大渠道的两边，开发苏鲁沟地区部分荒地。

我与湖南大学地理系的高冠民老师组成土壤组，任务是查荒地资源，选择质量较好的可垦土地。这是一项艰巨的任务，因该地区土壤普遍具有土层薄、土质粗（沙砾石）、土壤肥力低的特点，宜垦好地不多。这次考察对近期与远期的建设发展影响巨大。

绚丽的北极光

记得我们完成野外考察后，收队在阿勒泰宾馆，边整理资料、写总结报告，边等苏联专家组来阿勒泰考察。6月底的一个宁静的晚上，天空晴朗，当我们在户外散步时，突然发现在西北方的上空呈现两大片粉红色（玫瑰红）浮动的亮光，非常美丽，那种红色调我从来没有见过，大家都不知道是什么，这两片粉红色的光在天空停留很久才消失。过了两天，迎来了以副队长穆扎耶夫为

---

  * 亩为非法定计量单位，1 亩 =1/15 公顷。——编者注

首的苏联专家组，告诉我们，那是北极光，而且他们已经向本国做了报告，看来苏联报纸也已做了报道。这是我第一次看到北极光，也是唯一一次看到北极光，至今难以忘怀。

一次翻车的惊险

6月的一天，北水南调分队准备前往西面的和硕托洛盖迎接苏联专家组来检查和指导。我带一部嘎斯63车去接土壤专家诺辛教授，诺辛教授坐在副驾驶位，其他人坐在车的后面。其他组的汽车先走了，只有我们的车在后面，车的前头有一部小汽车在带路，当我们的车在途中经过一处风蚀洼地时，由于洼地的底部是平坦的龟裂地，汽车突然减速，车开始打滑了，控制不住慢慢地倒了下去，因前一天晚上此处下了小雨，龟裂地土壤表层湿润，而下面却是干的，因此车速一减缓，就刹不住，翻了。车上装了两个灌满汽油的汽油桶，其中一桶从我的头前越过，另外一桶飞向我的脚后跟，万幸，我没受伤，躲过了一劫，我赶紧爬起来看看苏联专家有没有受伤，诺辛教授已经从副驾驶位爬了出来。这时，我们前面的小汽车下来一位行政干部拿出身上带的手枪，朝天上打了5发子弹，我也拿出随身佩戴的手枪打出5发子弹（子弹打光了），呼喊前面的车辆，他们没有回音。我们只好动手在车轮旁边挖个坑，把车上的东西卸下，大家齐心协力把车推正。这时我们才发现车上有两位同志神态异常，一位农十师年轻的女同志吓坏了，不停地哭，失去了理智。另外一位吐鲁番雇来的炊事员，躺在地上没有声音，我们以为他受伤了，我们拦下对面来的车，将两位同志带到克拉玛依。事后，我们的司机同志号啕大哭，因为这位司机是位模范，此次车祸他很伤心，我们只好安慰他，等到司机心情平复后，我们装好车，就出发了，一直到达我们的宿营地——顶山。第二天，那位被送去克拉玛依的女同志，搭了过路的车回到顶山与我们相聚，已经恢复了正常状态，没有受伤。而那位炊事员，半夜就从克拉玛依溜回吐鲁番，不干了。这也算是我在野外考察中一次有惊无险的经历。

石玉麟与苏联专家Б.А.诺辛（左）在新疆阿勒泰顶山考察时合影

北水南调考察的效果

一是对农十师师部的选址起了作用。我们认为应选在额尔齐斯河畔，锡泊渡附近。不久农十师师部选在锡泊渡以西20~30公里的北屯，原址顶山改为团部。北屯现已是县级市，成为准噶尔盆地北部的中心。

二是开垦程序方面。我们认为应先开发两河之间与乌伦古河阶地，由北向南，由东向西推进。当我们20世纪80年代第二次考察时，两河之间与乌伦古河沿岸得到了充分的开发。当然土质最好的夏子街地区也建立了农垦群。

三是后来引额济克水利工程（克拉玛依）的方向和线路基本上与我们提出的方案相符合，当然工程比原来大，输水量也多（为克拉玛依输了4亿米³的水）。我们当时没有设想到的是引额济克工程，即引额尔齐斯河的水通过古尔班通古特沙漠，引到天山北麓，这在当时的技术与经济条件下，是难以想象的。

野外考察的惊险和乐趣

三进艾丁湖

我还清楚地记得，由林培先生领队，1958年5—6月我们在吐鲁番考察，第一天就决定考察艾丁湖。艾丁湖是吐鲁番盆地的最低处，湖面低于海平面154米，是我国最低的，仅次于世界上第一低地、海平面下392米的约旦死海，当时没有通往艾丁湖的路，我们只有试探着前进。5月的一天清晨，我们乘坐两部解放牌汽车开赴艾丁湖，不料刚走了8公里，由于坎儿井的排水，土地沼泽化严重，两部汽车相继陷入沼泽地，我们十来位考察队员齐心协力，费了九牛二虎之力，才把两辆汽车从沼泽地拉出来，足足花了8个小时，不能继续向前进，只好回宿营地了。

第二天，我们雇了10多匹小毛驴，再次向艾丁湖进发，走了几个小时，沿途没见一草一木，地面全是一片乌亮乌亮的盐壳。5月的天气烈日当头，这里除了人影、毛驴影外，没有遮阴的地方，在40℃左右高温的晒烤下，每人仅有的一壶水很快就喝完了，干热缺水使人难以忍受，这里连芦苇根都是干枯的，吸不出半滴水，全体队员处于干渴的危险状态，一位考察队员由于严重脱水，耳朵听不清，嘴也麻木了，连毛驴也骑不动了，有经验的领队林培先生果断地急令队伍返回。当时我年轻有体力，赶着往回走，遇到一位牧羊老人，要了半壶水，返回解了那位科学家的燃眉之急。随后，我接着往回跑，在绿洲的末端，遇到一位小姑娘，向她要了半桶水，给全队同志解了渴。

晚上，在宿营地，我们打开了汽车的灯光整理标本。当地维吾尔族老乡们聚集在灯光下，唱起歌来，跳起舞来，并簇拥着我们共舞，我第一次感受到民族的融合，团结友爱的热烈气氛。在跳舞的人群中，我见到了给我们救急水的小姑娘，并向她表达了谢意。

越是艰险越向前的力量支撑着我们，我们总结了失败的教训，改变了行走的路线，我们土壤组从西面三进艾丁湖，出发前一天的晚上，喝足了水，第二天出发前又灌得饱饱的，再度向艾丁湖挺进，我们终于到达了富含盐类资源的艾丁湖南岸，不知有多高兴！我们考察队员就是有那么一股"不到黄河心不甘"的干劲。艾丁湖南岸是南部觉罗塔克山洪积扇（戈壁滩），下部是一个陡坎，直接艾丁湖水面，不像北部有广阔的湖滨盐滩。

事隔20多年后，我第二次到新疆吐鲁番盆地考察，那里早已修了公路直达艾丁湖，并开采了艾丁湖地区的丰富盐类资源，成为新疆重要的盐化工基地。

露宿天山顶

1958年7月，我们的队伍从吐鲁番到焉耆，这时苏联专家也来了，土壤组由组长文振旺、苏联专家诺辛、我和一位俄语翻译4位随队伍，坐汽车开到天山尤尔都斯盆地的巴音布鲁克。第二天下午，我们换成马队从巴音布鲁克出发，翻天山去那拉提谷地考察，科考人员骑着马先出发，给养队伍跟在后面，小毛驴驮着锅、碗、瓢、勺和帐篷等给养。天山亚高山是森林草原带，尤尔都斯盆地是美丽草原，我们边走边工作，不知不觉到达海拔3 200多米处的分水岭垭口。

2006年8月4日，新疆伊犁地区天山森林（阴坡）草原（阳坡）带

夜幕已降临，天下着毛毛雨，还不见给养队伍跟来，我们隔山相望，看到了后勤队伍扎营地的灯光。我们断了粮，忍着饥饿，又没有帐篷，只好两人一组，把随身带的油布和薄行李铺在地上当床，身上的大皮袄当被，再盖上一块油布挡雨，蜷缩着身子，在高山顶上过了一夜。凌晨，我被一阵歌声和口琴声吵醒，原来几位女队员在唱革命歌曲，在队伍里还有4位苏联老科学家和我们一起共享欢乐。大家起来后，用凹地的积雪洗了把脸，又继续出发了。这一天要翻过南坡，进伊犁河上游美丽的那拉提谷地，沿途长满了齐马腹高的山花，红、黄、白、紫、蓝绚丽多彩，一片花海，我从来没有看见过这样未经雕饰的高草五花草塘，美丽的大自然风光！我骑着马儿，不由自主地唱起了"我们新疆好地方，天山南北好风光……"的歌曲来了。花儿在风中摇曳，散发出阵阵幽香，真是百花齐放，万紫千红，我相信这是世界上最美丽的山区景色，在我一辈子考察中再没有第二次见过如此美好的景色。这天傍晚，后勤部队还未赶上我们，在我们准备挨饿时，遇到了几户牧羊人，我们买了两只羊充饥。第三天中午才与给养队伍汇合，还算好，三天吃了两顿饭。考察队的生活虽然艰苦，但大家没有怨言，苦中求乐。苏联老科学家竖起大拇指夸我们："中国青年，真好！"他们

1958年7月，露宿天山海拔3 200多米的分水岭，右一为石玉麟

告诉我们，苏联现在的青年只想挣钱买汽车、买别墅，不像中国青年一心一意工作。这批苏联老科学家都经历过革命时期和第二次世界大战时期，他们都有切身的体会。

在困难面前，我们充满着乐观精神。

探险罗布泊留下历史印记

1959年9—10月考察噶顺戈壁、罗布泊。这是我首次发现了钾盐土和在残积物上氯化物淀积的自成土。

当年参加考察的有赵济、陈治平、张甸民、王钧和我，5位组成的小型科考队，赵济为负责人，年龄都在20多岁。

我们对罗布泊地区的气候、水文、土壤、生物等方面开展调查。我们和两位司机、1位炊事员乘了一大一小两部越野车，从吐鲁番盆地东南角的最南端的迪卡尔绿洲出发，装上4箱水，买了半车西瓜、甜瓜和两袋馕，向充满神奇的罗布泊进发，穿过极干旱的觉罗塔格山与库鲁克塔格山（这两座山上植物稀少，尤其觉罗塔格山几乎没有植物，我们从迪卡尔出发，汽车走了4小时，才在干沟中看到一株红柳，传说曾有个牧羊人带两只羊路过此山，坐着的牧羊人与羊都死了）和风蚀的雅尔丹区，到达了罗布泊的北岸孔雀河口，那时孔雀河的秋水[①]还注入罗布泊。翌晨5点我们吃了干粮，喝了罗布泊微苦的水（带去的4箱淡水在路上已喝完），划着橡皮船进入罗布泊，当时湖里有齐小腿深的水，水面风平浪静，方圆千里，渺无人烟，天上无飞鸟，地下无走兽，湖里无鱼虾，那真是一片"死亡"的世界。我们到达那里，才给这块沉寂的大地带来了一些生机。我们划到湖的东北角的一个小岛，岛上呈现一大片奇异的棕色的盐土，后来经化验是含有大量光卤石的钾盐，预示着该地区蕴藏着丰富的钾盐。我在《新疆土壤地理》专著中写道："这种含钾盐土的形成与罗布泊湖水成分有关。在强烈干旱条件下，含钾、镁的水溶液可

---

① 秋水是指秋天灌溉剩下的水。

以通过土壤蒸发而聚集于土壤表层。这种情况使我们有理由推测在罗布泊的其他地区，特别在南部和东部地区，可能有钾盐的聚集"。[①]后来经地质学家勘探，现已成为我国重要的钾盐生产基地。

1959年9月底，在罗布泊北部小岛上考察时发现的
钾盐土的地表特征，右为石玉麟，左为王钧

1934年瑞典人斯文·赫定等探险家曾到过这个小岛。我们还意外地发现浅水下有走兽的足迹。拍了照片，采了土样后，往回划，太阳还老高，就沿着一岔口划去，那不是孔雀河的支流，而是一条"死胡同"，谁料到太阳很快就落到地平线以下，整个天空一下变成漆黑一团。这里的气候反复无常，突然又刮起了呼啸的北风，逆风划行，增添了划船的难度；再者，我们又饥又渴，筋疲力尽，又迷失了方向。更要命的是忘了带信号弹，只有朝天空放了几枪，由于宿营地在北边，枪声被强劲北风向南吹，无法传送到北面宿营地，我们与岸上同志失去了联络，真是心急如焚，这时突然看见红色、绿色的两颗信号弹划破了长空，顿时欣喜若狂，啊！这是我们的司机和炊事员同志给我们发出的信号；接着，又看见在远处的岸边同志们为我们点燃了篝火，这是我们的指路明灯啊！我们齐心协力奋

---

① 引自《新疆土壤地理》第369页，科学出版社，1965年。

力朝篝火的方向划去，直到船靠了岸。然而，在漆黑的夜晚里，我们怎么都找不到宿营地。就在这为难的情况下，不经意间，我突然回头，发现帐篷就在我们身后，真是"众里寻他千百度，蓦然回首，那人却在灯火阑珊处"。终于找到宿营地了！我们如释重负，此时已是清晨4点，我们划了整整23个小时！现在想起来，真有点后怕！20世纪80年代，著名的科学家彭加木在该地区失踪；90年代探险家余纯顺在塔克拉玛干地区遇难，当初如果我们不是依靠集体的力量和同志们的援助，如果没有信号弹及那一堆篝火引路，后果将不堪设想。第二天我们在罗布泊北岸分头工作一天，第三天即国庆节前夕，我们离开罗布泊向东考察，中午吃饭时，我们在荒野上收听首都北京篮球赛直播。

1959年9月，在罗布泊考察时拍摄水下动物的足迹

罗布泊考察取得的成果：

（1）印证了1959年罗布泊尚未完全干涸。

（2）发现了钾盐土，预测了钾盐的存在。

（3）发现了残积物上的氯化物聚集。

遗憾的是我没有在风蚀的雅尔丹顶部挖土壤剖面，没有认识到罗布泊地区的地带性土壤是龟裂土，这是20世纪80年代重返新疆考察时才认识到的，滞后了近30年。

大总结成果累累（1960—1961年）

大总结是我学术思想提高的重要阶段

新疆综合考察队大总结分为三个阶段：第一阶段，从1960年春天至1960年11月，重点是各专业组整理4年考察的资料，即准备阶段；第二阶段，全队集中于乌鲁木齐，在周立三队长领导下，编写总报告、附件报告及专题报告；第三阶段，由各专业撰写专著。

中苏交恶，自力更生

1960年春，我们土壤组在文振旺先生领导下，集中在北京朝阳门内九爷府一栋小楼，整理4年的资料，编辑新疆1：100万土壤图，人员包括石元春、林培、刘厚培、韩炳森、黄荣金、李锦和我，还有南京土壤所制图室的一老一少制图专家。新疆队是由中、苏双方科学家组成，当时苏方已来一批科学家，有苏方副队长穆扎耶夫，专家有：费得罗维奇（地貌）、尤纳托夫（植被）、库茨涅佐夫（水文）、库宁（水文地质），有的还带来夫人，他们集中在友谊宾馆。土壤组的苏联专家准备第二批来，我们左等右等一直没有消息，谁知这时中苏关系已破裂，苏联政府彻底撕毁了合作条约，不但第二批专家不会来了，而且第一批来的专家还要撤走，中国面临着困难。党中央下决心领导全党、全国人民，自力更生，克服困难。新疆综合考察队周立三、于强两位队长领导全队人员，团结一致，满怀信心，独立自主地完成国家交给的任务。从某种意义上看，考察队也摆脱了苏联的影响，走自己的科研道路，更出色地完成了国家的任务。尽管如此，我们两国科学家之间还是非常友好的，当苏联科学家上火车离开中国时，我们几位中国队长带领队员都到北京站欢送，场面激动，至今难忘，我当时也在欢送之列。夏天天气炎热，我没有穿夏装，还穿着秋天深蓝的外套去送，老科学家费得罗维奇亲切地拉我的手，慢慢地走着，我不知他当时是什么心情。听说苏联老科学家中，库茨涅佐夫比较年轻，他对苏联政府不满，发牢骚。于强队长还说，那年冬天苏方副队长穆扎耶夫来电感谢说："现在莫斯科的冬天很冷，但不妨碍我对你们的热忱。"语带双关。1990年，我第二次新疆考察结束，有机会去莫斯科，由王广颖同志陪同，带着小礼物，探望已退休的穆扎耶夫，还麻烦他转交小礼物给诺辛教授，以表达我们的心意！

编制中国第一幅1：100万土壤图——《新疆维吾尔自治区1：100万土壤图》

在文振旺组长领导下，全组同志按地区划分，分片负责，我具体负责北疆阿勒泰地区、天山南坡山地、吐鲁番—哈密地区、噶顺戈壁与罗布泊地区。我们从4年野外考察的1：20万、1：50万地形图调绘的土壤草图上缩编，反复讨论，形成了全疆的土壤分类系统，编图规范，编绘了没有先例的1：100万土壤图，为我后来领导组织编制全国性的图件打下基础。

编写总报告

第二阶段（1960年11月至1961年1月）在周立三队长领导下，全队人员集中在乌鲁木齐市南梁新疆队队部编写综合报告《新疆维吾尔自治区农业自然资源的开发利用与合理布局的远景设想》和6个附件、8个专题。

6个附件是：新疆水利资源及其评价，新疆土地资源的估算和评价，新疆水土资源平衡，新疆天然草场资源以及开发利用，新疆扩大森林资源和林业区划问题，新疆的野生资源植物。

8个专题是：新疆盐碱土改良问题，新疆地下水在农业灌溉方面的利用问题，新疆沙漠的开发与利用，改变准噶尔盆地干旱面貌远景设想，新疆的细绒棉，新疆发展细毛羊的问题，新疆兰新铁路沿线地区农业的发展和布局的问题，新疆农牧产品合理运输问题。

新疆综合报告分三大内容：农业自然资源的估算和评价；农业生产的现有基础及远景农业合理布局的总轮廓；各农业开发地区的

农业合理布局及远景设想。

我当时是编写综合报告的秘书组组长，参加考察队最高层讨论决策的全过程，深深地领会周立三先生的学术思想和新疆总报告的体系，也是第一次参与综合研究过程，这对我后来的学术思想发展影响深远。应该说在农业发展研究方面，我基本上是秉承周立三先生的学术思想体系，随着考察实践而发展、深化。

首次跨入了土地资源学的研究门槛，从土壤地理学研究开始转向土地资源学领域研究。

在大总结时期，土壤组承担两项任务，一是新疆土地资源的估算和评价，二是新疆盐碱土改良问题，一个附件，一个专题。组长文振旺分配由我牵头负责第一项任务，他本人负责第二项任务，可以说这是我由从事土壤地理学转向土地资源学研究的起点。在"大跃进""理论联系实际，科学为生产服务"的形势下，正合我意，土壤地理学转向土地资源学研究更能接近生产实际。

我们根据新疆当时的经济发展需要，决定以未垦地（即荒地）评价为重点，对未垦地与已垦地（即耕地）分别进行评价，主要目的是为土地开发、发展农业生产服务。根据荒地土壤类型以盐渍土为主，拟定了以盐渍土改良为中心的土地评价方案。主要考虑土壤改良条件、土壤发生类型与土壤性状和土壤改良技术的难易程度等3个因素。把新疆全部未垦地划分成7级，前5级是根据水利土壤改良措施的复杂程度来划分的，第6级是一般不需水利土壤改良措施，而需要其他特殊改良措施的土壤，第7级是不宜农用的土地。其中，Ⅰ~Ⅱ级一般不需水利土壤改良措施，都可列为优先开发的对象，其中旱地作为特殊类型单独列在I级之先（即I1—I2）。Ⅲ~Ⅳ级都需较为复杂的水利土壤改良措施。Ⅴ~Ⅵ级则改良困难，或者土地利用率低。Ⅰ~Ⅱ级可称为好地，Ⅲ~Ⅳ级为中等地，Ⅴ~Ⅵ级为下等地。

在各级以下，再根据改良措施的差异划分为25等。

在耕地土壤评级方面，共分为3级9等。3级即熟化程度和肥力较高的土壤，熟化程度较低、肥力中等的土壤，熟化程度低、肥力也低的土壤。

根据评价方案，同志们夜以继日地在编制的 1∶50 万、1∶20 万的土壤草图上量算、统计，按期完成任务。估算的结果：新疆平原地区的土地资源极为丰富，除现有耕地外，全部可垦地总面积还有约 3 亿亩，其中好地和中等地约 1.6 亿亩。在用土地利用率折算以后，可以落实的可垦地总面积有 1.5 亿亩，其中好地和中等地约 1.0 亿亩，约等于现有耕地的两倍。但是这些宜农土地在地区分布上是不均衡的，南疆约占 51%，北疆占 40%，而东疆最少，为 9%。在土地质量上则北疆远胜于南疆和东疆，全疆的好地约有 90% 以上都集中在北疆，尤以伊犁地区质量最佳，其次为塔城、中部天山北麓和阿勒泰两河流域，南疆和东疆土地质量较差。

新疆土地资源的开发与水资源密切相关，也就是说，必须从水土平衡的角度来考虑。在上述已经统计的未垦地资源中有一些土地在近期内缺乏水源，甚至没有水源，但从土地资源来说，应该全部统计在内，特别从远景的开发利用来看，增辟、开辟水源还是有可能的。

此外，在全疆已垦土地中，根据对现有耕地资源的评价，肥力水平较高的土壤约占 1/5，肥力水平中等的土壤约占 3/5，肥力水平低的土壤约占 1/5。

新疆的开发潜力无疑是巨大的，丰富的土地资源为新疆农业进一步发展提供了最有利的条件。随着社会主义农业的发展，这些资源必将得到迅速而合理的利用。

在向自治区党政领导的汇报会上，周立三先生代表全队做总报告，接着水文组的汤奇成做附件——新疆水利资源及其评价的报告。我代表土壤组，在大会上做附件二——新疆土地资源的估算与评价的报告，这是我第一次在千人大会上做报告，由于我们做了大量扎实的工作，我信心满满，沉着地做报告，报告也很生动，获得好评。我自己感觉通过大总结，无论在思想上、学术上都得到很大提高，文振旺先生也有同样的看法。第三个报告是邓孝做附件三——新疆水土资源平衡的报告，文振旺先生代表土壤组做第一专题——新疆盐渍土改良问题的报告。

在汇报会结束时，自治区党委第一书记王恩茂同志在会上对综合考察队的工作做了充分肯定，并按我们的数据当场计算出新疆开荒规模。半个世纪以来新疆耕地的面积已从新中国成立初期的1500万亩左右发展到现今1亿亩左右，土地资源得到充分开发，但同时也造成了水资源的超载和荒漠化土地的扩大。

编写专著

第三阶段学科总结——编写《新疆土壤地理》专著。

在文振旺先生领导下，土壤组计划编写两部专著，一部是《新疆土壤地理》，一部是《新疆盐碱土》，分工是：我协助文先生写《新疆土壤地理》，黄荣金协助文先生写《新疆盐碱土》，后者因故未完成。《新疆土壤地理》成功完成。

在编写《新疆土壤地理》时，我负责第二章土壤形成的上半节（地带性土壤部分），第三章土壤地理分布，以及阿勒泰、天山北坡、山地、山间盆地、噶顺戈壁与罗布泊等土壤部分及相应的土壤图绘制。我还负责全书的统稿、修改和整编，最后由文先生定稿。

三年困难时期

1961年的春天，我带着北京土壤组成员写的草稿，独自赴南京配合文振旺先生修改、整编和统稿。

这期间，正值困难时期。1960年年底，我们在新疆做总结工作，新疆是农业区，不像内地那么困难，同时，队里还组织司机打黄羊，改善伙食。到了南京生活水平骤然下降，我原来粮食定量为每月32斤[*]，为了减轻国家负担，我自报定量下降到27斤，在当时副食品严重不足的情况下，对于我这样的年轻小伙子来说，当然是不够的，营养不良，加上繁重的工作，每天工作十几个小时，不久我就浮肿了，超子在北京也浮肿了。登南京土壤研究所后面不高的九华山，体力已感不支，往下看玄武湖时头发晕，浮肿影响了我后来的体质及健康。南京土壤研究所职工食堂还做了"人造肉""糠团"等充饥，仍不顶用。但我们对国家、对党的前途充满信心，相信困难是暂时的。事实证明，在全国人民努力下，1962年国民经济就已恢复，度过了困难时期。几十年后，得知国家并没减我的粮食定量，仍维持32斤，其中5斤却被昧着良心的管理粮票的人员"贪污"了，被"贪污"粮票的不只我一人。

钻进图书馆，潜心研究

在南京半年多，我获得突飞猛进的提高。我在南京土壤研究所图书馆与资料室，如饥似渴地阅读了大量的书籍及资料，系统地收集苏联荒漠土壤的研究成果（中文版、俄文版），有著名荒漠土壤学家如罗赞诺夫、罗博娃的著作以及土壤地理学家伊万诺娃（土壤分类）等的书籍。与此同时，我勤于思考，通过大量的考察实践，对新疆极端干旱荒漠地区的土壤问题，勇于突破传统的外国理论和框框——认为一个地带只有一个自成土概念，我质疑荒漠地区生物在土壤形成过程中决定性的理论，得出了成土母质在土壤形成过程中，同样起了很重要的作用。因此，在《新疆土壤地理》第二章土壤形成特点中，我撰写的荒漠土形成过程，明确

---

[*] 斤为非法定计量单位，1斤=0.5千克。——编者注

提出：荒漠成土过程中，母岩起主要作用。新疆特别是南疆极端干旱的荒漠地带，可同时形成4种自成土——即在细土物质上发育的龟裂土，石质戈壁上发育的灰棕色荒漠土，以及残余盐土和干草炭土，并提出残余盐土和干草炭土的概念和类型；提出在风化壳地球化学中，存在氯化物淀积类型——是极端干旱条件下的特有类型，以及第三章的土壤分布规律，罗布泊钾盐土的发现等科研成果，有所发现，有所创新。

争论

在编写《新疆土壤地理》之初，我们对全书的重点与大纲存在不同意见，我们一批年轻人主张将重点放在类型上，而文先生主张放在区域上，理由是区域才能把考察资料充分用上去，最后我们还是按组长文先生的意见来办，事实证明《新疆土壤地理》的不足之处，恰恰在于重点放在区域上，造成重复多，类型部分单薄、不突出。后来，文先生也认识到这样写不好，下次不这样写了。为了弥补缺陷，文先生补写了第四章新疆土壤类型，做简略介绍。

几年后，我主持主编《内蒙古自治区与东北西部地区土壤地理》一书，马溶之先生认为，该书比《新疆土壤地理》写得好。这时文先生已经过世了。

小结与晋升

新疆综合考察队的大总结对我的学术思想提高起到极其重要的作用，无论是从综合思想、综合知识、综合能力方面，还是在专业的深化方面，都具有深刻的影响，文振旺先生也肯定了我的进步。

参加新疆大面积的考察、承担专题任务及参加《新疆土壤地理》的编写，这些活动的完成标志着我学业的"学徒"阶段结束，使我打下了坚实的土壤地理专业基础，也标志着我的专业方向开始从土壤地理学研究向土地资源学研究过渡。

1961年，我在中国科学院综合考察委员会第一批晋升为助理研究员，我的晋升论文《新疆土壤分布规律》得到评委的好评。我考了俄文，是翻译一段"荒漠地区的土壤"的内容，得了5分。同时被晋升的有：孙鸿烈（宋达泉的研究生）、黄荣金、杜国垣，可能还有袁子恭、沈长江、廖国藩，我们成为新中国培养的第一代综合考察事业的骨干力量。

20世纪80年代，党中央提出开发新疆使它成为我国21世纪经济建设的重要基地。1985年我出任中国科学院新疆资源开发综合考察队队长，带领300多人的队伍，重返阔别20多年的新疆，望着眼前的一切，我心潮澎湃，当年的考察情景历历在目。

二、内蒙古综合考察（1962—1966年）

内蒙古综合考察是我的成长时期，我的注意力更多地集中于土地资源的研究。

西辽河流域荒地考察

1962年春天，我们从新疆转战到内蒙古，我参加了由著名地质学家侯德封和著名土壤学家马溶之为正、副队长的中国科学院蒙宁综合考察队。1962年是内蒙古考察的第二年，考察地区在内蒙古东部，昭乌达盟（现为赤峰市）和哲里木盟（现为通辽市）——西辽河流域，与辽宁省、吉林省交界，面积约14万公里^2。土壤组与植被组、草场组在一起分成两个小分队，我带领一小队，与高以信、刘钟龄、雍世鹏、廖国藩等一起，考察喀喇沁旗、赤峰县（现并入赤峰市）、翁牛特旗、巴林右旗、巴林左旗与阿鲁库尔沁旗，另一小队考察宁城县、敖汗旗、克什克腾旗、林西县，7月结束了昭乌达盟的野外考察，转到哲里木盟考察。

当时国家正处于经济困难时期，我们的任务是荒地资源评价与开垦条件的考察，为开垦荒地、生产粮食，缓解国家暂时的经济困难提供科学依据。

小分队有一辆带篷的解放牌大卡车，每天清晨队员们像棋子一样找准自己固定的位置入座，我和内蒙古大学生物系的刘钟龄坐在前面两边的汽油桶上，像门神一样一左一右把守着，就这样开始了每一天的行程。我们每天都要完成规定数额的样方及土壤剖面分析，以取得第一手资料。

组织马车组横穿科尔沁腹地——坨甸地

7月正值雨季，坨甸地的积水、内涝、流沙致使汽车无法穿越，只能在公路上行驶。而荒地主要分布在甸子地上。马溶之队长建议组织一个马车组考察，这个任务就交给了我。我组织了包括马长炯（水利）、杨丰裕（土壤）、王富（水文）在内的四人马车组，深入腹地——坨甸地考察。乘马车考察，很辛苦，路途颠簸，在沙漠中烈日暴晒，考察时间又拖得很长，从西到东、由北向南几次横穿科尔沁沙地，考察结束，每个队员都掉了几斤肉。但在沙漠与甸子地中，马车可穿行无阻，也给人一马平川的畅快感，同时，考察也可详细些。前后经历1个多月，结束了马车考察生活。

强渡老哈河

1962年8月，我们一行五人（包括赶马车的农民）从开鲁县去奈曼旗，为了节省两天的路程，我们选择强渡老哈河这条捷径。此时，正值洪水期，河面宽约有两公里，水势汹涌，老哈河河底都是流沙，蹚过去非常危险。据说1945年苏联红军追击日本侵略者时，一辆坦克就陷入流沙中被埋进河底。我们蒙宁队一辆汽车在过一条支流时，也陷了进去，后找老乡，动用了牛马，花了一晚上才将车拉了上来。在河边我们请了位有经验的老乡带路，在他的带领下，我们6个人紧扶着4匹马（其中有老乡的1匹壮马），牵扶着车辕和马车上的行李，全速冲入老哈河中，快速前进，没有丝毫停留，直奔老哈河对岸，终于成功了！其实这样做非常危险，真是初生牛犊不怕虎！这次冒险，给我留下了终生难忘的记忆。

我常怀念那快乐、艰险的考察生活，它陶冶了我们这代人乐观、自信、无畏的革命情操；磨炼和造就了我们敢于探索、勇于拼搏的革命精神，之后在工作中能为国家、为人民做些有益的事情，与具备这些品质是分不开的。那段考察生活，使我深深爱上了大自然，爱上了祖国的山川湖泊、一草一木；爱上了能歌善舞、热情豁达的少数民族。我也深深怀念着当年的战斗集体，同志们之间是那样团结友爱，为了一个共同的目标而奋发进取。在之后的几十年工作中，我时时都珍惜这样的友谊，它给了我智慧和勇气。

关于"开荒"的争论

对于要不要在昭乌达盟、哲里木盟（西辽河流域）开垦土地，建立粮食基地，在队内存在不同意见。马溶之副队长（时任中国科学院南京土壤研究所所长）通过考察，认为西辽河地区不具备作为国家粮食基地的条件，并上报中央（报告文件我没看到）。马先生在队内居于绝对权威地位，没有人敢出面反对，但在私底下尤其是参加考察队的地方科技工作者都认为，西辽河流域的土壤条件好，可以开垦。我当时没有反对马先生的意见。反对大面积"开荒"对保护草原的生态环境确有好处，也是借鉴了苏联20世纪50—60年代在哈萨克斯坦开荒引起黑风暴的经验教训。但我们认为暗栗钙土的好地、大甸子地的外缘部分和冲积平原草甸土地区可以开垦。我们马车组在海金山、华图什地区就主张引西拉木伦河水发展水稻生产，很成功。21世纪初，我随中国工程院"水资源"项目组再次到西辽河考察时，这里的荒地资源已被全部开发，种植大片大片耗水的玉米，成为东北国家粮食基地的组成部分。但这引起甸子地干涸，景观发生大改变，说明"开垦"过度。这个地区应发展为以给畜牧业服务或种植饲草料等为主，才合理。

西辽河考察中水利组张有实先生提出引洪淤灌，改造坨甸地，改造大自然的设想，也引起广泛讨论。

鄂尔多斯高原考察

1963年内蒙古综合考察队分为两个分队——呼伦贝尔盟（现为呼伦贝尔市）分队和伊克昭盟（现为鄂尔多斯市即鄂尔多斯高原）分队。我被任命为伊克昭盟分队的队长。参加伊克昭盟分队的骨干有植被组的刘钟龄、雍世鹏（内蒙古大学），林业组的石家琛（东北林学院），土壤组的高以信（南京土壤所），水资源组的马长炯（内蒙古水利厅）、杜国垣（综考会），地貌组的张昭仁（综考会）和资源植物组的赵献英（综考会）等20多位科技人员，配备3辆汽车。

鄂尔多斯高原处于森林草原向荒漠的过渡带，处于内蒙古高原向黄土高原过渡地区，农区向牧区过渡地区。自然条件复杂多样，水土流失触目惊心，风沙灾害和土地沙化很严重，农牧业生产十分落后，人民生活极度贫穷。在这样贫穷的地区考察非常艰苦，记得那年我们吃的是当地的糜子和冬季储存的变味的干羊肉。艰苦的生活也锻炼了我们这支队伍不怕困难、吃苦耐劳的敬业精神。

这次考察给我留下深刻印象，那就是该地区的开发治理应将保护生态环境、修复改造生态环境应放在第一位，而且应以林草为主，并结合工程措施。区域布局上，建设黄河南岸的河滩地农业（达拉特旗），开发十二连城地区（库布齐沙漠东部）和南部的毛乌素甸子地，发挥地区优势，合理配置资源。在东部的残留土墩上我发现了残存的原生土壤——黑垆土，是自然的地带性土壤，与1962年在昭乌达盟赤峰黄土丘陵上残存的土壤相似，由此推断在华北北部和内蒙古高原南部，存在着一带从东北向西南发育在黄土母质上暖温型草原下的地带性土壤——黑垆土。不是以前众说纷纭的栗钙土、褐土或褐栗土之类的土壤。后来马溶之先生表示赞许，并说他没有考虑到。这是我们认识自然的一个贡献。

鄂尔多斯高原地下蕴藏着丰富的煤炭资源，以及后来发现的石油、天然气资源。但是当年我们没有意识到其重要性和潜力。因为我们是搞农业的，同时蒙宁队有工业组，这些资源由他们负责。事实证明，20世纪90年代到21世纪初，由于煤炭的开发，改变了鄂尔多斯高原的经济面貌，也改变了其生态环境状况，伊克昭盟成为内蒙古自治区最富裕的盟（市）。

内蒙古高原补点考察

1961年内蒙古队是第一年考察河套地区、乌兰察布盟、锡林郭勒盟，当时科研力量薄弱，考察队的多数科研骨干是在1962年来的，内蒙古高原又是考察研究的主要地区，因此，1964年夏天进行了内蒙古高原补点考察。

这次考察路线，我极力主张去后山地区的达茂旗和锡林郭勒盟苏尼特右旗、苏尼特左旗、东乌珠穆沁旗和西乌珠穆沁旗考察，开始没有人反对，故被列入了考察计划。途中，一名副队长发现锡林郭勒盟的补点考察路线与1961年考察路线重复，十分不满，我与副队长意见相左，认为这次去考察的队伍，都是蒙宁队的骨干，最后要靠他们做课题总结，锡林郭勒高原又是内蒙古高原的腹心地带，他们不经实际考察，如何总结？在我坚持下，按原计划进行。事实证明，这次补点考察收获很大，大大提高了后来大总结的质量。事后，有的队员认为我真有胆量，敢于与副队长顶着干。其实，我无意与领导对着干，但也不盲从领导，我只考虑工作的需要。事实上，大总结阶段，正面临"文化大革命"开始，协作单位均未参加；甚至20世纪70年代编写专著时，1961年带领分队考察的南京土壤所的蔡蔚祺因工作调动，也没有参加总结。大总结的任务就落在蒙宁队骨干们的身上了，此事，我很自豪，可见当时我坚持的意见是经周密考虑的，是有预见性的。

在内蒙古考察时，我们土壤组与植被组、林业组，很多情况下还有草场组，都在同一辆大汽车上，有利于统一行动与交流。植被组与草场组服务于畜牧业发展，林业组在草原地区的任务是植树造林。兄弟组的工作启发开阔了我的思路，扩大了我的眼界，使我认识到土壤-土地资源的研究不应仅仅服务于种植业，也应该为种植饲草料、改良草原、草原造林、改良土壤条件等服务，为发展畜牧业和林业服务——即从大农业角度研究土地适宜性，开展宜农、宜牧、宜林的评价。为此我们加强了协作，在野外一起选点，在一个代表性的地点，挖土壤剖面，做植物样方，测生物产量，不仅原始材料共用，而且当场还开展交流讨论，十分有益。我还改进和增加了土壤调查记载簿的记录项目，主要是扩展了地貌、植被、地表覆盖等项目，当场确定土地资源类型，即地貌-土壤-植被综合体与土地利用类型，并进行宜农、宜牧、宜林的评价，划分质量等级，推荐利用、改造、保护的方向与措施，扩大了调查内容，大大提高了野外调查质量和水平，可以说在野外调查方法上已从传统的土壤调查转向了土地资源调查。

在编制1∶50万内蒙古自治区土壤类型图（草稿）的基础上，我同时编制了1∶50万土地资源图（草稿），概算了内蒙古宜农、宜牧、宜林土地资源的数量和质量，为合理利用内蒙古草原土地，提供了科学依据和基础资料。

内蒙古总结

这个总结分两个阶段：

第一阶段（1964年下半年至1966年上半年），完成内蒙古考察的资源基础工作及综合报告编写

内蒙古考察4年大总结中，还包括继续完成1964年昭乌达盟和哲里木盟的总结与制图，完成20多幅挂图和几十份报告，并在呼和浩特市召开汇报会（昭乌达盟和哲里木盟的成果），举办了展览会。遗憾的是之后"文化大革命"开始了，这些资料没有出版、印刷，并且这些挂图在"文化大革命"后，说是要开什么展览会而丢失，我们辛勤的劳动成果付之东流。

内蒙古总结的第一阶段正处于"文化大革命"的前夕，科研工作已受到冲击。1964年下半年部署内蒙古总结，但1965年9月至1966年3月，大多科研人员参加"四清运动"，1966年"文化大革命"

1964年蒙宁队部分队员合影，第一排右四为石玉麟，右五为赵训经，
第三排左二为沈长江，右三为杜国垣

前夕各协作单位多数人员不能参加，只有综考会的科研人员与协作单位的少数科研人员参加了总结。工业组与农业组分别进行总结。当时，蒙宁队中大农业的负责人黄自立同志调去完成西北任务，我、沈长江、杜国垣就担负起大农业组总结的组织与协调工作。土壤组与草场组工作量最大，土壤组要编制土壤图与土地资源图，草场组要编制草场类型图与草场资源图，还要量算、统计，为综合报告提供基础资源数据，任务十分繁重。土壤组由我负责主编草图，一位伊克昭盟的土壤干部及农牧室一位新来的女青年李德珠，协助做资源统计工作。1：50万的土壤草图与土地资源草图，由制图室何建邦负责拼接，资源基础工作花了整整大半年时间。

在初步完成各专业基础工作之后，我们组织编写总报告。由于主要骨干来自新疆综合考察队，因此，总结报告基本上继承新疆报告的思路，结合内蒙古自身特点，拟定编写内容。总报告题为《内蒙古自治区农业自然资源利用与农业发展意见》，分为七章：分别为农业自然资源的估算与评价；农业生产特点及农业发展的基本途径；种植业；畜牧业；林业；农业发展区（共9个区）；关于科学研究工作的意见，并附有7张资源表和4幅附图。为了提高总结的水平及质量，需要做示范"样区"，我指导畜牧组的方德罗编写锡林郭勒高原区，以此作为"样区"，以规范分区的写作格式，经5~6次反复修改，才达到要求，文章精练，起到示范作用。经过此次锻炼，方德罗同志的学术水平和业务能力有了显著提高，他本人也深有体会。

总报告突出草原特点与草原利用。

我负责总报告的第一部分，组织有关农业自然资源的估算与评价的编写；第二部分，农业生产特点及农业发展的基本途径，主要由我和沈长江负责；专业部分由各组负责。其中林业组，由于组长石家琛同志不能参加，我花了不少时间，帮助傅鸿仪、王素芳完成林业组的编写任务。分区部分，我负责科尔沁草原与鄂尔多斯高原两个区。

总报告的形势分析部分由我执笔。

我们认识到内蒙古自治区4个方面的基本特点：①在战略地位上，处于国防第二线，既是"反修"的前哨阵地，又是反帝的东北、华北近后方。②在民族特点上，是以蒙古族为主体、汉族为多数的多民族聚居地区。③在自然特点上，是以草原为主体，包括森林草原、干旱草原、荒漠草原到荒漠的复杂多样的自然条件。④在农业特点上，历史上以牧为主，农林牧全面发展的地区。在全面综合分析内蒙古特点的基础上，我们提出了农业发展的基本途径，"积极发展种植业，促进畜牧业、林业和钢铁工业等三大基地的发展，同时提高商品粮食基地作用；在全面建设的基础上，集中一定力量，积极开发东部地区的草场资源、土地资源和森林资源，同时加强西部河套地区的农业建设；因地制宜地加强农牧结合，实现农牧林综合发展；大力开展以水利建设为中心的农田基本建设，同时加速技术改造，逐步把自治区建成稳定高产的现代化畜牧业基地、永续利用的现代化木材生产基地和稳定的粮食基地。"[①]

这是我第一次尝试概括内蒙古地区的战略定位和战略布局，也是第一次尝试对一个大区域发展的概括，为以后研究区域性、全国性的战略问题打下基础。

应该指出，对内蒙古发展总战略的不足之处在于当时仅限于农业，而对于以煤炭为主的能源基地没有充分认识，限于知识和经验不足，文中提到的钢铁基地是原来已经形成的包头钢铁基地。

1966年5—6月，我在总报告的基础上，提炼出一份简要报告，在马溶之副主任带领下，向内蒙古自治区领导汇报，由我在会上做了汇报发言。这时我的学术水平已有相当提升。鉴于当时形势，"文化大革命"开始，自治区领导自顾不暇，汇报会也就草草收兵。大量的学科性、专业性的总结，也就中断了。一直到20世纪70年代初期，才有机会继续完成总结工作。

---

① 引自《石玉林文集》（下卷），1297-1298页，高等教育出版社，2013年6月。

第二阶段（1973—1974年）

"文化大革命"后期逐步恢复正常工作，为了内蒙古考察的完整性，把第二阶段的总结及有关工作提了上来。

1971年我从"五七"干校回到北京，这时综考会已经撤销，部分人员合并到地理所，趁空闲时机，我和当时蒙宁队学术秘书赵训经，为了挽救内蒙古考察总结，挽救科研成果，给地理所领导打报告，要求继续完成内蒙古考察总结，得到了领导支持。我们组织了气候组、地貌组、水资源组、土壤组、植被组、林业组、畜牧组的业务骨干，分头总结，只缺农业组与农经组没有参加。这期间，我难忘一件事，我们的总结正处在"文化大革命"期间，在革命压倒一切的思潮下，当时地理所自然室党支部书记崔亚修同志却鼎力支持内蒙古考察总结，她为我们排除其他事情干扰，专门给我们安置了办公室，以保证我们能专心致志地总结，使我们顺利地完成了任务。她已离开我们多年，我仍怀念她，安息吧，崔亚修同志！

1973—1974年进行的内蒙古考察学科总结，任务是编写《内蒙古自治区与东北西部地区土壤地理》专著（"文化大革命"中，原内蒙古自治区东部三盟划归黑龙江、吉林、辽宁三省管辖，西部阿拉善盟划归宁夏和甘肃管辖）。总结到一定阶段，我需要到南京组织南京土壤所的协作人员一起总结。我干工作一贯性急，赶前不赶后，土壤所同志也感受到我年轻，性子急。在我再三催促下，南京土壤所召集了高以信、杨丰裕、蔡凤岐、蔡蔚祺（后者已调离土壤所，到南京地理所工作）几位内蒙古考察队成员参加总结。在南京几个月完成个人手稿后，杨丰裕做我的助手和我同回北京，他协助我做了不少工作，一直到这本著作完成。

补点考察

岭北地区考察

1973年，由内蒙古总结组主动提出，临时参加黑龙江省荒地资源考察队呼伦贝尔岭北地区考察。黑龙江省荒地资源考察队是执行国家科委的任务，以开荒为目的，调查荒地资源的利用。由黑龙江省农垦局主持，地理所作为参加单位，被分在呼伦贝尔盟地区（该地区原属内蒙古自治区管辖，"文化大革命"时期被划归黑龙江省）考察。我们根据国家和总结的需要，主动提出承担该地区考察。

　　岭北地区属黑钙土地区，宜农、宜牧，历史上农牧矛盾尖锐，开荒与反开荒意见分歧很大，开荒撂荒反反复复，我们这个队伍比较熟悉这些问题，所以才主动承担任务，以求做出一个比较科学的结论。内蒙古总结组组织了8个专业的9名科研人员：石玉麟（土壤）、沈长江（畜牧）、刘钟龄（植被）、廖国藩（草原）、郭绍礼（地貌）、赵松乔（自然地理）、陈洪经（农田水利）、杨辅勋（农业）、蔡凤岐（土壤）。其中赵松乔老先生不是内蒙古总结组成员，他要求参加，我们同意了。这是一次少有的、精干的、多学科的综合考察小分队。经过1个月的考察，写出了题为《呼伦贝尔盟额尔古纳右旗南部、陈巴尔虎旗北部黑钙土地区开垦问题》的报告。根据黑钙土地区的基本特征提出建议：建设以三河牛、三河马为主的大牲畜良种乳品基地与以小麦为主的商品粮基地。按土地资源组合差别，确定不同垦殖率、农牧用地的合理比例与发展方向。农业经济地理专家吴传钧老先生看到报告后指出，报告写得很切题。呼伦贝尔盟盟委书记也认为报告写得好，并要求全队学习这个报告（大意）[见《石玉林文集》（上卷），632-644页]。对于我本人而言，这是第一次高度的综合，也是第一次认识黑钙土的特点，农牧并举，农牧结合，以及如何根据土地组合（或土地系统）来确定土地利用方向与产业（农、牧业）优化配置和空间布局，以及第一次体验具体量化的设计方案。在这个综合考察中，我与沈长江同志配合很好，沈长江在这个工作中出了很大的力量。我们的学术研究思想也实现了一次飞跃。

1973年7月，我与沈长江（中）、廖国藩（右）在三河考察

黑钙土地区处于森林草原带，丘陵、山地北坡为森林，南坡和平地为草原或草甸草原，以羊草、杂类草群落为主，是世界上最富裕的草原之一。植被华丽，陈巴尔虎旗北部的黑钙土植被有篷子菜、金针，6月开出一片黄花，很美；在北部八大关谷地，我们出乎意料地看到羊草与黄花苜蓿组成的植被群落，这是营养最丰富的牧场，夏天也是一片黄花似锦。黑钙土也是有名的所谓"五花草堂"，属于荒地——未垦地，或开垦不久的土地，黑土深厚，色黑如油，是世间最肥沃的土壤。黑钙土与东北松嫩平原上的黑土是自然赐给人类的瑰宝，人类要珍惜它、保护它，让黑钙土与黑土永续地为人类生产粮食和肉、奶。

锡林郭勒东部考察

继岭北地区考察后，队伍做了调整，成员是：石玉麟（土壤）、沈长江（畜牧）、石家琛（林业）、雍世鹏（植被）、林儒耕（地貌）、马长炯（水利）、杨辅勋（农业）、杨丰裕（土壤），8个人，7个专业。

考察队伍沿着中蒙边界的国界公路，从海拉尔出发，经新巴尔虎左旗，南下通过沙地——樟子松纯林，穿过大兴安岭西坡，我们称之为"蒙古鱼"边境，抵达内蒙古的宝格达山。这条路线距离蒙古国最近处不到两公里，沿着军用公路行走时，考察队员都感到紧张，车上十分安静。我注意到路边森林下的自然剖面，有一层十分明显的灰白色，我要求停车观看剖面，这里明显有一层灰化层，这是在中国只在这里有的一个土类——灰色森林土。由于处在边境，我们不敢多停留，没有详细描述，草草地装一纸盒土，赶紧上车。到宝格达山林场已经是深夜了，这是第一站。

这条路线很少有人走过。自然植被封育得很好，因为靠近边境，没有牧民放牧。在呼伦贝尔草原路段我发现了黑钙土带向暗栗钙土过渡，大概有10公里的过渡区。一路上，我看到在半湿润沙地上有成片的樟子松林生长良好，证明半湿润地带的沙地完全可以适于林木生长。还发现在中蒙边境上有灰化层的灰色森林土，应该是大兴安岭北部西坡的垂直带上的一个主要森林土壤类型（可惜没有化学分析，不能确定），路上收获颇丰。

在当时的内蒙古自治区辖区内，考察的重点地区在东部的东乌珠穆沁旗、西乌珠穆沁旗和阿巴嘎诺尔旗，包括大兴安岭地区的黑钙土带和乌拉盖盆地、锡林郭勒盆地的典型暗栗钙土带，以及西部边缘的栗钙土带。根据该区的自然经济特点，按岭北地区工作新模式，研究得出该区土地利用应以牧为主，围绕畜牧业发展农业、开辟人工草场、建立林网粮草轮作制和发展灌溉、草原造林等问题，写出了《锡林郭勒东部地区土地资源利用问题》报告，作为向内蒙古自治区汇报的文件[见《石玉林文集》（上卷），645-651页]。

1974年内蒙古考察总结告一段落，本着为内蒙古服务的精神，我们组织编写了6篇报告，包括气候、水、土地、草场、牧业和林业等方面。在呼和浩特市召开了向内蒙古自治区的汇报会，除各组汇报人员外，还有赵训经和地理所领导魏传英副所长。这是"文化大革命"后期第一次召开较大的学术报告会，我们感到很振奋。记得综考组（会）恢复后，赵训经同志还向地理所领导要求将此成果作为综考组（会）的成果。

1996年8月，内蒙古锡林浩特西北羊草-针茅草原

1996年8月，内蒙古锡林郭勒东60公里的
达里诺尔西羊草草原（打草场）

　　这次汇报会在内蒙古自治区产生了颇大的影响，这些成果是总结组的集体成果。

　　乌审旗考察

　　考察时间在1975年秋天。考察原因是，那几年鄂尔多斯高原发生前所未有的土地沙漠化，严重到北部的库布齐沙漠与南部的毛乌素沙漠合拢的程度。原内蒙古考察队的队员们，出于责任心，主动向综考组与中国科学院领导提出要派出一支小分队考察乌审旗，因为乌审旗处于毛乌素沙漠的腹心地带，也是两大沙漠合拢的地区，也是当时"牧业学大寨"的乌审召公社所在旗，上级领导批准了我们的要求与计划。

队伍组成仍以内蒙古考察队员为主，包括石玉麟（土壤）、沈长江（畜牧）、郭绍礼（地貌）、林儒耕（地貌）、雍世鹏（植被）、马长炯（水利）、黄兆华（草原）、杨辅勋（农业）、杨丰裕（土壤）等，其中只有黄兆华不是内蒙古考察队的队员，他是兰州草原所的研究员，队伍十分精干。

考察队得到自治区、盟、旗政府的重视和支持。记得有自治区气象局的一位女同志、鄂托克旗草原系统的一位女同志、乌审旗林业局的一位同志和伊克昭盟水利局的一位同志参加考察，还有盟科委一位副主任也不时参加考察工作。

这是"文化大革命"后期首次开展以治沙为中心的县（旗）级的发展战略研究。考察队在深入调查分析的基础上写出《内蒙古乌审旗农业自然资源的利用与保护》报告。报告指出土地沙化、草原退化是人们利用自然资源不符合客观规律的结果。人与自然的矛盾中，人的因素是矛盾的主要方面。要一手要抓保护利用，一手要抓建设改造。一方面要因地制宜地利用自然资源，合理布局农牧业生产，在加强保护前提下利用资源；另一方面要以种树、种草、建设基本田为中心内容，以治理沙害、发展水利为主攻方向，加速农牧业机械化的发展，改造自然，为乌审旗迅速建成"牧区大寨县"而奋斗。同时，报告在土地利用与保护、治沙造林、灌溉与排水、天然草场利用与人工草场建设、家畜数量质量和品种资源保护、农田基本建设与草田轮作、解决燃料的途径等问题上提出了具体措施与途径。

考察结束，我们向乌审旗领导与伊克昭盟领导做了两次汇报，获得盟、旗领导的高度评价，也向自治区科技局做了汇报。该报告于1980年获内蒙古自治区科技成果奖二等奖。

这是一次最早的以县级为单位的农业发展战略研究和以防治沙

害为重点的综合考察，为后来开展多个县级区域发展研究摸索了经验——抓住矛盾、分析矛盾、发挥优势、克服劣势（短板），有针对性地提出发展方向、途径与具体措施。同时也为后来农业区划系统掀起县级区划研究提供了先例。

内蒙古土壤地理专著的形成与特点

专著编写时，内蒙古自治区的行政区界发生了变化，内蒙古自治区的管辖范围只是"文化大革命"前的中部地区；而东部3个盟，分别划归辽宁、吉林与黑龙江管辖；西部阿拉善地区划归由宁夏与甘肃管辖。因此，这次专著的书名与范围，各专业不一样，我们土壤地理专业的书名与范围是《内蒙古自治区与东北西部地区土壤地理》，把西部阿拉善地区舍去了。

全书的结构，吸取了编写新疆土壤地理专著时的教训，以类型为主，重点分析土类的特征与区域差异，即相性的差别。在土地资源部分，新疆土壤地理专著只写了1章，而内蒙古土壤地理专著写了3章。整个结构得到优化，因此，得到马溶之先生的高度评价：此书比《新疆土壤地理》写得好。

1974年我们终于完成了内蒙古气候、地貌、水资源、土壤、植被、草场、畜牧业、林业8部专著。遗憾的是农业、农业经济、工业类的专业人员散失，而未能出版专著。

内蒙古的总结，前后经历了风风雨雨的10年。

如果说新疆土壤研究重点是荒漠土壤，开创了中国荒漠土壤研究之先河，而内蒙古土壤研究重点则是草原土壤，深化了中国草原土壤的内涵。通过地理调查与理化分析，我们发现了内蒙古草原土壤有以下特征：

·分两个系列，北部为黑钙土−栗钙土−棕钙土−漠钙土系列，南部为黑垆土−灰钙土系列。

·通过碳酸钙淀积与石膏淀积区分栗钙土与棕钙土的相性特征，

在区域上表现出明显的东部季风相、高原相和西部新疆－哈萨克斯坦相，发现内蒙古高原的石膏淀积深度在2米以下，一般不为人知。

内蒙古考察总结有以下几个贡献：

发现黑垆土是温带向暖温带过渡的地带性土壤——暖温性草原形成的土壤，分布于长城沿线黄土高原北部或黄土丘陵地带，而不是什么"栗褐土""褐栗土"之类，这是马溶之先生自认为他没有考虑到的。可以说这是一大发现。专著对黑垆土的地理分布、形成条件、剖面特征、理化性质与农业生产的特征做了较全面的叙述。

• 对草原土壤亚类划分，做出比以往更详细、更符合客观情况的划分。

• 对草原地区碱土做了较系统、较完善的认识、分类与特征描述。

• 针对土地资源评价，在内蒙古草原地区必须为畜牧业发展服务，不仅要为开发土地发展人工饲草料，还要为适应各类牲畜利用和改善、保护草原提供土地资源基础资料，因此开展了大农业即土地农业评价、牧业评价和林业评价的多重性综合评价，脱离了单纯为开垦服务的狭窄性，比新疆土地资源评价前进了一大步，为建立土地资源学奠定了基础。这些说明我所建立的土地资源学是建立在扎实的土壤地理学基础之上，从土壤地理学脱颖而出的一门新的土地资源学科领域。

内蒙古地区的综合考察与系统总结，表明我在科学研究上已成长并走向成熟，为后来学科的发展奠定了基础。

凡科学研究，无论是调查还是实验，每经过一定阶段必须进行系统总结，从感性认识提高到理性认识，从实践提升到理论，才能举一反三。只顾耕种、不顾收获，只顾工作、不做总结，就像猴子掰棒子，一事无成，至多成为高级考察匠而已。

内蒙古考察是我成长的时期

我从新疆考察当"学徒"到内蒙古考察"成长"用了约10年时间。

这10年对我事业的发展十分重要，我参加和主持了《新疆土壤地理》《内蒙古自治区与东北西部地区土壤地理》两部专著的编写，编制了《新疆百万分之一土壤图》和《内蒙古百万分之一土壤图（草图）》《内蒙古百万分之一土地资源图（草图）》（不幸后两者均已丢失），这些是我前期的科研成果。

这一时期，我学习了土壤调查与制图的基本功，学习了地貌、气候、植被、水文、水文地质等专业知识；对新疆、内蒙古的荒漠与草原地区的土壤形成、土壤分类、土壤分布、土壤分区和土壤利用改良等方面有了较系统的认识，打下了坚实的土壤地理学的基础，在实践中从接触土地资源研究领域到比较系统、全面地进入土地资源研究领域，为后来土地资源学建立与发展创造了良好的条件，终身受益匪浅。我的土地资源学研究是建立在土壤地理学基础上并发展起来的，随后延伸到自然资源与区域发展的研究领域。

三、难忘的师友

新疆、内蒙古考察时期难忘的师友

周立三院士

周立三先生是新疆综合考察队队长，他的专业是农业经济，我的专业是土壤地理。在新疆,他虽没有亲自指导过我,但他的综合思想、农业发展思想,对我影响很大,我的学术思想是沿着他的综合思想发展的。"文化大革命"后,中国迎来科学春天,有幸在几次农业大项目和国情研究中,我都跟随周先生,1979—1980年,全国农业区划,我是他的助手之一;1985年农业战略研究中,我在他领导下工作;20世纪90年代至世纪之交,中国国情研究中,我是他的副手,他去世后,我继续完成他的事业。周先生一生三大成就实现的过程,我都在他身边。我是他的助手、副手和继承人之一。

于强副队长

他是"三八式"老干部,是我的顶头上司,是我尊敬的好领导。他作风正派,以身作则,对队员要求严格,爱护队员,保护队员。我们在他领导下工作,心情舒畅,是有生之幸。于老在"文化大革命"中受很大冲击,但他是硬汉子,不低头、不屈服。我同情他,保护他,我们成为了好朋友。

B. A.诺辛教授

他是苏联道库且也夫土壤研究所高级研究员,土壤学家,是苏方派到新疆综合考察队土壤组的苏方组长。他学术严谨,对人和蔼。1958年我随他考察塔里木河下游、天山南坡,他带我看土壤剖面,给我讲解土壤知识。在野外和总结阶段,他耐心教我绘制山区土壤图,使我学会制图,我做他的跟班、学徒,我们合作很愉快。

文振旺教授

他是南京土壤所研究员,在新疆考察时是我们土壤组的组长。他带领全组绘制1∶100万土壤图,组织编写《新疆土壤地理》专著,我是他的助手,他掌握很多科学资料,我向他学到不少东西。可惜他在"文化大革命"中受冲击,身患癌症,英年早逝。

此外,在新疆和内蒙古考察期间,综合考察委员会内部我的战友有韩炳森、黄荣金(大学同学)、沈长江、廖国藩、杜国垣、刘厚培、凌可予、傅鸿仪、王淑芳、黄文秀……其中,沈长江与我相处时间最长，20世纪50年代在新疆综合考察队，60年代在蒙宁综合考察队，80年代在新疆资源综合考察队，以及后来参加中国自然资源学会组织的《中国资源科学百科全书》等的编著，我们都在一起，许多看法与观点都较接近，是经常交谈的好友。

除了师兄石元春、林培外，在外单位，还有高以信、李锦、杨丰裕、刘钟龄、雍世鹏、石家琛、蔡凤岐、赵济……其中，与高以信、李锦、杨丰裕关系最密切。高以信、李锦夫妇，前者在内蒙古队，一直与我一起工作，我视他为兄长，后者在新疆队一起工作。杨丰裕在蒙宁队一直是我助手，帮我很多忙，是埋头苦干的好同志，后来调离土壤所，就失去了联系。

凌可予是新疆队土壤组俄文翻译，为人热情、坦率，好打抱不平，工作刻苦努力。与植物组袁奕奋（翻译）结为夫妻。1961年工作结束后，他们双双调到广东师范学院当教师，20年前，在北京我们聚会过一次。不久，袁奕奋病故。凌可予移居澳大利亚和美国，与两个女儿同住。我们至今还有联系。

四、成家（1963—1966年）

七年恋爱史

我的妻子陈超子是位有理想、有信念、有抱负的女子。我们结成夫妻，组成美满和睦的家庭，互敬、互爱，事业有成，相伴终生。

1956年团中央在清华大学举办的团干部学习班上，我第一次见到陈超子，那时我是土化系三年级的团支书，超子是一年级的团支书。第二次见到超子是在1957年，我已大学毕业，大约11月，在一次农大全校批判大会上，我坐在会议厅倒数第二排中间的座位，超子坐在最后一排，正在我后面，我回头询问超子学习情况以示关怀，她做了简单的回答。在1957年年底，12月31日夜晚，我专门约她见面，双方表示可以作为朋友交往，这时我们才真正认识，互通了姓名。此事发生是事出有因，在前些日子的一天，黄荣金同学突然质问我"做了好事"，我莫名其妙，他说他的同学黄巧华告诉他，陈超子喜欢福建人，言下之意是指我。我感到憷然，我没有这意思，再说，我和超子也没有正式接触过，但此后却在我心里留下了较深的印象。我们考察队就在农大西边的平房里办公，常可碰见超子，有时去饭厅的路上偶尔会遇到，有时在运动场上见到，有时看到她与班干部在平房前商量工作。一次，在图书馆里，我有意坐在她对面看杂志，她在自习。她给我的印象是一位文静、朴实、可爱的好姑娘。我随后与韩炳森商量，想写个便条约她相见，请黄巧华（超子同班同学）转交给超子，并询问超子对我的印象和看法。黄巧华告诉我，超子没有任何表示。黄荣金误传的消息却促成了一段姻缘，黄巧华充当了红娘的角色，又印证了"千里姻缘一线牵"的典故。我没想到毕业后，会与低我三年的姑娘交朋友、谈恋爱。

对于超子，我结识她之后，毫不动摇地等她，我等她3年大学毕业，等她3年研究生毕业，等她毕业分配1年，约7年时间。有的同志为我们担心，怕时间太长，可能生变，但我们相互信赖，坚定不移。在这漫长的恋爱过程中，有几件事值得回味。

认识初期我们都在老农大，她学习，我工作，各忙各的。我为了不影响超子学习，平时不会去打扰她，周末的星期六晚上，我会约她出来散步，让她放松一下。我们老农大东门外有个"天然公园"，有一大片森林与一大片草地、湿地，学生们经常在那里跑步，锻炼身体，后来整修开辟为玉渊潭公园。第一次，我约她到东门外散步，那天晚上，月色迷人，心情舒畅，我滔滔不绝地说话，超子静静地听着，我讲了约有2个小时，超子一句话也没说，但我感觉到她在认真地听。我们返校时，下一个小小的坡，我准备扶着她的手，她谢绝了，自己往下跳，我没在意，感觉很甜蜜，多年后还做了一首诗，以表达我当时的情感。

北京郊外的晚上*

在那校园外的树林里，风儿轻轻吹树叶响，
夜色多么美，田野静悄悄，多么幽静的夜晚。

一对青年人散步月光下，手拉着手儿心贴心，
虫声吱吱叫，心儿跳，多么甜蜜的爱情。

春回大地了万物甦醒，姑娘静静听春呼唤，
春天带来了我们的希望，我们拥抱着春天。
时光已经过了四十年，我们生活在阳光下，
幸福花儿开，你我永不忘，北京郊外的晚上。

2005年夏，于北京

第二件事超子处理得出人意料，也是发生在周末的晚上。我们新疆考察队几位同志买了几张话剧票，话剧在解放军总后勤部礼堂演出，我多买了一张票，打算与超子一同看，我将票给了超子，她也接受了。我们的同志也盼望着看看这位未来的"新娘"。待我进场时，发现不是超子，而是超子的一位同学眭宝华，我很吃惊，与她寒暄了几句，就走到前面和同志们说："糟了，她没来，换了一个人。"我纳闷不解地回到原位，把话剧看完。过了几天遇到了超子，她说功课忙，让眭宝华去看，来不及通知我，经她解释，我毫不介意，完全相信她的诚实，不做假，不要花样，纯真，可

中国工程院院士传记

石玉麟 自传

122

---

* 可用苏联歌曲《莫斯科郊外的晚上》（瓦索洛维约夫·谢多伊作曲）的谱曲唱。指20世纪50年代北京农业大学在罗道庄的校址，现为玉渊潭公园。

爱。几十年后与友人聊天，谈起此类事，我们的朋友肖淑先说，如果换上他，"定吹无疑"！以后我们的家庭生活也就这样度过，相互信任，相互理解，感到温暖。

超子对人一贯真诚，她与我谈恋爱伊始，就坚定不移。野外工作，容易出事故，有一次我对超子说，如果我出事了，眼瞎了或腿断了，或半身不遂，怎么办？这位傻姑娘坚定地回答她不会离我而去。几十年的相处我们都实现了自己的诺言，她1997年得了结肠癌，我日夜精心地护理，她恢复了健康。我外出野外工作感染了乙肝，几十年来，她耐心地照顾我，从不让我有精神负担，并替我分担工作的压力。

我们年轻的时候都很执着，真诚地关心爱护对方，从不介意形式。1958年"大跃进"，超子他们下乡到河北徐水参加劳动，与工农结合。临走前，我约她在图书馆前见面。因为她在城里长大，没有下乡劳动过，我担心她受不了烈日晒，又担心她劳动时磨伤了手，我回宿舍找了半天，只找到了我劳动时用过的一只破手套和一顶破草帽，不假思索就拿来给她，她收下了，她理解我的一片真诚。临别时，我还传授她如何劳动，如何保护自己。几十年后，超子取笑我，这破东西也能拿得出手送给女朋友。那时，人们人生的价值观与现在一些年轻人的价值观是截然不同的。

1960年超子参加生产实习，我与新疆队领导联系她们生产实习的事，超子等5人随韩炳森去新疆塔里木农场实习，那是苏联专家的试验地，我委托韩炳森照顾她。通过实习，超子了解了新疆，也得到了锻炼，回来我帮她分析阿克苏绿洲的情况，她写了实习报告。

超子大学毕业被学校推荐继续深造，再读3年研究生，她虽不愿意，但还是服从了组织分配。她的导师李西开先生是农业（化学）分析专家，教学严谨，对学生要求严格。这个专业很适合超子，因她不熟悉农活，也不适合做野外考察工作。后来超子被分配到中国科学院地理所负责实验室工作，由于她既懂土壤专业又懂化学分析，所以做出了成绩。1963年她研究生即将毕业，在同志们的劝说下，我们决定结婚。当时我们都已27岁，1963年2月17日我们领了结婚证。原本计划春节结婚，我为了享受头一次在职人员探亲的待遇，回家探亲，延缓了婚期，虽没选个所谓吉祥的结婚日子，我们也不迷信那些，事实证明，我们家庭过得很幸福。我们结婚仪式很简单，2月17日去东城区派出所花了5角钱，领了2张结婚证。过了约1个星期即2月23日晚上，我们暂借了同事黄让堂的一间小屋结婚，地点在广渠门外。我们各自在自己单位吃了饭，就回到所谓的家，举行婚礼。我买了一件深蓝色的外衣，超子穿的是她姑姑给的旧衣服和灯芯绒的裤子，这就是我们的结婚礼服了。按当时供应规定，买了2斤糖和几斤高价糖及2包高价香烟。因住地离超子母亲家较远，所以超子母亲及哥哥都没有出席，他们家也不讲究这些礼节。来了几位蒙宁队的同志和超子的同学代表，闹了一会，他们逗超子，她不喜欢这种逗法，也不笑，我也不在意，我总是随她高兴。我们的终身大事就这样办完了。

超子这届研究生分配一拖再拖，超子在农大做了一年助教。还算运气好，综考会、地理所、地质所都争着要她，最后地理所争取到了。超子负责地理所实验室工作，在她和实验室同志们的共同努力下，地理所实验室从只开展水土的盐分分析，扩展到土壤、水、植物常规分析，根据地理所研究的需要又开展几十种微量元素分析及仪器分析，从一个分析小组发展成全所中心分析室，参加全国土壤背景值微量元素的考核，全部合格，地理所中心分析室成绩名列前茅。超子也被晋升为研究员并享受国务院政府特殊津贴。遗憾的是超子退休后，让实验室自生自灭，化整为零。

第一个孩子的诞生

1965年8月6日在北京中关村医院，我们的第一个孩子——男孩诞生了，重6.9斤，取名石东崖，意为屹立在东方的悬崖之上，东方的堡垒之意。我第四天才看到儿子，将他们母子接回家。我见到孩子，小小的眼睛活像我，头发乌黑浓密，额头宽大，定是个聪明的小子，我得意万分。在家只待了半个月，我就匆匆忙忙上火车，去甘肃酒泉"四清"。经过4个月到了春节，工作团规定四清队员回京过年，我再次见到儿子时，他已长大了许多，抱起来还挺沉，见到陌生人哇哇大哭，还挤出泪水。我在家待了半个月，元宵节后，又回酒泉，不久准备收队。大约在1966年3月，我从甘肃直接回福建探亲，看望老父亲。父亲听说得了孙子，十分高兴，请海官夫妇用糯米做了许多糍粑，做成龟和桃状，表示吉祥，分发南石各家，以表明石家有了后代，石家有了希望，身患重病的老父亲心中十分安慰，又多活了1年多。

岳母潘超人——一家之主

超子的母亲潘超人，早年参加革命，1923年就加入了中国共产党，1927年伴随超子的父亲陈昭礼潜回福建，恢复福建的党组织。她曾任中共福建省委妇女部部长，省委机要秘书、联络员、通讯员等职务。1940年超子父亲牺牲时，她才33岁，当时中国正面临抗日战争的艰难岁月，兵荒马乱，她带着两个5~6岁的孩子及超子小时候的保姆阿四（阿四一直在超子家，亲如家人），一家四口，东奔西逃，辗转各地，超子母亲与党组织失去联系。1949年阿四回广东老家，侍候年迈的父亲。1950年岳母以革命烈属身份，带着子女落户北京，从此过着安定的生活，1963年退休，1998年2月17日逝世，享年92岁，为抚养革命遗孤操劳了一辈子，她是一位伟大的母亲。

我第一次到超子家是在1959年，那时我们已谈了两年恋爱，超子应该确信我们爱情坚固，才让我进家门，她母亲见到未来的女婿很高兴。我第一次见到超子母亲感到她善良、亲切，我从小离开了母亲，这时又失去了母亲，我心里渴望有个母亲，见到超子母亲就

1989年，岳母潘超人

如同见到我自己的母亲。当时我穿的衣服很破旧，超子母亲很怜爱我，也很照顾我，她把我当作儿子，岳母和邻居们都叫我小孩，邻居孟姨的丈夫尹叔叔是全国工商联的人事处处长，他们的女儿尹苹叫我大哥哥。岳母的工作是会计、出纳，管钱的事，她办事很认真，她管的账一分都不差。因责任重大，岳母也是整天提心吊胆，怕出差错，所以就想提前退休，人事处处长给她延迟了几个月，到时退休金会高些。1965年我们生下了东崖，她就帮我们养育孩子；1971年小女儿出生，她又给我们照看女儿，孩子们都叫她"奶奶"。我们俩能全心全意地工作且事业有成，岳母有一半的功劳。

岳母是一家之主，掌管着家里的一切事物，包括财权。我和超子每月的工资都交给她。我父亲在世时，我工资的一半，约30元，寄给在老家的父亲。超子母亲是位通情达理的人，她很支持，还经常敦促我寄钱回家。父亲去世后，我的工资也全部上交给超子母亲。当然我们需要花钱也会向她要，她不会吝惜，会很痛快地给我们。直到1989年之后，岳母几次病危，超子才接管家务。我在这个家，与超子母亲相处40年，而我与自己亲生母亲仅相处14年。因而我视超子母亲如同自己的母亲。超子母亲也很照顾我，我长年在野外工作，身体不好，劳累时，就会患神经性呕吐病，后来在野外又得了乙肝，所以我在家里属于被保护对象，家里好吃的东西，岳母总是留给我吃，每逢吃鸡，鸡腿都是给我，小孩们都吃不上，有一次给女儿吃一只鸡腿，她感到很意外，拿着鸡腿，提出疑问："给我的？我就不客气了。"她高兴地吃了。当然我也做了回报，1981年岳母病危，到医院看病，大夫们都给家属建议说已经没有抢救价值了，老人爱吃什么就买吧，买些可口的东西，给老人吃就行了。但我坚持只要有一线希望，都不能放弃，坚持送母亲到医院治疗，果然出现了奇迹，岳母又多活了10年，为此我一辈子都感到欣慰。我在这个家感到幸福，我们和睦相处，从不吵架。正所谓"家和万事兴"，我们夫妻俩事业有成，子女们都受了高等教育。岳母也自豪地说，孩子们都是她培养的。现在第四代又茁壮成长，她要活着该多开心啊！

父亲去世

自从1957年我母亲去世后，我负了一笔债，当时工资又低，也就不可能有钱回家了。1961年国家开始实行探亲假，我还未结婚，可享受探亲假，路费可报销。此次探亲我待了1个多月，在家里我抓紧学习了地貌学与地史学，还结识了不少乡亲。后来综考会来电报催我回单位，赶写报告。1963年年初，准备探亲后与超子在春节期间结婚，后来为了与父亲一起过春节以慰老人，我延误了婚期，后向超子做了解释，得到超子的谅解。想不到这是与父亲一起过的最后一次春节。第三次回家是1966年3月，酒泉"四清"结束，我立即回老家，看望老父亲，父亲病情有好转，一天晚上，父亲好像在交代后事，他拿出一张纸读给我听，说他去世后我家的房子给海官住，海官家孩子多，房子住不下。他交代海官要维护好、修理好房子，如果玉麟回老家，房子要还给玉麟。他还说好英嫂（我大伯的儿媳妇）从不照顾他，再说她只有一个孩子，房子也够住，我听了，都没意见。这次回家仅待了个把星期。

不料6月父亲就去世了。正值"文化大革命"开始，是否回去奔丧，我难把握，请示综考会政治部主任石湘君同志，她明确劝我不要回去，因农村封建习俗受不了，我岳母也表示不要回去。这时超子在武威"四清"。经再三考虑我决定不回去，寄钱给了海官，拜托他料理后事。好在我3月探亲时，父亲都已作了交代。后来听说海官哥将葬礼办得很隆重，有洋鼓、洋号，还伴有音乐，送葬的人很多，还照了一张上百人的照片，至今我还保留着。我十分感谢海官哥嫂。后来，每逢我回老家，都会上山祭拜我父母。

海官哥嫂的故事

海官是我一位远房的堂兄，父亲晚年，由他们精心照料，并为我父亲送终，我视他们为亲哥嫂。

我小时候，海官家住在院外，见面少，他父亲叫"矮喜"，在我懂事时就已去世了。他的母亲，我叫她七婶，是个喜欢唠叨的农村老妇人。海官比我大七岁，我们念私塾时，他读《三字经》，我读《千字文》，后来，他一个字也不识了，他是一位朴实、勤劳的农民。

1957年我大学毕业，母亲病危，我赶回家。海官已结婚生子，搬到七间排住，我们成了邻居。海官妻子从"马厝"的小山村嫁过来，她长得漂亮，人很贤惠，比海官小七岁。七婶活着的时候，对儿媳妇百般刁难，海官嫂常受婆婆的气。我父亲当时在本房里年纪最大，是"房长"，有一次，父亲主持正义，严厉地批评七婶说："媳妇没有错，你对媳妇百般挑剔，这样做不行，那样做也不行，你怎么做大人呢？"由于父亲的威望，且又是大伯，此后，七婶不再敢刁难儿媳妇了，海官嫂为此也十分感谢我父母。当时农村正处于高级农业合作社到人民公社阶段，妇女必须参加劳动，海官嫂无力照看孩子恩赐、恩连、恩全（恩旺和美雅还没出生）。我母亲帮助她照料孩子，使他们渡过难关，为此他们也很感激我父母。他们的孩子长大了，5个孩子要上学，有的上了初中，有的上了小学，全靠我父亲提供学费。我毕业后，按月寄给父亲30元，父亲有时买点糖果给孩子们吃，孩子们也很高兴。我每月都准时在月初4号、5号寄钱，赶上他们交学费，所以海官哥嫂也对我感激不尽，经常提起此事，因而，孩子们对我也很尊敬。父亲去世，海官哥嫂替我料理了后事，遭到了一些人的闲言碎语，他们也受到压力，我家的家具别人都拿走了，海官家只拿了两把椅子。父亲在世时，我和超子经常出差，所以不能接父亲到北京养老，只有拜托海官哥嫂照料直至送终。

现在海官家兴旺发达，有孩子4男1女，子孙满堂，全家约有五六十口人。海官的下一代，后来农转商，开办小加工厂、五金商店，孩子们都盖了3层楼的别墅，也算殷实人家。我也牢记海官哥嫂替我照顾老父亲的恩情，我老家的房子（二间房屋）按照父亲的遗嘱，一直给海官家用，现在我们家用不上，也就送给海官哥嫂了。每年春节或回家探亲，都会给哥嫂一些零花钱，以表达我的感激之情。

2008年4月，我携妻陈超子回福州长乐古槐老家与海官夫妇合影

小女儿的诞生

1971年2月10日，小女儿石东晖在北京积水潭医院诞生。那时我们家搬到了大屯路917大楼生活区，位于农村郊区，没有公共汽车和出租车，需要走2.5公里左右到北沙滩，才有公共汽车。超子临产前，我骑自行车，超子坐在自行车后面，到北沙滩，超子搭上公交车，我骑着自行车紧跟，我们几乎同时到达积水潭医院门口，办完住院手续，超子进了产房。我放心地离开医院，这已是2月10日凌晨1点钟左右了，正值农历正月十五元宵节，天空晴朗，万里无云，可是气温低，很冷，我满怀着幸福感，慢悠悠地骑着自行车回家。第二天早上我又骑着自行车去积水潭医院，值班室护士告诉我，超子生了个女儿，我发自内心高兴地说："好呀！"小护士说："还好呀？"我说我们头一胎是男孩，小护士就不说了，可见当时社会，普遍重男轻女，但我喜欢女孩。小护士还嘱咐我，明天来接超子与女儿。次日，岳母只给我一条很薄的毛巾，做包裹女儿用。单位派了车去医院接，天气很冷，正值三九寒冬，小护士抱出女儿，接过我带来的小毛巾，不满意地说只带这么薄的毛巾，我无言，她包好了女儿，我接过女儿，女儿正在打寒颤，我脱下棉袄把女儿包裹好并紧紧地抱着，看到女儿圆圆的、红红的脸蛋（未缩水），我满心欢喜地接超子母女回家。一路上，超子给我说她生产的事，她说当天晚上进产房后，在产床上已有一位产妇，医生正准备给她接生，超子已忍不住，要生了，医生无奈地埋怨说："生孩子还起哄！"医生一边叫超子憋住，一边赶忙先给超子接生，女儿出来没有哭声，医生打了一下她的屁股，才哭出声来。超子还说，生东崖时，他很痛快地出来了，而生女儿时，她是慢慢地蹭出来的。我们到家之后，妈妈、东崖围上来看，看不出孩子像谁，但一双小眼睛活像我，还是双眼皮。我下楼遇见邻居丁树玲等，丁树玲问："像谁？"我说大概有点像我，接着她又问眼睛像谁？我说像我。丁树玲笑着说："完了，完了。"大家也都哈哈地笑了起来。我给女儿起名为东晖。东晖出生没几天，我就出差了。几个月后回到家，就看见奶奶抱着东晖，我伸出两手，东晖也向我伸出两手，要我抱的姿态，突然她回身紧抱着奶奶，过不一会又回转身，我就抱着她，觉得小东西很轻很轻，抱在怀里不觉得有任何重量。当我第二次回家，东晖已经会摇摇摆摆地走路了，那时她还没有三屉桌的桌腿高，她正在桌下，见我回家，一摆一摆地从桌底下钻出来，双手合拢喊我两声爸爸，我心花怒放，奶奶看了一直笑。第三次回家，她看到我就要我抱，并坐在我的腿上吃饭，奶奶说我回家之前，东晖对奶奶说，爸回来她要整天缠着爸。我美滋滋的，我感受到做父亲的乐趣。

东晖小时体弱多病，经常感冒转肺炎，我们上班或常出差，也无法照顾孩子。东晖刚满月时，奶奶要参加居委会学习，把五岁的哥哥东崖锁在家里照顾妹妹，东晖不停地哭，东崖用奶瓶喂她，她也不肯喝，继续哭，东崖也急得跟着哭起来，此后，东崖再也不肯照看妹妹了。奶奶说，东晖的病都是姑奶奶造成的，姑奶奶从南方福州来，在房子里爱开窗户通气，北京冬天冷，小孩经不起风吹，一受风就生病。那时东晖一患病，就得打青霉素，家里买了听诊器、针管等医疗器具，我们都学会了打针。当超子下干校劳动时，东晖刚三岁，头一天夜晚，东晖哭着找妈妈，我耐心地劝说，并讲了好多儿童故事，她才入睡；第二天，又重复这过程；第三天，东晖真乖，说爸爸我不哭了。超子走了一个星期，东晖又生病了，半夜我就给东晖打针，几天后她的病也就好了。由于长期打针，吃四环素，影响东晖健康，我们感到愧疚，没照顾好孩子。

幼年的东崖

东崖出生在1965年8月6日。东崖小的时候，很聪明，爱听故事，每天晚上都要给他讲很多故事他才能入睡。稍长大后，他爱听收音机，爱看电视。他会表演一整套戏文，如《平原游击队》《红灯记》《列宁在1918》，从头到尾地表演，惟妙惟肖，给我们留下了深刻的印象。东崖从小就很淘气，在917大楼都闻名，总是喜欢跟比他大的小孩玩，还常打架。有次杨俊生给我们说，东崖真行，他与大孩子玩，被大孩子欺负，他一边哭，一边跳起来给别人一巴掌，不屈不挠的。那时每天吃饭时，东崖就哭着回家了，常惹我们生气，我常说："东晖是爸的心肝，东崖是爸的肺，把我气炸了。"东崖小时候会玩很多游戏，例如打"贱骨头"，弹"弹珠"（能左右手弹），赶"圆铁环子"。冬天，房前下水道冒出的臭水结了冰，东崖在上面溜冰、坐冰车（邻居大哥哥送他的，木板下钉四个轮子），可见当时条件的艰苦，根本没有儿童玩耍的地方。有一次他跟着邻居的大姐姐，在房前一块玉米地上玩，大姐们掰玉米棒吃，被农民发现追赶着，东崖吓得边跑边哭，农民喊着，你小，没事别跑，那场面与我小时候在白薯地里被追赶着，何其相似。我们下干校期间，奶奶把东崖送到楼下的幼儿园，他还挺乐意，有小朋友玩，至今还留着他在幼儿园的集体照片。1972年东崖刚满7岁，就上小学。学校距

1990年左右拍摄家庭合影，左二为儿子石东崖，
右二为女儿石东晖

离生活区二三百米，在一个大庙里，是农村小学。我们917大楼职工的子弟，多数也在这所学校上学。开学的第一天，东崖戴着舅舅小时候的帽子，穿着一件旧棉袄，在班上坐在中间，老师点名，点到东崖时，因为"崖"字难念，老师说，石东……（怎么的）。东崖站起来向左边迈出一步，大声说："石东崖。"老师显得很高兴。说起来很奇怪，东崖一上学，就变成另一个模样了，守规矩，不打闹。学拼音也快，老师称他为小石老师。这位班主任也姓石，在石老师的启蒙和教育下，东崖在班上表现得很好，入了少先队，还做了小队长。当时社会上流行党政"一元化"领导，东崖的小学也实行"一元化"领导，即少先队领导与班级领导都是兼的，东崖很自豪、很得意。每次考试成绩好，他都是边跑边喊，我得一百、两个蛋，神气活现的！小孩都需要鼓励，让他们树立信心，小东崖的学习成绩越来越长进。

东晖与陈健

陈健是我们的外甥，比东晖大几个月，当超子哥哥陈明扬夫妇生第二个女儿陈英不久，就把陈健从沈阳送到北京我们家，让老母亲照看。当时，陈健只有三岁左右，到我们家后，老太太就比较累了，她要照顾三个小孩。当时东崖已上小学，还能独立；只有东晖与陈健费心，好在陈健与东晖合得来，相依为伴，虽有时两个小孩也会吵架、打架，但还算省心。陈健脾气很大，小时候长得又黑又胖，有同事逗他玩，说他是"胡传魁"（京剧沙家浜里面一个反面角色），他火冒三丈，与大人拼命，追打大人，还骂大人，有时气得都会喘不过气，我们都担心他气出个好歹。陈健很喜欢超子，他会独出心裁叫超子为"姑姑妈妈"，我们怕她叫惯了，让他只叫姑姑就行了。有一次，我带陈健和东晖在生活区散步，两个小孩很亲密，小手拉着小手。陈健想着姑姑说，树叶落的时候，姑姑就回来了。东晖说，穿棉袄时，妈妈就回来了。当时超子在干校劳动，我听起来很惊讶却又很温馨，孩子真是聪明、可爱，富有想象力。陈健长大后，家里有什么好吃的，超子都会念叨着陈健。

东晖与东崖

东崖比东晖大五岁，他爱护、关心妹妹。他交代妈妈，不要用猴皮筋给妹妹扎小辫，会死的（因为农村有个扎小辫的女孩刚死了）。孩子真是又天真、又可爱。东晖身体不好，从小就体弱，再加上父母的溺爱，特别是爸爸的溺爱。奶奶不喜欢女孩，喜欢东崖，总说这个女孩最坏，可东晖不服，摇着头，一摆一摆得意地说："爸爸妈妈都喜欢我。"他们兄妹小时候经常站在床上表演诗歌朗诵，主要是毛主席诗词，东晖口齿比东崖伶俐，朗诵起来又有表情，常常都超过哥哥。有一次东晖从幼儿园回来，给我们唱歌，是藏族歌曲，东晖唱：感谢毛主席，感谢"举局马"。我们听不懂什么叫"举局马"，东崖、我、超子都笑了。东晖大发脾气说，你们不懂，你们还笑。后来得知歌词是"感谢毛主席，感谢解放军"。东崖脾气像超子，长大更是如此，他从小就像大哥一样，爱护妹妹。东晖总是相信哥哥，

幼年的东崖与东晖

依赖哥哥，长大后也是这样。东晖报考大学，考取到南京的河海大学，东崖很生气，埋怨爸妈，怎么报河海大学，他不舍得妹妹离开北京。妹妹去南京那天，东崖决定护送妹妹去南京，妹妹有哥哥的照顾，离开北京时无忧无虑。到了南京，东崖帮东晖打扫宿舍，接好电器的电路，同学们都羡慕东晖。待东崖离开南京回北京的时候，这时东晖才感觉到孤单，人生地不熟的。东崖出差到南京，东晖忙着张罗，带东崖到处玩。东崖比东晖早去美国两年，当时东崖经济困难，靠助学金上学，还兼做些助教的工作，有时也到饭馆打工，积攒了有限的美元，还给东晖300美元，交代她要存起来，别乱花。我真羡慕这对兄妹。因为我没有兄弟姐妹，感觉很孤单！

五、"四清运动"与"文化大革命"

"四清运动"（1965—1966年）

1965年8—9月，组织决定，我们参加"四清运动"，内蒙古考察总结中断。综考会副主任孙新民带队，政治部主任石湘君参加，内蒙古考察总结组成员中有我、李立贤、廖国藩、傅鸿仪、王淑芳、李德珠等。中国科学院被分配到甘肃省酒泉县，参加甘肃省的"四清工作队"，在甘肃省统一分配下，综考会人员被分到银达人民公社，与8210部队联合组成工作队，混合编队，他们一个师政委参加总队的领导。我被分配到银达大队11队。大队工作组负责人是石湘君，秘书是李立贤和刘锦杭，还有医疗队参加。我与8210部队的一位青年军人负责11队的"四清"工作，我们二人工作很协调，没发生任何问题。8210部队是航天部队，住址在酒泉北部戈壁滩上。

2003年我们西北考察时到过此处。

我们工作队按"二十五条"精神，公开进村，依靠贫下中农，学习毛主席著作，不搞大批斗，不搞扎根串联。但还是要完成查清账目，忆苦思甜，批斗地主，帮助干部等这类工作。11队青年多，女青年多，好发动。贫协主任万大哥，青年积极分子张万财，还有女青年等都很积极主动。进村的头一天半夜，张万财的妻子难产，我们请了医疗队女医生来接生，打响了第一炮。在酒泉集训时，总队就交代，不涉及"男女关系"，以免转移方向。我们进村就抓学毛选，查账目，我们生产队被评为学毛选先进单位。队员积极性很高，经查账，也没发现大问题。困难时期有多吃多占的问题，但都够不上贪污，队长基本上是好的，仍保留其职务。当我们开展忆苦思甜活动时，起先农民们控诉旧社会，后来就转到诉三年困难时期的苦了，我们也无可奈何。11队有个地主，没有什么大问题，我们也就开小批斗会，批他散布封建迷信、看风水之类的错误思想。酒泉农村中秋节后，没什么农活，每天改吃两顿饭。11队生产粮食，小麦、谷子都高产。我们每天吃派饭，除了不派地主家和干部家之外，家家都派饭，总是吃面条加辣椒油。一次，工作队负责人孙新民到11队检查工作，在银达大队工作会议上，批评我们工作队，原因是一位小姑娘状告我们没到她家吃饭，事实是这位小姑娘父母双亡，家里只有她1人，年纪小，也不爱说话，工作组怕给她增加负担，再者生产队也没有安排我们去她家吃饭。此事属误解，领导也小题大做了。后来，我们到小姑娘家吃了饭，小姑娘十分高兴，她感到很光荣。此事也提醒我们工作队，凡事都要考虑周密，以免造成不必要的误会。

我和同伴二人住在生产队会议室，平时房间空着，墙边有个土炕，正够两人睡。每天晚上由一位女青年（轮班）从屋外添柴烧炕。一天晚上，睡到半夜，我被一股烟味熏醒，一摸，我的棉裤腿部下半截被烧成黑炭了，还好被子没被烧着，人也安全。第二天，我们才知道这位女青年柴加得太多，且不均匀，炕局部过度受热，我的棉裤正放在炕的受热处不巧被引燃。这条棉裤还是当初离开北京时，组织上发的一套坦克兵穿的棉衣、棉裤，很厚很保暖。后来，一位女青年拿了一块黄色的军布和棉花给我补好了。

酒泉的冬天没有农活，主要是积肥、修水渠。酒泉的农业很粗放，积肥的土肥比大概是10∶1，实际是黄土搬家，老乡说有多少土就有多少肥。犁地还是双牛抬杠，犁没有犁壁，只起到松土的作用。但这里光照好、水好，银达是泉水区，谷子能打700~800斤/亩；小麦也高产，还种棉花、玉米、大豆等作物。第二年开春前，将一座小土山的肥推平，拉到地里就等于施肥了。银达大队是公社里条件较好的大队，但农民还是很穷，有的大姑娘冬天只穿一条单裤，还说冬天要天天劳动就不冷了，靠劳动御寒，也怪让人同情的。

春节前，工作队"四清运动"的各个程序进行得差不多了，多吃多贪的干部做了少量退赔，重新安排了队干部，队长没变，积极分子张万财被安排到大队当会计。我请了当时在河西考察的综考会队员水利组的陈鸿经、经济组的王广颖，和我一起帮助生产队做规划，用目视法填地块图，做了水利改造规划，王广颖还教女青年唱歌，很热闹。

为了避免干扰老乡过年，上级决定，工作队全队撤出，我们就回北京过春节了。过了元宵节，我们又回到生产队，各项工作一切如常。开春前，我们工作队结束了"四清运动"。

"四清运动"是我有生以来参加的第一次革命运动。从运动开始，我就没有顾虑，积极参加，在与农民群众相处的半年时间里，我能与他们打成一片，做到同吃、同住、同劳动，农民群众对我也没有隔阂，有事常来找我们，连夫妻吵嘴等家事，都会半夜来找工作队解决。至今我仍牵挂着他们，生活水平提高了吗？农村建设得怎么样了？当年的年轻人都成家立业了吗？遗憾的是我再也没机会回到村里看望他们。

通过"四清运动"，我看到西北地区农民的忠厚质朴，他们相信共产党，在困难时期也不动摇。广大干部是好的，农村政权是牢固的。通过实践驳斥了那些把农村说得一团糟的谬论。

十年动乱（1966—1976/1978年）

按中央说法，1966—1976年为十年"文化大革命"阶段。对我个人来说，这个时期可分为两个阶段，1966—1972年是我真正参加"文化大革命"阶段。其中1966—1969年是"文化大革命"的斗、批、改阶段；1969—1972年是进干校劳动阶段。1972—1976/1978年是重新开展科研时期，我主要是主持内蒙古考察总结和几个小型考察队。

"文化大革命"中，综考会，经历了撤销、恢复、重建的大变动。

"文化大革命"初期

被戴上了"修正主义苗子、保皇派与保守派"的帽子

"文化大革命"应该是从1966年"5·16"通知开始。当时我们很茫然，我们看不到中央文件，直到1966年6月1日，《人民日报》发表《横扫一切牛鬼蛇神》，次日发表《触及人们灵魂的大革命》，我们才开始意识到"革命"的到来。

我当时是业务骨干，认为党委的方针政策没有错，成了"保皇派"；中科院派遣工作组进驻综考会，支持"造反派"。当时，各单位都揪出一批"牛鬼蛇神"，我的罪名是"修正主义苗子"，也被揪了出来，排在最后一位，惩罚拔草一个星期。我开始有些紧张、茫然，后来，看到干部们都被揪出来了，老革命也不能幸免，这时我思想也轻松了，认真地拔草，有时看见熟人还微笑着打招呼，他们不可思议，超子"四清"回来，有同事告诉她："石玉麟被揪出来拔草，还对我们笑呢！"因为我是贫农子弟，"造反派"们对我还算优待，很快就被解放了。8月，超子从武威"四清"回来，她对我仍然很体贴，谅解我，让我消除了思想负担，使我更快地恢复了正常。但我的思想仍然是"保守派"。由于我出身贫农，也享有参加天安门检阅红卫兵游行的政治待遇，还被分配参加专案组调查等工作，但仍不时被批判为"右倾"。

"五七"干校劳动

参加"五七"干校选点

1969年年初，领导派我参加中国科学院与国家科委"五七"干校选点工作，我们的领队是中国科学院一位局级领导和国家科委一位处级领导。选点人员主要由综考会与地理所的业务人员组成，综考会有陈洪经、任鸿遵、倪祖彬和我，地理所有张祝超、浦汉晰，还有综合运输所的一个人，科委测量局的业务人员两三人。我是选点人员中的负责人之一。

我们选点队先到河南省息县。息县在淮河以北平原区，地势平坦，下的雨水几乎都流不动，土质黏重，是砂浆黑土。我们到息县正逢2—3月，阴雨天，晚上月儿明亮，白天乌云密布，阴沉沉的，洗一块手绢，一星期都干不了。这个天气，走的都是泥巴路，脚下的泥巴会甩在裤腿上，一到连续阴雨和雪天，交通阻断，生活物资运不进来，老乡无奈时，甚至把门板劈了当柴烧（做饭）。这里的交通对于人民的生存与发展是最大的问题。

息县正处在南北过渡地带，可种小麦，也可种水稻，所以当地有个谚语：有钱难买息县婆，一半大米一半馍。又有：宁可往南走千里，不愿往北挪一庄。说明了其气候过渡的特征。从专业角度来看，淮北平原的砂浆黑土，发展水稻可趋利避害，变不利为有利，这种思想我一直应用到今天，形成一个全国农业宏观布局的战略思想。选点队在息县呆了两三个星期。

之后，选点队转到南边罗山县一个农场。罗山位于淮河以南，那个农场坐落在山前岗地区，原先是劳改农场，农场的耕地散布在当地农民耕地之间的零星荒地（空地）上，开垦种地，所以田块不连片，十分分散，需要看图识地。为什么上级领导让我们来罗山，我们不知情。来罗山之前，劳改犯都已转移，只剩下农场干部及其家属。我们来了，似乎就等于接收了该农场，连农场的几头牛，也要我们队员每天割草喂养，当上了"牛倌"。我很快就熟悉了全场的百十来块的耕地，当然是带着田块图。一次北京军代表到农场视察，我带着他看地块，这位军代表当场夸我，说我到此地仅几天，就对地块如此熟悉，很尽职。这与我干事无论大小，都认真、尽职、尽责有关。对于罗山这个选点，我们队里讨论也有分歧，我的印象是领导有不得不上马的意思，这个意见被门外的农场场长偷听了，第二天对我们表示好感、赞扬。过了几天我们又被带到信阳地区，与信阳县的书记交谈，他很欢迎中科院来，我们还到一个高岗地调查过，印象不错，但也不了了之。

中科院带队领导说：科委的干校选址已定（后来知道就在罗山），我们中科院还未选定。

第一次下"五七"干校

开春我们回到北京，中国科学院干校已选在湖北潜江一个劳改农场，开始组织第一批职工下干校，领导决定我们第二批下干校。

湖北潜江"五七"干校地处汉水右岸，江汉平原中部，原先是沼泽湿地"云梦泽"，江湖交叉，这里也是血吸虫重灾区，新中国成立后开垦成农场群，生产棉花、小麦、大豆等。我们农场有几千亩地，好几块方田，一块方田有800多亩，林渠成网，是粮棉产区。我们被编成第六连——基建连，有3个排，我被分配在第一排，开始任务是运输，从汉水边的一个码头卸货，大多是建筑材料，砖瓦、杉高、竹高、石头等。前期为了暂时居住，我们先盖竹棚子，后来盖起了砖房，可以永久居住。我们向泥瓦工、木工、玻璃工、架子工师傅学习。我开始当小工，任务是搭架子，供灰沙，后转为泥瓦工，再后成为火头工，种菜工。在农忙时，我参加采棉花、拔棉秆、收大豆、晒场、扛小麦包等农活。因为农场的机械化水平较高，耕、耙、种、收（主要指小麦）都是用拖拉机。我们连队的劳动热情很高，小伙子互相比赛，我在连里也算个强劳动力。我们干校学员每人都须在附近农村插队劳动10天，我能比过当地的年轻妇女（那里没有见过男人干活）。在干校每天劳动完就用屋边自己挖的水井里的水冲洗一下，很舒服。星期天放假，有时我们会去附近集市——广华寺玩，买些小东西（虽然干校内有小卖部），寄信。每到节日，全校组织晚会，每个连队都出节目，有的连队节目水平很高，中科院的确有人才。我们六连是全校最强的劳动力，是主力连，最难的、最重的活都是由六连承担，我们学会了一套建筑的技术，后来回到北京后，综考会六连的学员承担了盖幼儿园的任务。1976年7月28日地震时，我和戴文焕搭起了抗震棚，我还为超子的哥哥在917大楼幸福村（平房）盖起厨房，这都是"五七"干校做泥瓦工时学到的手艺。到后期，我们在干校的同事人人都有一套锯子、刨子、钻子，做了不少椅子和马扎，有的同事回到家里还做起了沙发之类的家具。

前面提到我们干校是血吸虫重灾区，农场的职工包括原先的劳改队，他们下水前都把脚、腿包起来，还擦上药。可是我们初到干校时，小伙子们天不怕地不怕，光着脚就下水了，直到后来有几位同志染上了血吸虫病后才怕了，不轻易下水，老老实实地擦药、包扎后才下水，我们也积极参加灭螺工作。这里沼泽地病虫很多，我们有同事还得了出血热，回到北京在协和医院治疗了半年才好。

1970年组织上派我做专案调查工作，我暂时离开干校，直到1971年再次下干校。

第二次下"五七"干校

因我们多次来往北京—武汉—潜江之间，我不记得是几月下干校的。只记得1971年我的小女儿出生时（2月10日），我在北京。10月的一天，大家集中在干校北部的大竹蓬里，听中科院领导柳宗扬传达中央文件，会场很严肃，鸦雀无声，大家都很震惊，会上按文件精神表表态，会后也很少议论，但使我们清醒地认识到，不能盲从，要更实事求是地看问题、分析问题。

结束干校的生活是在冬天。我们综考会在这个时期是撤销单位，等待分配。第二次下干校，仍然是在第六连，我们大家普遍感觉体力不如第一次那样，干活感到比较累了。

"五七"干校的生活对我来说好像回到童年、少年时代，回到农村劳动的生活。在干校很愉快，没有高低贵贱之分，没有干部与群众，教授与学生，"造反派"与"保守派"的区别，大家都是平等的劳动者，不存在多劳多得，也没有忧愁，起码对我来说是这样。干校的伙食也很好，我们连队自己种菜，干校有养猪场，每星期都杀猪，粮、油、肉、菜都很丰富，可以说过着自给自足的田园生活。

六、黑龙江省考察（1976—1978年）

1976—1978年，我们新建立的综考组（会）由我带队参加黑龙江省荒地考察，承担张广才岭地区的尚志县和小兴安岭伊春地区的考察任务，后者包括嘉荫县、铁力县和乌伊岭林场，两县一场为考察的重点。

尚志县综合考察

1976年，接受黑龙江省农办、荒地资源考察协作办公室的邀请和尚志县的要求，中科院自然资源考察组（会）派出小型综合考察队赴尚志县调查，开展县土地资源考察规划工作，也为黑龙江省山区、半山区合理利用土地资源摸索经验。尚志县地处农林交错区。

考察队汇同省、地、县有关单位，在3个月野外调查工作的基础上，写出《黑龙江省尚志县水土资源的合理利用与农田基本建设的途径》报告。报告分自然条件与自然资源特点、资源利用中存在的问题、土地利用与农林用地调整、农田基本建设的主攻方向、水田的发展、主要作物的合理构成、农田基本建设的水利问题和科学种田的几个问题、农业生产发展的潜力估算等8个部分开展了论述[见《石玉林文集》（上卷），1038–1059页]。

报告提出尚志县要正确处理农林关系，调整农林用地，改变农林矛盾为农林牧结合；积极地、有计划地开发水资源，开垦平川甸子地，发展水稻田；大力开展以改土治水为中心，以修"三田"（方田、条田、梯田）为重点的农田基本建设，建成以水稻为主的商品粮基地与用材林基地。

我们向县委、县政府做了汇报，得到很高评价，县委书记当即表示将开发建设重点放在尚志县主要的河流——马义河流域。报告提交黑龙江省有关单位。

1976年，在尚志县向县领导汇报，汇报者为石玉麟

尚志县考察为黑龙江省半山区，以县级为单位的土地资源利用与农业发展研究探索了经验，同时也是第一次开展对农林交错区的土地资源合理利用，处理农林矛盾与农业综合发展研究的一次尝试，我们摸索了经验，为后来嘉荫县与铁力县的研究提供了先例，为研究农林交错区类型的土地利用与农业发展打下基础。

伊春地区考察

1977年，根据国家1973—1980年科学规划第162项，关于黑龙江省荒地资源考察研究课题，以及1971年4月在哈尔滨召开的黑龙江省荒地开发利用科学研究协作会议的决定，中科院自然资源综合考察组（会）承担伊春地区考察，其任务是对伊春地区荒地资源的开发和农业发展问题进行考察研究。考察队由我带队，康庆禹、李昌华、石竹筠、陆亚洲、侯光良、钟烈元、李爽、陈百明、胡淑文、谭福安、谢立征、李真等十多人组成，李龙云处长为行政队长。伊春地区派农业局副局长高尚天和林管队一位副队长陪同，并领路。考察大路线从北部的嘉荫县开始，往南伊春地区的乌伊岭林业局及有关林业局，至南部的铁力县。历经3个多月，分别写成嘉荫县、乌伊岭林业局和铁力县的两县一局报告，并向两县一局领导汇报。在此基础上，写出伊春地区的总报告，即《伊春地区农业发展与合理布局》报告，1978年4月完稿，5月向伊春地区党政领导汇报。报告在全面分析伊春地区的土地、水、气候资源与经济的基础上，深入探讨了伊春地区蔬菜、肉蛋、粮食自给的可能性、长期性、艰巨性，系统地提出了土地开发、农田建设和区域布局的方案。针对伊春地区区域分异特点，在土地利用方向与区域布局上提出"开发嘉荫，建设铁力，积极发展伊春市区的农副业生产"的总思路。针对伊春地区特定的考察任务，考察报告分为：问题的提出、问题的根据、解决途径、开发嘉荫、建设铁力、积极发展伊春市区的农副业生产6个部分。格式上第一次采取论证性写法，即提出问题、分析

1977年，伊春地区考察，右三为石玉麟，
右二为伊春地区农业局局长高云天

问题和解决问题，这是编写考察报告的一种创新性的尝试，效果较好，我还把这个报告写法作为经验，在记者学习班上介绍，获得好评。

伊春的汇报，感动了伊春领导，因为他们原认为我们的工作平平或者说看轻我们，在考察期间，伊春地区的书记、市长等领导没有过问过，当他们听完我们汇报之后，表示歉意，表示没有重视我们这支科考队伍，对他们是个损失[报告见《石玉林文集》(下卷)，1356-1383页]。

黑龙江省嘉荫县土地资源开发与农林牧合理布局

1977年5—6月伊春地区考察的第一个地点——嘉荫县，位于黑龙江南岸，小兴安岭北坡，由低山丘陵和山前倾斜平原组成，属典型的农林交错区。考察的任务是调查林间荒草地，以扩大耕地面积与土地合理利用为目的，重点查清土地的质量与数量、开垦条件和土地合理利用。我们经一个月考察写出《黑龙江省嘉荫县土地资源开发与农林牧合理布局》的报告。报告分为自然条件、自然资源的主要特点，自然资源利用中存在的主要问题，土地资源利用方向，土地开发问题，水利建设问题，林业发展问题，农业分区，需要解决的几个问题等共8节。报告于1977年6月向嘉荫县委、县政府做了汇报，受到好评[见《石玉林文集》（上卷），546-570页]。

伊春地区乌伊岭林业局农业发展问题

继嘉荫县考察之后，考察队伍南进伊春市，研究林区就地解决蔬菜与农副产品供给问题，我们以乌伊岭林业局为试点，用一个星期做重点调查研究，写出一份主报告，即《伊春地区乌伊岭林业局农业发展问题》[见《石玉林文集》（下卷），1384-1390页]，三份专题报告：《农业的发展与布局》《水资源及其利用》《气候及其农业生产关系》，以及四幅图件（1：10万）和永青农场土地利用现状图（1：1.25万）。

主报告分为问题的提出、问题的依据、关于北部农牧业基地的建设问题、关于西部克林地区的开发问题、关于蔬菜发展问题、关于猪与牛的发展问题等6个部分，报告格式为伊春地区编写总报告提供经验。

这份主报告，只用了一个晚上完成，由我执笔，康庆禹修饰，钟烈元复写，可算是野外缺乏新手段时期的高速流水作业。报告按计划于第二天上午向乌伊岭林业局领导汇报，得到高度评价。

黑龙江省铁力县土地资源及其合理利用

铁力县位于伊春地区的西南部，小兴安岭西坡，与松嫩平原交界处。铁力县是以农为主的农林交错区，主要考察任务是调查与评价铁力县（不包括林业局）土地资源，重点是西部地区土地资源

（包括耕地与荒地）调查与评价，为合理开发土地资源，提高生产力提供科学依据。

经过一个多月的努力，出了两项成果：一是完成主报告《黑龙江省铁力县土地资源及其合理利用》[见《石玉林文集》（上卷），568-585页]；二是完成1∶2.5万的航空相片实地调查，绘制平原农区1∶5万的耕地类型分布图和1∶10万的荒地资源分布图。

在查清资源的基础上，提出开发甸子地，发展水稻田，农田基本建设要以发展水田建设为重点，灌溉排涝为主攻方向，治川与治坡相结合，注重治川，结合灌溉大力平整土地，增肥改土，营造防护林带，建设以方条田为主要方式的沟、渠、林、路结合的基本农田。对坡度大于2°的土地可改顺坡种植为横坡或斜坡种植，开挖截水沟、顺水沟，建立地埂、林带、灌木林带，以防止水土流失。

主报告以土地资源为重点，分为自然条件的主要特点及土地类型的划分，土地资源的质量评价和数量统计，土地资源的合理利用，土地资源分区等4节。

7月，我们向铁力县委、县政府做汇报，并提供了第一手土地资源图表，得到县领导高度重视。在国庆节当天，县政府邀请了主要考察队员上主席台检阅游行队伍，这也是我们考察队第一次参加县一级的国庆节庆祝会与检阅游行的经历。

伊春林区是我国重要的林业生产基地，北部的嘉荫县和南部的铁力县是典型的农牧交错区。我们的考察经验在尚志县的基础上，在嘉荫县与铁力县得到了提高。第一次开展为林区生产副食品为目的的研究，也获得一定经验。我以前长期从事大农区、大牧区、农牧交错区研究，这些对我来说，无疑是增加了新的经验，增长了新的知识，为后来全面发展提供了不可或缺的机会。

综上所述，"文化大革命"后期，从1972年至1976/1978年，我恢复了科研工作，在此期间，没有荒废时间。我的科研工作有以下进展及体会。

•继续完成"文化大革命"前尚未完成的内蒙古考察学科总结，对草原地区的土壤进行了全面总结，对草原土壤有了系统完整的认识，阐明了草原土壤发生的特点与区域分布规律，开拓了土地资源综合评价。

•首次开展县（旗）级的区域资源开发与生产发展战略的研究。乌审旗、尚志县、嘉荫县、铁力县的研究实践，使我深刻认识到首先必须抓住地区的特点、优势和主要矛盾，在此基础上，才有可能进行综合研究。

•对特定区域的研究，必须突出问题，如岭北黑钙土开荒问题，以及乌伊岭林区、伊春地区的农副产品的供应问题。

•第一次开展农林交错区（或半林半农区）和林区的土地利用与发展农业问题研究。

第二点和第三点的经验与体会，对推动后来的科研工作有很大的作用。

20世纪50年代到70年代是我人生中重要的转折点。

一是，从学校进入社会，成家立业，开始从事我一生的事业——综合考察。

二是，从土壤地理学研究向土地资源学研究转变的重要时期，起始于新疆综合考察队的后期，形成于内蒙古考察队时期。

三是，从科研的"学徒工"成长为一位能够掌握比较成熟的综合考察方法的科技工作者。

四是，处在土地资源学诞生的前夜。对个人来说，也是处在承担更大国家科技任务的前期。这个时期，排除"文化大革命"十年（1966—1976年）外，用了整整10个年头。

第|六|章

开拓土地资源学领域的研究

（20世纪70年代至90年代）

科学的春天

"文化大革命"后，各行各业百废待兴，科技界也迎来了"科学的春天"。这时我已步入壮年时期，精力旺盛，经验丰富，工作繁重，成果累累，这是我人生中最灿烂辉煌的时期。这段时期，我在土地资源、自然资源和区域资源综合研究三个方面都取得收获。时代赋予了我责任，时代也造就了我。由于在科技上的成就，我获得了国家科技进步奖一、二、三等奖，被遴选为中国工程院院士。

这一时期我参加了多项国家和院、部的重点任务。我的研究重点转移到土地资源——包括土地资源的调查、制图和评价，土地资源开发、利用和保护，土地资源承载能力以及有关土地资源的理论方面的研究，并且从土地资源研究领域扩展延伸到自然资源和区域综合开发领域。

一、中国综合农业区划研究

中国综合农业区划研究是国家科技规划108项的第一项——全国农业资源调查与农业区划研究的第一项研究课题。

中国综合农业区划研究正确评价了我国农业态势，从而起到"拨乱反正"的作用，第一次提出全国农业分区划片。

中国农业区划研究的由来

1977年下半年，我受综考会领导孙鸿烈同志的派遣，参加农林部组织的农业区划立项筹备及项目设计任务。项目规划由农林部科教司负责，带头人叫张肇鑫（司长或副司长），江苏省农业科学院科研处副处长孙颔具体操作此项目。这是我第一次见到孙颔，从此结下了深厚的友谊，直到他生命终结。孙颔是农业经济学家，知识面广，文笔好，从来都是亲自动笔，令我十分钦佩。分工是我负责写自然资源部分，孙颔负责写农业区划部分，由孙颔统稿。最初项目名称很长，即"对重点地区的气候、水、土地、生物资源以及资源生态系统进行调查，研究社会主义大农业，提出合理利用和保护方案，因地制宜发展大农业的农业区划"（可能是孙鸿烈起的名称），后改名为"农业资源调查与农业区划"，最后简化为"农业区划"项目。1978年3月，全国科学大会召开，我们作为项目编写组的成员，参加大会旁听。郭沫若在大会上宣布"科学的春天"到来了。与此同时，中国科学院地学部也组织编写了《全国基础科学发展规划》，地学重点项目第五项：水土资源与土地合理利用的基础研究，由学部负责人施雅风主持，大概有孙鸿烈参加。这次地学部规划与国家108项规划中的农业区划研究的内容，决定了我后来科研工作的走向与发展。

"农业区划"项目中的第一个课题是编写《中国综合农业区划》，由周立三教授主持和总负责，他是我的老领导。编写组由周立三、孙颔、沈煜清、邓静中和我5位组成，我们在一起共事很协调。1978年下半年，我们编写组集中在北京友谊宾馆工作，后期（1979年上半年）集中在中央组织部招待所工作，参加编写的主要人员有96位。

多与少，好与坏——对中国农业态势的评价

《中国综合农业区划》的编写，是在"文化大革命"之后，大批

从事农业科技与管理的高级专家相聚一起讨论研究，揭露矛盾，寻找对策的第一次学术聚会。经过广泛讨论、深入分析，大家提出许多指导农业生产改革的战略性意见，有许多亮点。我认为最大的亮点是对我国当时的农业形势、问题、矛盾做出深刻的剖析和揭露，关系到正确评价我国农业态势的4个问题：

- 中国农业自然资源多了还是少了？
- 中国农业生产结构是合理还是不合理？
- 中国农业是粗放型（掠夺性）经营还是集约型经营？
- 中国农业生产是恶性循环还是良性循环？

当时社会上和学术界对这些问题的看法存在分歧，我们5位主编研究得出的结论都是否定性的，即农业自然资源总量大，而人均相对占有量少，资源紧缺；农业结构不合理，以粮为纲，全面砍光；农业生产以粗放经营为主；农业生产处于恶性循环。大部分同志支持我们的看法。但我们内部也有分歧，尤其是一位农委委员"上纲上线"地提出：社会主义不存在粗放经营（掠夺式经营）。这让我们5位主编感受到压力。当时我年纪最轻，具有初生牛犊不怕虎的勇气，在主编会上，我坚持了中国农业为粗放型经营的观点，列举了林业只砍不造，草原过度放牧，渔业竭泽而鱼、酷鱼滥捕。分歧最大的是耕地，我又列举了黄土高原与南方山地，无序开荒，水土流失；东北的黑土不施肥，黑土层过度变薄的事实，指出只有长江三角洲、珠江三角洲、成都盆地及华北平原等局部地区，算得上精耕细作，但土壤肥力也是属于掠夺状态。列举的事实，也是主编们共同的观点，最后得到当时农业部副部长、农委副主任、农业区划委员会常务副主任何康同志的支持，也得到农委主任、农业区划委员会主任王任重同志的支持，争论告一段落。这改变了长期以来对我国资源评价"地大物博"的陈旧观点，这是第一个亮点。

由于对农业形势认识的正确性，主编们提出农业发展方向是，改粗放型经营为集约型经营，改恶性循环为良性循环的战略目标，全面阐述了土地资源的开发、利用、保护、治理等项内容（见下节），提出农业结构的一系列调整和农业基本建设等创新的观点。报告提出，粮食生产一定要继续抓紧，但不要忽视和损害经济作物、林牧渔业的生产和保持良好的生态平衡，要保证粮食稳定增长，必须致力于提高单位面积产量。地区上要建立太湖平原、洞庭湖平原、鄱阳湖平原、成都平原、珠江三角洲、江汉平原、江淮平原、松嫩平原和三江平原等九大全国性商品粮食基地；棉花布局要北上（黄淮海平原）、西移（新疆）；林业生产强调必须沿着以营林为基础的方向安排林业工作及调整林业布局，大搞造林，封山育林，提高森林覆被率；强调畜牧业近期重点应加强农区畜牧业，提高畜牧业在农业生产结构中的比重，关键是提高牲畜的出栏率和产品量；渔业生产要发展人工养殖和资源增殖，积极发展淡水养殖。这是第二个亮点，起到了"拨乱反正"的作用。

书中还第一次提出，全国农业分区划片，共分10个一级农业区（东北区、内蒙古及长城沿线区、黄淮海区、黄土高原区、长江中下游区、西南区、华南区、甘新区、青藏区、海洋水产区）和38个二级农业区，并对各区的特点、问题、发展方向和途径、措施与布局进行概要的叙述，这是第三个亮点。

由于《中国综合农业区划》起到"拨乱反正"的作用，促进了农、林、牧、渔、水各部门的改革，实际效果显著，被评为第一届国家科学技术进步奖一等奖。

同时各省份相继成立了农业区划委员会，开展农业区划研究，其研究队伍曾达数千人。

我对《中国综合农业区划》的贡献主要有两点：

（1）我参加了全书的讨论，并提供了农业资源的数量和质量信息，提出我国农业自然资源总量大，人均占有量少，资源紧缺，区域不平衡的创新性观点。在大量科考实践中，总结出具体数据，作为第一章的一项内容。孙颔同志在全国农经学会应用了这个观点及资料。何康同志1979年12月在哈尔滨召开的大会上作报告时，也肯定了这个观点和相关材料。这一观点得到广泛认可。

（2）我负责第二章土地资源的合理利用的组织编写和修改、统编工作。

《中国综合农业区划》一书共分5章。第一章，综述，对我国农业生产状况及农业自然资源的特点进行了综合评述。第二章，土地资源的合理利用，着重分析开发潜力和合理利用与治理途径。第三章，农业生产布局和结构调整，针对主要作物及林业、畜牧业、渔业的布局和结构调整。第四章，因地制宜实行农业技术改造，包括农业水利化、机械化、化肥和农药、农村能源等方面。第五章，农业分区，划分为10个一级农业区和38个二级农业区。

我主持并负责第二章土地资源的合理利用的组稿和邀请编写专家的工作。第二章下设七节：

（1）第一节宜农荒地的开垦，由我执笔。

（2）第二节草地资源的合理利用，请中科院综考会的廖国藩先生负责。

（3）第三节南方山地合理利用，主要由中科院南京土壤所邹国础和中国农科院朱忠玉两位先生负责。

（4）第四节海涂资源的开发和利用，请中科院东北林土所宋达泉先生负责。

（5）第五节黄土高原的综合治理，请陕西水保局负责人蒋德麒先生负责。

（6）第六节盐碱地的综合治理，请北农大教授石元春先生负责。

（7）第七节沙漠化土地的治理，请中科院沙漠所所长朱震达先生负责。

上述7个项目都是当时迫切需要解决的问题。前四节是土地资源的开发利用，后三节是土地资源的保护治理。受编写组组长周立三教授委托，我以农业区划委员会的名义，邀请了当时这些专业的顶级专家负责编写。我的任务之一是协助周立三先生写一段中国土地资源的现状、特点与突出问题，完成我负责的第一节宜农荒地的开垦，我第一次提出宜农荒地毛面积4.9亿亩，作为种植业发展的耕地净面积在1亿亩左右，开发重点放在黑龙江省和内蒙古东部地区，其次是新疆；二是对其他6节文章修改、润色，统一格式，最后由周立三先生定稿。与此同时，我系统地学习了其中的内容，对我专业水平的提高大有进益。

历史意义

《中国综合农业区划》研究成果在变动时代起到了拨乱反正的作用，具有影响时代的历史意义。因此于1985年荣获国家科学技术进步奖一等奖，我被列入主要获奖人之一（第五位）。

二、中国宜农荒地资源

在1980年5月《中国综合农业区划》完成初稿，1981年春我重新接手主持《中国1∶100万土地资源图》编制任务之间，见缝插针，利用1980年下半年至1981年春的间隙，我召集了康庆禹、赵存兴、钟烈元、石竹筠几位同志集中在北京市顺义县招待所进行荒地资源调查的科学总结，并主持撰写《中国宜农荒地资源》专著。在大家集中精力、协同作战下，一气呵成，完成了专著，这是我们长期野外工作，养成争分夺秒、雷厉风行的工作作风。专著由北京科学技术出版社于1985年出版。

2006年8月2日，在新疆察布查尔县伊犁河右岸宜农荒地进行资源考察

康庆禹同志积极将专著总结成果上报中科院评奖，当时我认为只是一份总结性的著作，分量不够。正如我所料，结果仅被评为中国科学院科学进步奖三等奖。当然三等奖也是荣誉，对大家也是个鼓励。这本专著系统阐述了中国宜农荒地土地资源类型，数量、质量评价，地理分布与开发利用，以及各区域的土地资源状况，东北、内蒙古、西北、青藏高原和中国中南部荒地情况和开发利用意见。这在当时全国还是第一份，而且得到国家统计局的长期应用。

科学资料的来源

这部专著的科学资料是来自20世纪50—70年代，多个考察队土壤–土地组几十位专业人员，近30年野外调查的第一手资料。涉及单

中国宜农荒地资源

石玉林 康庆禹 赵存兴 钟烈元 石竹筠 编著

北京科学技术出版社

157

位包括中国科学院新疆综合考察队（1956—1960年）、内蒙古宁夏综合考察队（1961—1965年）、西部地区南水北调综合考察队（1959—1962年）、西南地区综合考察队（1963—1966年）、甘肃省河西走廊黑河流域荒地资源综合考察队（1964—1965年）、青海省黄河地区荒地资源考察队（1970年）及黑龙江省组织的黑龙江省荒地资源综合考察队（1973—1978年）。在考察成果中，有宜农土地资源的数量与质量（等级）统计表和相应的空间分布图件，这些科学调查的资料，都是当时土壤-土地组考察的主要成果。大约在1961年，综考会领导指示，由研究室组织汇总这些资料，向中央写出有关报告。当时报告已经指出中国资源不足的问题，但没有引起注意。

科学内容

《中国宜农荒地资源》全书共10章，分两个部分，第一部分为全国概述，第二部分为分区概述。在全国概述中，有5章：第一章，我国农垦历史发展概述，由钟烈元同志负责编写；第二章，我国宜农荒地资源的类型，由我执笔编写；第三章，我国宜农荒地的评价与分类，由赵存兴同志执笔编写；第四章，我国荒地资源的分布与类型结构，由石竹筠同志执笔编写；第十章，我国宜农荒地资源合理开发，由康庆禹同志执笔编写，该章放在全书的最后，是由于它集中了第二部分5章区域中的开发利用部分。

第一部分中的第二章与第四章是第一次写作，有创新点。第二章是写类型，这是第一次总结提出我国荒地资源类型的系统，分为16个荒地类，42个荒地组，65个荒地型，有新意。第四章写荒地的地理分布和类型结构，把全国荒地的数量与质量按温度带、湿度带和地貌类型，理出分布规律，也很有意义。这一章是按我的思路写的。第三章写资源的数量质量评价，它全部由各区域的部分统计表集中起来，由于评价部分过去很有基础，在这次总结中都进行了统一，其亮点在于，突出全国的宜农面积有5亿多亩，这个数字被国家统计局，从20世纪90年代开始应用，直到第一次土地详查为止。

分区概述部分分5章：东北湿润、半湿润区的宜农资源，内蒙古半干旱草原区的宜农荒地资源，西北干旱区的宜农荒地资源，青藏高原区的宜农荒地资源，南部地区的宜农荒地资源。这5章是全书的基础，也是书的主体部分，包括各区资源的数量、质量、评价等级及分布和开发利用。其分量占了全书380页中的300页，都是由亲自参加考察调查的同志执笔。我负责了内蒙古部分和西北部分的编写，还参加了东北区的一部分编写。在这5章中，薄弱的是中南部地区，主要靠零星调查资料编写而成，不系统、不全面，因为当时我们还没有系统开展这些地区的考察。

三、一幅描绘祖国大地的宏图

——《中国1：100万土地资源图》的编制

两部一院的泰安会议

全国科学大会之后，大约在1978年7月，由国家科委（具体是科委的农业司）、农业部（具体是农业部的科教司）和中国科学院（具体是地学部），在山东泰安召开联合会议，讨论落实全国农业资源调查与农业区划和中国科学院地学部第七项研究规划。出席会议的科学家有周立三、孙鸿烈、孙颔，还有大批综考会人员，当时综考会为具体承办会议的单位。我记得国家科委、农业部各有一位司长参加，中科院有较多领导参加。我是第一个报告者，题目是《土地与土地评价》，这是我在总结前期新疆与内蒙古考察期间积累的经验基础上，吸收了澳大利亚（英澳系统）土地学者（代表人物克里斯顿）的学术观点。报告指出土地是"一个独立的自然综合体"，又是"人类生产劳动的产物"，对土地的概念与基本特征做了科学的概括。第一次系统地有针对性地阐述土地、土地资源、土地类型、土地结构与土地评价的概念、特征及相关内容。简要阐明土地与土壤、景观的区别和关系，是我国发展现代土地资源科学的第一篇文章，为以后开展土地资源学科研究提供了理论基础。泰安会议是一次重要会议，也是落实全国农业资源调查与农业区划的第一次会议。对我个人来说这标志着我从土壤地理学研究转为土地资源学研究，实现了在科学研究领域上的转移。参加会议的综考会同志认为，这个报告打响了头一炮，该文登载在1978年12月《自然资源》试刊第二期的首篇[此篇论文后来收集到《石玉林文集》（上卷），5-17页]。国家科委农业司司长也肯定了这次会议。

接着在1979年4月，举行全国农业资源调查和农业区划会议，决定在全国农业区划委员会下成立《中国综合农业区划》编写组，由周立三教授负责。同年7月，组织了18个部委、院、校的科技骨干参加编写，我有幸被邀请成为五位主编之一（五位主编为周立三、孙颔、沈煜清、邓静中、石玉麟），1980年5月完成初稿。

南昌会议

南昌会议以"土地与土地评价"的思路为基础，讨论了土地资源图编制的计划、筹备、方案、部署、组织及设施；有针对性地在理论上论述了土地类型图、土地资源图、土地利用图3幅图的重点和区分。

为了贯彻全国农业资源调查与农业区划项目和中科院地学规划第五项，1979年4月，在江西省南昌市召开编制1∶100万土地类型图、土地资源图和土地利用图3幅图的专业工作会议。事先由综考会、地理所做了分工：土地资源图由综考会承担；土地类型图和土地利用图分别由地理所的自然地理室与经济地理室承担。会前，为了能协调、顺利开展工作，事先进行过协商，我提出统一协调，以便节省人力、物力，并能加速工作进度。但由于部门利益，没达成协议，还是各干各的。后来虽然3幅图的编制底图都是用的我们土地资源图，但最后结果是土地类型图只出了6幅，未完成全国的图，土地利用图也未完成资源统计部分，只有土地资源图按计划全部完成。

此次会议我们明确了编图的任务，并组织了《中国1：100万土地资源图》编图委员会，综考会的领导成员孙鸿烈同志出席了会议。

自1978年国家农业区划项目确定上马之后，我就开始筹备《中国1：100万土地资源图》的编制工作，整个思路还是以泰安会议上发表的《土地与土地评价》的思路为基础，准备了系统报告。我代表综考会土地资源研究室提出方案，并布置了东北哈尔滨、齐齐哈尔和沈阳3幅图的编图工作，以摸索经验。在南昌会议上，我代表土地资源室，做了《中国1：100万土地资源图土地资源分类工作要点（草案）》的领头报告。同时还论述了土地类型图、土地资源图、土地利用图3幅图的重点和区分，从理论上给予说明。我提出了编制土地资源图的计划、筹备、方案、部署、组织及设施，一切就绪。

然而在南昌会议后，综考会领导并没有安排我负责土地资源图的编制工作，而是将其交给李孝芳教授主持（李孝芳是北京大学地理系土壤学教授，她已退休，我争取她到综考会工作，任土地研究室主任，我任副主任），并且没有给我说明，对此我一直难以理解。

我离开《中国1：100万土地资源图》的编图项目1~2年。在这段时间，《中国1：100万土地资源图》课题于1979年8、9月召开会议，召集一部分专家，草拟《制图规范（暂行草案）》。分类思想没有超出原先我提出的方案，由于领导经验不足，编图工作没有进展，停顿了2年。

厦门会议

在厦门会议上我提出《中国1：100万土地资源图土地资源分类方案（讨论稿）》，经讨论，最后定稿，并推广了东北3幅试编图的经验。

1981年春天（3—4月），《中国1：100万土地资源图》编图课题组，在福建厦门鼓浪屿召开第二次学术会议暨工作会议。综考会负责人老主任漆克昌亲自主持这次会议。会上决定重新由我主持这个课题。会议重点讨论由我提出的《中国1：100万土地资源图土地资源分类方案（讨论稿）》，还讨论了工作计划；介绍了东北3幅试编图的经验，这3幅图都采用上述方案编制并证明可行。最引人注目的是石竹筠同志负责试编的"哈尔滨幅"，在会上展示了彩色图。赵存兴负责的"齐齐哈尔幅"与郭绍礼负责的"沈阳幅"也做了介绍。以此3幅实验图为样板，我们正式展开编图工作。在这次会议上出现了许多新成员，编委会进行了调整，重新组织了编图队伍。制图工作请西安测绘局承担，他们在会上也做了报告，提出了制图方案。厦门会议之后，我们一方面组队深入河南、湖南调查和考察；另一方面，我们在综考会的楼前盖了一排二层楼，供各省编图人员来京工作，并增制了透图台（桌子）。厦门会议很成功、很重要，综考会领导重新启用了我，保证了《中国1：100万土地资源图》编制项目成功。

香山会议

香山会议形成了《中国1：100万土地资源图土地资源分类工作方案要点（草案）》，作为指导全国编图的纲领性文件。我特别强调将土地类型与土地利用类型相叠加，形成土地资源类型①，符合国情。随后布置各省份开展试点工作，从而全面推动各省份的编图工作。

我抓工作习惯争取主动，往前赶，距厦门会议结束仅几个月的时间，紧接着1981年5月在北京香山召开分类系统起草小组会议。香山会议是非常重要的会议，通过大家交流讨论，全面接受了我的思想，形成了《中国1∶100万土地资源图土地资源分类工作方案要点（草案）》，这个方案最有争议的焦点，是我提出的将土地类型与土地利用类型相叠加，形成土地资源类型。一些教学单位的学者缺少野外工作经验，又因这一叠加，增加了很多难度与工作量，难以接受。但有工作经验的沙漠所专家陈隆亨支持我的主张，指出这很重要，否则这幅图的应用价值将会大大降低。事实说明，这是一个系统工程，或是系统工程中的重要部分，它把土地资源图搞活了。另一个要点是土地评价系统继承传统的土地评价好、中、差或上、中、下的分等分级传统，同时吸收了美国8级分类系统的优点，开展适宜性评价。虽然有的学者认为，没有应用8级分类制是不足之处。其实8级分类制的优点已经吸收并加以发展，以适合中国国情，乃至东方国家的土地情况，如果完全按8级分类制，并不适用于中国，这是我的发展。

香山会议所形成的《中国1∶100万土地资源图土地资源分类工作方案要点（草案）》，是指导全国编图的纲领性文件。

各省份根据香山会议精神，开展试点工作，全面推动了各省份的编图工作进程。

---

① 土地类型，即地貌＋土壤＋植被，如坡地薄层暗栗钙土针茅羊草草原土地；土地利用类型，即划分为耕地、林地、草地，如水田、水浇地、旱地。土地资源类型，如岗地厚层黑土旱耕地，高平地薄层棕钙土小针茅荒漠草原草地，山地薄层暗棕壤红松针叶林地。

郑州会议

郑州会议，我主持各协作片提出的分类系统整理、汇总，形成了《中国1：100万土地资源图土地资源分类系统（草案）》供讨论。

香山会议后，经过1年半的实践，在各省份积累了一定经验的基础上，我们于1982年11月在河南郑州市召开了全国第三次土地资源学术暨工作会议。在这个会议上进行了编图交流，并对《中国1：100万土地资源图土地资源分类工作方案要点（草案）》又进行了一次讨论。大家一致认为草案所提出的原则与系统是适用的，并在此基础上根据各省份的实际情况，做一些必要的修订和补充。在郑州会议上，我提出土地潜力区，并按潜力区分片，分别整理出各省份与各协作片的分类系统。根据会议要求，我负责将各协作片提出的分类系统进行汇总和整理，形成了《中国1：100万土地资源图土地资源分类系统（草案）》供大家讨论。

上蔡县考察小故事

郑州会议结束后，我和赵存兴、石竹筠在河南用了两天时间进行野外考察。考察的路线是从郑州到开封，一路经过周口、上蔡，过淮河后到信阳，再往南走到湖北边界。第一天晚上，到上蔡县已经是傍晚，我们在上蔡县住下了。当时接待我们的是一位姓马的副县长，他领我们到县招待所，刚刚坐下，他就和我们聊天说道："上蔡县两次遇到洪水灾害。上蔡的上游是板桥水库，几年前（20世纪70年代后期），板桥水库被大暴雨造成的洪水冲垮，上蔡县被洪水淹没，受灾惨重。几年后，上蔡又再次遭到洪水的灾害。"他问我们有什么办法解决，我们几位都是搞土地的，没有水利专业的，赵存兴同志急着表示我们不是搞水利的。我看出马副县长是带着试探的口气，于是我紧接着向他提出3个问题，我首先问马副县长，如果板桥水库修好了还会受到洪水灾害吗？马回答："那应该不会。"我多年野外调查养成了习惯，沿途都会仔细观察周围的地理、地貌情况，及时发现问题，在前往上蔡的途中，我已仔细观察了周围的环境。在县城的东边有一段几米高的路基，因为它的涵洞很少，可能会挡住洪水排放，所以我向马副县长提出第二个问题，洪水是否被路基挡住了出路，排不出去？马副县长即刻回答："是。"我在途中还看到农田的排水系统都种上了庄稼，排水系统已经失效了，这引起我的关注。最后我向县长提出，要从源头找出灾害的原因给予解决：首先要抓紧修好上游水库；其次，让洪水有出路；最后，要疏通田间的排水系统。道理就是这么简单，这也是我多年在综合考察中和水利组一起工作的收获，我的水利专业知识有较大长进，也算半个水利专家了。马副县长听后，非常认可。晚上他在招待所组织了一批县委、县政府领导，向我们考察人员做了汇报，汇报中，他们提出粮食指标要翻两番，我听后，严肃地指出：要认真领会中央的精神，国家制定的翻两番指标并不是指粮食，而是讲整个经济，强调按当时上蔡县的生产水平，粮食指标不可能翻两番。会后，我的同伴们对我的发言给予充分肯定。我当时是全国农业区划委员会委员。

北京友谊宾馆会议

经过1年实践，友谊宾馆会议形成了《中国1∶100万土地资源图土地资源分类系统（试行草案）》和《中国1∶100万土地资源图编图程序与制图方案》，最后形成编图制图规范。

郑州会议后，经过1年的再实践，我们于1983年5月在北京友谊宾馆召开了系统草案起草小组会议，讨论和修改讨论稿。由我负责整理，做必要的技术性修改，形成了《中国1∶100万土地资源图土地资源分类系统（试行草案）》和《中国1∶100万土地资源图编图程序与制图方案》，最后，形成正式的编图制图规范。各省份编制1∶50万或1∶100万的土地资源图的土地资源分类方案，则由各省份完成。

香山会议、郑州会议、北京友谊宾馆会议（1981—1985年），在短期内完成的重要成果，推动、铺开了全国的编图制图工作。

参加编图工作的骨干成员，也是起草会议文件的成员，他们是：赵存兴、裴勇、戴旭、刘胤汉、张淑光、陈隆亨、李永昌、李正芳、高冠民、谢庭生、鲁争寿、过宝兴、刘清泉、王化群、汪久文、梅成瑞、巨仁、姚启明、李子熙、李英进、何绍箕、王本善、王华林、向斗敏、李世强、卢培泽、林振盛、黎代恒、石家琛、石竹筠、李世顺、贾中骥、尤梅英、黄兆良、侯学涛、周武昌、徐国华、樊自立、宋颐子、徐焕林、徐兰州、沙玉琴、陆静英。还有编图课题的顾问宋达泉先生与余显芳先生。

《中国1：100万土地资源图土地资源分类系统（试行草案）》提出五级分类体系，即潜力区、适宜类、质量等、限制型和土地资源单位，这是我们的独创（将于下文叙述）。

为避免土地资源类型与土地类型和土地利用类型相混淆，采用了侯雪涛先生的提议，改称为土地资源单位。

《中国1：100万土地资源图》的土地潜力区按土地生产力划分为9个潜力区，即华南土地潜力区，四川盆地-长江中下游土地潜力区，云贵高原土地潜力区，华北-辽南土地潜力区，黄土高原土地潜力区，东北土地潜力区，内蒙古半干旱土地潜力区，西北干旱土地潜力区，青藏高原土地潜力区。

土地适宜类，按土地适宜性划分为8类，即宜农耕地类，宜农、宜林、宜牧土地类，宜农、宜林土地类，宜农、宜牧土地类，宜林土地类，宜牧土地类，宜牧、宜林土地类，不宜农宜林宜牧土地类。根据中国实情，对一、二等耕地不作多宜性评价，三等耕地作多宜性评价。

土地质量等是土地评价的核心，反映土地适宜程度和生产潜力的高低。按农林牧3个方面，各分为一、二、三等，并制定了标准。

土地限制型，按限制因素及限制强度划分。按限制因素划分为：无限制，水文与排水条件限制，土壤盐碱化限制，有效土层厚度限制，土壤质地限制，基岩裸露限制，地形坡度限制，土壤侵蚀限制，水分限制，温度限制等10个土地型。在各限制因素内，按其限制强度，建立若干级别，如轻度、中度、强度等，并尽可能列出指标。

这是一个巨系统，是系统工程在土地资源制图中的应用。《中国1∶100万土地资源图》把土地自然类型和土地利用类型统一起来，把土地资源类型系统与土地资源评价系统统一起来，把土地适应性与土地限制性统一起来，把全国的统一性与地区差异性统一起来，形成一个完整的、层次分明的巨系统，这是我们独一无二的创新。

银川会议

银川会议是《中国1∶100万土地资源图土地资源面积量算与统计》工作会议，为编制《中国1∶100万土地资源图》做示范、树典型。

1983年8月，在宁夏回族自治区银川市，召开了《中国1∶100万土地资源图土地资源面积量算与统计》工作会议。

当时我们受技术条件的限制，编图方法只能利用第一代遥感信息MSS，用传统的制图方法——编制土地资源专业要素图版和地理学要素图版套合晒蓝，获得全要素蓝图，并进行分版清（刻）绘，提供印刷原图。在全要素蓝图上，我们进行量算，那时我们还没有电子计算机，只能用最原始的图形数字化器和方格法量算，但要求图版面积的总和与控制面积之间相对误差不超过1%。

《中国1∶100万土地资源图》在资源统计方面要求，按全国各省份和各土地潜力区分别统计土地资源评价与土地利用状况，最重要的19项，即地形面积统计表，土地利用现状统计表，土地资源适

宜类统计表，宜农土地资源统计表，耕地质量等级统计表，后备耕地资源等级统计表，宜林土地资源统计表，林地质量等级统计表，后备林地资源质量等级统计表，宜牧土地资源统计表，牧草地质量等级统计表，后备牧草地质量等级统计表，土地资源限制型统计表，耕地限制型及强度统计表，后备耕地资源限制型及强度统计表，林地限制型及强度统计表，后备林地资源限制型及强度统计表，牧草地限制型及强度统计表，后备牧草地限制型及强度统计表。此外，土地资源类型、耕地资源类型、林地资源类型、牧草地资源类型、植被类型、土壤类型等都做了统计。我们建立了《中国1：100万土地资源图》土地资源数据库，也印刷出一本《〈中国1：100百万土地资源图〉土地资源数据集》。

《中国1：100万土地资源图》提供了极其丰富的数据，是由于具有系统工程特征的土地资源系统。在这个会议上，我们展示了各图幅，有"湖南1：50万全省土地资源图""1：100万哈尔滨幅""上海幅"等代表性的图幅。北大老教授林超参观后，对"湖南1：50万全省土地资源图"最满意，认为比较标准，谢庭生同志还介绍说，湖南的图送钱学森院士看过，钱院士说这就是系统工程。湖南省土地资源图（1：50万）后来在应用中发挥了很大作用，为湖南省农业发展做出了贡献，这是谢庭生同志的功劳。

北京会议

1984年7月，在北京召开了一次常务编委会，重点讨论拼图、接边、审图、图幅说明书编写和各图幅验收等有关问题。

至此，有关《中国1∶100万土地资源图》编图、制图中的所有重大问题，均得以解决。1985年3月，在上述工作的基础上，由我执笔，代表编图委员会，完成了《〈中国1∶100万土地资源图〉编图制图规范》。

《中国1∶100万土地资源图》编图由50多个科研院所与高等院校参加，参加人员前后有300多位专家学者。

成果鉴定与报奖

1985—1990年，我们陆续完成编图、印刷、面积量算与统计和说明书编写。

成果有：

•共60幅国际分幅的《中国1∶100万土地资源图》及各分幅说明书，总图例共2 500个制图单位，8.7万多个图斑。

•《中国1∶100万土地资源图》土地资源数据库与数据集。

•《〈中国1∶100万土地资源图〉编图制图规范》，附《中国1∶100万土地资源图土地资源分类系统和评价指标》。

•发表论文78篇。

注："中华人民共和国土地资源图"是原农业部部长何康的题字

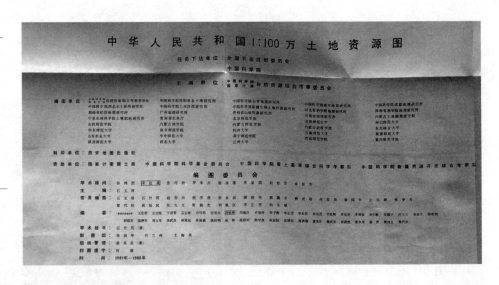

我们组织了以两院院士石元春和中国科学院院士陈述彭为首的《中国1：100万土地资源图》成果鉴定会。鉴定专家一致认为，该图所涉及的范围之广，内容之多，工作量之大，科学性、综合性、系统性之强，在世界同类研究中，也很鲜见，处于世界领先水平。专家们给该图做出了高度评价。

在1992年报奖和评奖中，荣获国家科学技术进步奖二等奖。我为第一位获奖人，获奖名单中有石竹筠、赵存兴、黄兆良、侯学涛、谢庭生、李永昌、何绍箕、徐国华、陈隆亨、梅成瑞、向斗敏等20~30人。石竹筠作为编委会的学术秘书，她帮我做了许多工作，试编"哈尔滨幅"提供编图经验；在接边省图和面积统计中做了大量工作，没有石竹筠同志的帮助，不可能完成此项工作。因此，她排在第二名，大家没有意见。我的获奖排位原则是论贡献，而不是论资排辈。

在评奖过程中还有一个小故事，起先是评奖小组的两位气候学家评审，给出评奖为三等。主审及评奖的是地理所研究员徐志康，他是农业经济地理专家，了解熟悉这项工作和它的内容及其科学意义与应用价值，他做出详细、中肯的评价，获得与会评委的高度赞同，并一致同意评为国家科学技术进步奖二等奖，可见主审人很重要，评奖者必须是内行。

《中国1：100万土地资源图》获奖起到了示范作用，后来地理所完成的《中国1：100万土地利用图》也被评为国家科学技术进步奖二等奖。我作为该项目获奖者，排名第一位，为后来遴选为中国工程院院士起到重要作用。

我负责领导《中国1：100万土地资源图》项目，付出了巨大精力，在积累30年的野外工作实践及经验的基础上，对该项目有了总体思路及总体设计。几十年来，在组织科研工作中得到磨练，增长了才干，勇于组织领导涉及50多个科研院所、高等院校及300多位专家学者的庞大科研队伍，并能充分发挥大家的聪明才智，聆听、吸收大家的智慧，从而取得重要成果，在实践锻炼中我成为一位尽职尽责的项目领导人。

《中国1：100万土地资源图》是我在土地资源研究中的一项最为重要的代表作，它的诞生在土地资源科学领域具有划时代意义。

湖南省考察——《中国1：100万土地资源图》的应用

据谢庭生教授记载，从1983年至2012年，我12次到湖南省考察，为湖南省编制1：100万土地资源图做调查，随后几年跟踪1：100万土地资源图的应用。1983年在谢庭生同志陪同下，对湖南省做了全省性的路线考察，并做了关于湖南省山丘利用报告，反映很好。我指导和帮助谢庭生同志编制《湖南省1：50万土地资源图》，即示范图，得到林超教授的表场，钱学森先生认为这是系统工程。谢庭生同志利用土地资源图的数据为湖南省规划提供了许多科学资料。他还利用此图件所提供的科学资料开展了沙页岩土改造，把侵蚀严重裸露的"红色荒漠"改造成一片绿洲，这是他的一大贡献。我几次去衡阳调查，看到那里的巨大变化，心中无比欣慰。我把沙页岩土改造看成是一项工程，后来我将中国自然资源学会的资源工程专业委员会设置在湖南经济地理所。

1999年，我随湖南省委、省政府成立的扶贫调查组，调查扶贫工作情况。经调查，我建议湖南省西部20个连成片的贫困县申报为全国扶贫县，省领导接受了我的建议，经国家领导批准，湖南省西部20个贫困县被列为国家21世纪重点扶贫区域。

我的遗憾

《中国1∶100万土地资源图》编制按项目要求，全部完成并超额完成任务。在此图完成之后，我应该组织有关专家以此图为基础，编写一本"中国土地资源"专著。遗憾的是我没有这么做，原因是我当时重任在身，要完成"新疆资源开发与生产布局"项目的任务，还接受了"国情分析"任务，接着组织《中国自然资源系列丛书》综合卷的编写；随后参加《中国资源科学百科全书》和《中国资源科学》等专著的编写。同时还担任综考会常务副主任之职，再加上身体不好等种种原因，我太累了，只好作罢。其实当时，只要提到议程上来，做好安排，也不是不能做的，可惜以后再没有机会编写"中国土地资源"专著了，留下终生遗憾。

《中国1∶100万土地资源图》编制工作，涉及50多个研究与教学单位，其中不少高校参加。完成任务后，没有继续工作与联络，以促进"学派的诞生"。但那时"百花齐放、百家争鸣"的方针，执行得不得力，国家、社会都没有形成"学派"争鸣的气氛，更有行政权力介入，影响学术派别形成，这是时代的缺陷。

四、中国土地承载力研究

原综考会土地资源研究室，在我主持期间，开展了3项土地资源研究项目。一是荒地资源考察研究，这是20世纪50、60年代土地资源研究室土地、土壤研究人员的中心考察课题，1980年初期，做了系统总结。二是编制《中国1：100万土地资源图》，这是20世纪80年代的国家重点项目，108项的第一项，中国农业区划研究项目中的一项研究任务。三是在《中国1：100万土地资源图》的基础上，我们开展了中国土地资源生产能力与人口承载力（简称"中国土地承载力"）的研究。

问题的提出

引起研究中国土地资源承载力的一个原因，是联合国粮食及农业组织已完成了117个发展中国家（不包括中国）土地资源承载力的研究项目，其结论是：到20世纪末，如果继续使用传统的耕作方法，发展中国家拥有的全部可垦土地，将只能勉强养活预期人口，其中无法依靠本国土地资源供养预期人口的国家将不少于64个。这个结论引起了国际社会和各国政府的极大关注，纷纷呼吁尽快采取必要的对策。同时质疑中国能不能依靠自身的资源养活本国的人口？能养多少人？需要什么条件？

1985年，当《中国1：100万土地资源图》大部分编图工作基本完成之后（1986年以后主要是印刷出版）。我立即考虑在《中国1：100万土地资源图》的基础上，开展中国土地承载力研究。1985年我在新疆考察队内，组织土地组开展北疆耕地资源生产潜力初步估计；1986年开展了南疆三地州与全疆性土地承载力和黄淮海地区土地资源承载力的研究，新疆地区代表干旱区，黄淮海地区代表北方农区，以此两者作为试点。

1986年正是中科院综考会成立30周年，我时任综考会副主任，撰写了《土地生产能力和人口承载量》（1986年6月成稿，1986年12月登载在《光明日报》）一文。根据此文观点写了立项书，经全国农业区划委员会批准，组织了原土地资源室的科研人员，分头负责，经3年的努力，完成了"中国土地资源生产能力及人口承载量"的课题研究，并获得了1992年中科院科技进步奖二等奖，获奖排名我是第一名。

独特的技术路线

土地承载力研究从可能性出发，其模式以土地－粮食（农业）－人口为切入点。首先，对土地生产能力进行分析与运算，最后与人口增长进行平衡。我们的研究目的是：提出中国土地资源能供养多少人口。我们给"土地承载力"一个通俗说法：就是在一定生产条件下土地资源的生产能力和一定生活水平下所承载的人口数量。我们应用资源科学的基本原理和系统分析方法进行了多层次的综合平衡研究。这个大系统可以分为3个子系统，即土地资源子系统、农业资源子系统、人口子系统。5个层次的平衡：①各类资源之间的平衡关系。包括：水资源与土地资源的匹配，即水土平衡关系；农林牧用地之间的比例；季节草场、饲料和牲畜数量的协调，即草畜平衡关系。②农业生产结构之间的平衡关系，包括农林牧业三者之间的比例，农林牧业内部各业之间的发展比例。③不同土地资源类型内部光、温、水、养分等诸多因素的平衡关系，并从诸多因素的综合分析入手，研究不同类型的土地资源，在不同投入和经营水平下，诸多因素的配合情况，据此估算各种作物、林木和牧草的潜在生产力。④人口需求与土地资源生产能力之间的平衡关系。分析人口的增长趋势，食物结构的变化，预期人口的需求量与土地资源的可能生产量之间的关系，以及与环境的和谐关系。⑤通过上述层次的反馈机制研究，寻求提高承载能力的途径与措施，探讨人口适度的增长，资源的合理利用，能源保证供应和可持续发展战略与对策。

在资源平衡以及资源结构与农业结构匹配的研究中，我们注意以实用性、长期性、稳定性和科学性为依据，根据不同地区的情况，有所侧重和区别。对决定生产力至关重要的水土平衡，我们采用了水土平衡模型和多目标规划、线性规划等数学方法，以及常规的区域分析法进行研究。

为了反映气候与土地资源条件的重大差异，进行区域之间的生产潜力对比。土地承载力研究采用1：100万土地资源图所划分的9个土地潜力区（华南区、四川盆地－长江中下游区、云贵高原区、华北－辽南区、黄土高原区、东北区、内蒙古半干旱区、西北干旱区、青藏高原区）进行估算和汇总，并以省（自治区、直辖市）为计算单元，若省份内分属不同潜力区，则分别进行统计。

在时间尺度上，划分2000年和2025年研究单产水平，考虑到2000年距当时时间不长，采用了时间序列方法，采用历史单产数据以灰色系统预测和逻辑斯蒂曲线，外推2000年的单产水平。由于到2025年时间跨度较大，我们采用了联合国粮农组织推荐的"区域生态法"，结合中国已有研究成果推算单产水平。

在设计运算时，我们采用了高、中、低3种产出方案与高、中、低3种人口消费方案。我们把这套系统与运算方法统称为"区域资源生产力法"，这比联合国粮农组织的"农业生态区域法"，更全面更接近现实，主要是包含了区域内的资源平衡——尤其是水土平衡和季节草场平衡，草（草料）畜平衡和农业结构调整的内容。

我们采用了以下4种运算模式。

图1为一般模式，我们用于全国性运算，也用于黄淮海地区运算。图2为用于人口预测与人均占用农产品的运算模式。

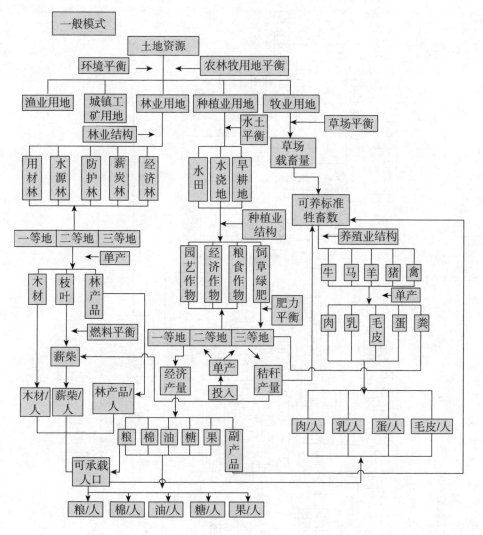

图1

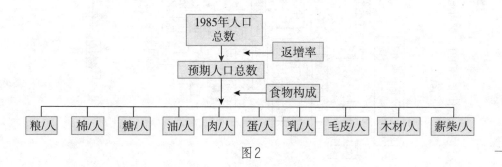

图2

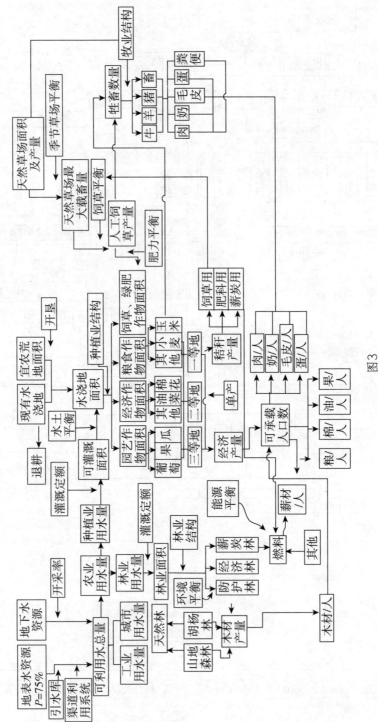

南疆喀什市、和田、克州土地承载力研究框图
（干旱区农区模式）

图3

图3为用于南疆喀什、和田与克州三地州和新疆全区的运算模式。那里是干旱灌溉农业，并是农牧结合地区。图4为用于草原牧区的运算模式。

草原牧区模式

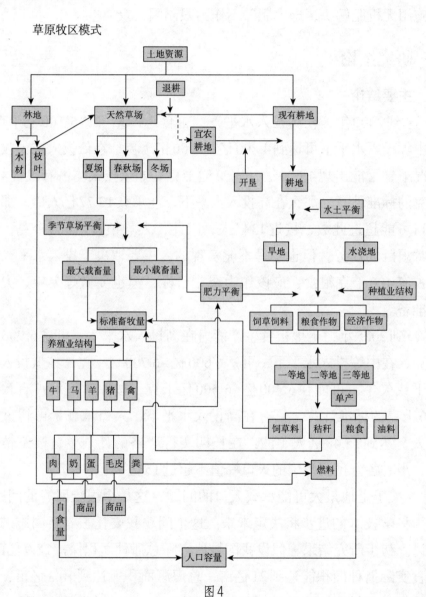

图4

采取上述运算模式无疑增加了许多工作量，但比国际上采取的方式更接近现实，更可行。农业气候学家李世奎明确地说，"区域资源生产力法"这个方法好，可行。这里有个问题，即土壤肥力因素如何考虑？我们除参考了《中国1∶100万土地资源图》上有一、二、三等土地和土壤类型外，我们认为"肥"的问题是投入问题，可通过施用无机肥解决，即"肥"不作为限制因素。

研究结论

主要结论

• 到2000年，在高投入水平下，粮食总产量可达5 100亿千克，在中等投入水平下可达到4 800亿~4 900亿千克，在低投入或欠收年情况下，可能出现4 600亿~4 700亿千克。如果按人均占有粮食400千克的标准计算，那么在高投入水平下，能承载12.77亿人口。那时人口可能超过此数，接近13亿人，因此，人均粮食达400千克，是非常艰巨的任务，但也不是不能实现的，主要取决于投入水平，人均占有400千克粮食，应该作为奋斗目标，但也要做好欠年、灾年的准备。

• 到2025年，土地粮食生产能力在高投入水平下，可逾6 900亿千克，在中等投入水平下，可达6 600亿~6 700亿千克，在低投入水平下或欠年，可能在6 400亿~6 500亿千克，按那时人均占有粮食450千克的标准计算，只有在高投入水平下，人口承载量可超过15亿人，达到15.48亿人（注：在长期实行严格的计划生育政策情况下，当时各方预测我国的人口峰值不超过15亿人）。

• 关于土地最大可能承载人口的问题，这是个很难回答的问题，因为科学技术的进步将决定未来。这个问题我委托王立新同志进行探讨。初步研究结果，假设我国耕地实际总播种面积保持28.9亿亩，粮食实际播种面积能达到21亿亩，总灌溉面积能达到10.3亿亩，那么粮食总产量能达到8 400亿千克，那时按人均占有粮食500千克的标准计算，可承载16.8亿人，若按人均占有粮食550千克计算，则只能承载15.1亿人。也就是说我国土地资源的人口最高承载量可能在

15亿~16亿人。

从上述土地资源承载力研究中，我们可以得出以下3点结论：第一，我国长期以来，以及未来相当长的时期内，都处在承载力临界边缘，粮食生产不容乐观，要付出很大努力。第二，我国人民生活水平，不可能很快提高，只能逐步改善。第三，控制人口，加大投入，发展生产，适度消费，这就是我们应该采取的方针。

上述结论在当时产生了比较广泛的社会影响，说明中国在人口控制和科学技术进步的条件下，依靠本国资源可以养活本国人口，同时也推动了全国土地承载力研究的开展。

对策与措施

研究提出4点对策与措施

•面对人口－资源（水、土）－环境与粮食（农业）的长期紧张关系，一是必须保护土地与水资源，不浪费一寸土地，一方水，节约利用水、土资源。二是控制人口，15亿人应作为我们人口控制的最终目标。三是适度消费，我们没有条件与美国等发达国家消费水平相比，这是我国国情所决定的。

•较大幅度的增加农业投入，采取超常规增产措施。研究指出，我国无机能投入在总能投入中的份额，可能在2000年左右，与有机能持平，此后将逐渐大于有机能投入，因此要强化我国的化肥生产，以有效扩大化肥产量。根据测算，2000年生产5 100亿千克粮食，约需化肥2 900万吨，据《2000年化肥发展战略》，2000年化肥生产量将达到2 650万吨，缺口12%左右。需采取两项措施：一是较大幅度增加农业投资的总量和比例，尽可能把农业投资份额恢复到"六五"计划以前的水平。二是根据化肥供应情况与粮食生产情况，确定外购化肥数量与粮食数量。

•大力加强农田基本建设，改造中低产田。研究认为，中产田（单产为150~300千克/亩）面积最大，占56.8%，产量也占52.4%。

中产田土地限制程度轻，改造成本低，每亩只需70元，在当前资金有限的条件下，应主攻中产田，才能实现大面积增产与均衡增产的目标，与此同时，要稳步提高高产田，有计划地改造低产田。

•粮食生产的战略重点应放在中部地区。从粮食生产角度看，在一段时间内，能提高商品粮产量的省份主要是处于中部地区的湖南、湖北、江西、安徽、河南，东北地区的黑龙江、吉林和属于东部地带的江苏，共8个省，这8个省的粮食播种面积占全国粮食总播种面积的41.7%。粮食产量占全国总产量的48.2%，人均占有粮食450千克，如以人均400千克计算，还可提供区际商品粮200亿千克，占全国商品粮的50%~60%，这对平衡我国粮食供给影响极大，地位十分重要。

预计到2000年，这8个省可生产粮食2 100亿千克，仍可提供区际商品粮175亿千克，其中洞庭湖平原、鄱阳湖平原、湘中丘陵、赣中丘陵、江汉平原、江淮地区、黄淮平原，松嫩平原和三江平原等9片地区可作为国家商品粮基地建设的重点地区。

开发山地、荒坡、草原、滩涂及水体资源，充分利用我国960万公里^{2}的土地资源。这类非耕地资源开发潜力还很大，特别是拥有5亿亩左右的适于发展各种农作物、人工牧草与经济林果的后备资源，以增加食物资源。占全国2/3的广大山地，特别是南方亚热带、热带山丘占了全国63%的生物生产力，发展林、牧、农及各种特种作物，潜力巨大。

参加"土地承载力研究"项目的主持人是石玉麟、张肇鑫、沈煜清、张巧玲。参加项目的有陈百明、王立新、封志明、陈国南、向平南、蒋子凡、石竹筼等。

李立贤与陈国南

李立贤是原综考会的气候组成员，我们多年在一起工作，他参加过内蒙古考察、云南紫胶队考察和第二次新疆综合考察，后来参加国情研究小组。他擅长气候资源研究。在土地承载力研究方面，他于1986年采用反映综合气候要素的可能蒸散量与地区自然植被年产量的关系式，换算出中国土地生物生产量约72.61亿吨。陈国南用相似的方法于1980年测算，中国土地生物生产量约76亿吨，两者比较接近。这两位学者计算方法虽不算先进，但在综考会包括土地资源室内部还是最早开展此项工作的。

我当时与李立贤商讨人均应占有5吨生物量为宜，按此测算，全国生物量可承载约15亿人口，这与后来"土地承载力"研究的结论大体相同，也可以说是"土地承载力"研究的前奏曲！

郑伟奇

他是北京大学的博士研究生，到综考会后即参加第二次新疆综合考察，我让他任新疆资源考察队土地组组长。土地组的成员有郑伟奇、蒋寒荣（新疆生产建设兵团勘测设计院二分院）、石竹筠、徐继填、王立新、李立贤、陈德华几位同志，我安排土地组的任务是研究新疆的土地承载力问题。他们在我的思路下，研究提出了《北疆耕地资源生产潜力的估算》（郑伟奇等）、《喀什、和田、克州三地州土地资源生产能力与人口承载量等》（郑伟奇等）和《新疆土地资源承载力》（王立新等）3份关于土地承载力的报告。李立贤还专门写出《南疆三地州生态系统承载能力动态分析报告》。"新疆土地承载力研究"的报告，是我的第一个"试验田"，获得初步成功，培训了骨干。在1989年新疆考察队向自治区的汇报会上，郑伟奇代表土地组汇报了《新疆土地承载力》报告。

1997年郑伟奇去美国留学，否则他很可能是综考会土地资源室的接班人。

五、土地资源研究小结

从20世纪70年代后期至90年代，是我开拓、建立土地资源科学的关键时期。在这个时期，我完成了下列几件事。

（1）1978年，在山东泰安召开的二部一院（农牧渔业部、国家计委、中国科学院）的会议上，我发表了《土地与土地评价》学术报告，第一次系统阐述了土地、土地资源、土地类型、土地结构、土地评价的概念，土地资源特征及相关内容，简要阐明土地与土壤、景观的区别与关系，为开展土地资源学科研究提供了理论基础，开辟了土地资源科学研究领域，具有里程碑意义[《石玉林文集》（上卷），5-11页]。

（2）20世纪80年代初期，我进行了宜农荒地资源调查的总结，编写了《中国宜农荒地资源》专著。该书是在总结20世纪50—60年代大量野外调查的基础上，第一次科学阐述了我国宜农荒地类型、特点、数量与质量评价、地理分布及分类和分区，并分别对我国东北、内蒙古、西北、青藏高原和中、南部等23片宜农荒地集中分布地区的自然、经济条件及其开发利用方向与措施进行了详细叙述，对我国宜农荒地开发的潜力、途径、程序和措施进行了总结性阐述，书中提供的思想、观点和科学资料在相当长的时期内作为国家决策部门制定规划的主要依据。

（3）完成《中国1∶100万土地资源图》编制任务。综考会组织了全国50个有关科研教学单位的300多位科研人员，经历9年（1979—1987年）编绘，完成了全国60幅（按国际分幅，于1990年印刷出版）《中国1∶100万土地资源图》及其分幅说明书，《中国

1：100万土地资源图》数据库与数据集，《〈中国1：100万土地资源图〉编图制图规范》。

编制《中国1：100万土地资源图》的创新点。

（1）将土地类型（由地貌－土壤－植被组成）和土地利用类型（由耕地、林地、草地组成）综合组成土地资源类型（土地资源制图单位）——土地自然历史综合体，从理论上与实践上解决了综合制图问题。

（2）首次提出土地资源分类系统，包括土地潜力区、土地适宜类、土地质量等、土地限制型、土地资源单位，层次分明，结构严谨的分类系统。其特点是将土地资源评价系统与土地资源类型系统有机地结合起来，把全国的统一性与地区的差异性结合起来，把土地适宜性与土地限制性结合起来，创立了有其特色、符合国情的分类体系。

（3）建立了与土地资源分类类型相适应的土地资源统计体系，信息丰富，理论上可达上亿个数据。

（4）首次完成了土地资源综合制图，具有综合性、系统性和首创性的特点。

（5）在《中国1：100万土地资源图》完成的基础上，首次提出在我国开展土地资源生产能力与人口承载量的研究，对应用资源－资源生态－资源经济的科学原理与系统分析方法进行多层次综合平衡研究，提出了比国际上应用的"区域生态法"更有科学意义、更加实用的"区域资源生产力法"。该方法采取"人口－食物－土地"之间的多层次、多方案的动态平衡，以粮食（食物）为基础的农业结构调整也纳入土地承载力平衡系统中，使土地承载力研究赶上并超越世界水平。

（6）在人地关系、人口与资源关系上，较早提出我国人口多，人均占有土地（资源）少，资源不足的论断，矫正了以往地大物博、资源丰富的不符事实的片面思想，起到了认清国情的作用。

（7）在土地利用方面，在"中国综合农业区划研究"中首次组织了包括荒地开发、草原利用、海涂利用、山地利用、水土保持、盐碱治理、风沙治理等涉及中国土地开发与治理的七大问题的讨论与阐述，并于20世纪70年代中后期开展了以县级为单位的（内蒙古的乌审旗、陈巴尔虎旗与额尔古纳右旗，黑龙江省的尚志县、嘉荫县和铁力县）以土地资源利用为重点的综合研究，为基层服务，并积累了经验。

（8）其中山地利用一章的创新点：

一是，在研究了全国土地垂直带分布特点和规律的基础上总结出垂直带的四大系统——以森林为主体的季风湿润型垂直结构系统，以草原为主体的内陆半湿润、半干旱型垂直结构系统，以荒漠为主体的内陆干旱型垂直结构系统和高寒型垂直结构系统，四大系统下分15个型。

二是，根据类型特点和存在问题，提出合理利用山地资源的基本原则和山地利用的方向与布局。提出山地利用的水平布局，丘陵低山带利用的水平布局，山地利用的立体布局，山地利用的小区布局，山地利用的多层结构。

三是，山地建设的主要途径，第一次提出树立人与自然和谐相处的观点，实施大面积封育与小面积重点治理相结合的方针，实施退耕禁牧还林还草的战略性措施。

作为主编之一，完成了《中国农业自然资源与区域发展》（第二篇第三章土地资源）和《中国农业土地利用》（第一篇第一章土地资源）。最后在我近80周岁之前，完成了上、下两卷的《石玉林文集》，系统汇集了我有关土地资源的著作，包括综合部分（理论与整体部分）、宜农荒地资源、中国1∶100万土地资源图、土地资源生产能力与人口承载量、山地资源、土地荒漠化、土地资源保护与可持续利用、区域土地资源等8个部分，共100多万字。这是我一生从事土地资源研究的总结，也是从事开拓土地资源学研究领域做出的有限贡献。

第|七|章

从土地资源研究领域扩展到自然资源与区域发展研究领域

（20世纪80年代至90年代）

一、从土地资源向自然资源
研究领域扩展的历程

多学科的综合考察有利于学科间的渗透、融合、彼此学习、共同提高。由于我长期从事综合考察，使我有机会汲取水、土、气、生，农业与工交，自然与经济等方面的科学知识，拓展了科学研究范围。1965年我和沈长江、杜国垣等，由于负责内蒙古自治区"农业自然资源利用与农业发展意见"的编写，使我开始以土地资源为基础，涉足到自然资源与区域发展更广的研究领域。

20世纪70年代，我有机会继续在县级、地区级和区域范围内开展综合考察研究，包括内蒙古自治区的乌审旗，岭北地区，黑龙江省的尚志县、嘉荫县、铁力县和伊春地区，累积了一些基层资源开发利用研究的经验。1979年我有幸参加《中国综合农业区划》编写工作，在著名学者周立三、孙颔、沈煜清和邓静忠等老科学家的带领下工作，对中国农业宏观战略问题有了较为系统的认识，为以后继续研究中国农业发展战略奠定了基础。1985年我被中国科学院任命为中国科学院新疆资源开发综合考察队队长，主持"新疆资源开发与生产布局"项目的研究。该项目包括资源、经济、生态环境、工业、农业、能源、交通、旅游等20多门学科，250名科技工作者参加。这是我第一次涉及工业、交通、能源、经济等诸多领域，对我来说是一个挑战，也是一个学习的机会。新疆项目研究的成功标志着我迈进了资源综合研究与区域发展领域的门槛。

随后，我参加了周立三院士主持下的国情分析研究和承担国家计划委员会组织的《中国自然资源丛书·综合卷》的编写，以及参与和主持中国自然资源学会组织的《中国资源科学百科全书》等3部资源科学著作的编写，因此我在资源科学领域与区域开发领域得到了锻炼和发展。

我在自然资源综合研究和区域综合开发中主要做了以下4件事：

其一，在中国综合农业区划研究中，科学地评价了中国的农情（见《中国资源科学百科全书》，第181-190页）；其二，组织和主持了新疆资源开发和生产布局的研究，标志着涉足区域资源综合开发的研究领域；其三，在国情研究的第二号报告"开源与节约"中提出建立资源节约型国民经济体系，在第八号报告中系统论证"两种资源和两个市场"，表明了我的资源综合研究已在国家政策性层面发挥了作用；其四，参与和主持3部资源著作的编写工作。20世纪90年代后期，在中国自然资源研究领域出现了三部具有里程碑意义的著作：第一部著作，由国家计委与中国科学院自然资源综合考察委员会，系统地总结新中国成立后的资源调查研究成果，组织编写了42部，共1 500万字的《中国自然资源丛书》，我主持了综合卷的编写；第二部著作，由中国自然资源学会和中国科学院自然资源综合考察委员会组织，由孙鸿烈任主编的《中国资源百科全书》编写，我承担了该书总论部分的组织与编写工作；第三部著作，由我主持的中国自然资源学会组织的具有教科书性质的《资源科学》专著的编写，从理论和学科体系上做了系统的总结和论述，标志着中国资源科学初步形成。

二、新疆资源开发与生产布局研究
——第二次新疆综合考察

第二次新疆综合考察是在1985—1990年，我领导了一支庞大的科学考察队伍，完成新疆综合考察任务。更值得欣慰的是考察任务带动了学科的发展，促使我从土地资源学领域向自然资源和区域资源开发综合研究领域延伸迈进。

中国科学院周光召院长与新疆考察队队员合影，
第一排右五为石玉麟，右六为周光召院长

考察概况与过程

背景与设计

1983年5月和8月，党和国家领导人视察新疆后，提出了开发新疆和整个大西北，使之成为21世纪我国一个最重要基地的战略设想。为了贯彻落实党中央的战略部署，根据中国科学院开发新疆科研工作的要求，本着科技工作面向经济建设的方针，中国科学院设立了若干研究课题，其中领头的课题即"新疆资源开发与生产布局"研究项目，并建立了一支综合考察队，委托中国科学院自然资源综合考察委员会承担。随之，成立了中国科学院新疆资源开发综合考察队，并委任我为考察队队长，李文彦、沈长江、毛德华、白塔依、周嘉熹、康庆禹、郭长福等同志为副队长。考察队围绕中央提出的

"三个基地"（畜牧业基地、经济作物基地、石油能源基地），"五个
重点行业"（农牧业、石油和石油加工业、食品与纺织工业、动力工
业、建材工业），"一个命脉，一个动脉"（即水和交通运输）的构
想，开展以"新疆资源开发与生产布局"为中心的综合考察研究。
旨在通过综合评价自然资源、自然条件与社会经济条件，搞清新
疆的资源开发潜力、环境容量与经济发展方向，勾画出20世纪末
和21世纪初生产力发展布局远景，明确建设重点和持续发展，为
编制开发新疆的长远规划提供科学依据。考察队围绕上述中心课题，
设立8个方面的研究：

- 水土资源综合开发利用与水土平衡；
- 农业合理布局和商品生产基地建设；
- 能源需求预测和能源资源开发利用；
- 工业发展方向与基地布局；
- 交通运输发展方向和运网合理布局；
- 综合经济区划；
- 环境变迁和重点地区及城市开发后对环境的影响；
- 国民经济远景发展战略预测。

　　为了新疆编制"七五"发展规划的需要，作为这项研究工作的
第一步，考察队于1984年7—8月，由周立三老队长领导，组织了包
括沈长江等各方面专家，在中国科学院近30年对新疆调查研究工作
的基础上，针对新疆农业自然资源开发利用与农业生产中的问题，
撰写了《关于新疆农业发展的若干建议》，及时提供新疆维吾尔自治
区编制规划参考。此时，我正住在医院里，不能参加。

1985年北疆考察

　　1985年是考察工作第一年，考察范围主要在北疆地区，重点放
在天山北坡地区（乌鲁木齐-石河子-奎屯-克拉玛依）和伊犁地
区。当年考察结束，编写了《以北疆为主新疆资源开发及生产布局
的若干建议》和《关于新疆伊犁地区资源开发与农业生产的若干建

议》两份全队性的综合报告和各课题组撰写的41份专题报告以及35期"简报"。上述两份综合报告在我主笔下，汇合各课题组成果撰写而成，并分别向伊犁地委和自治区计委做了汇报[见《中国科学院新疆资源开发综合考察队报告》："新疆资源开发和生产布局研究综合考察报告集1985年度（一）、（二）、（三）"及36期"新疆综合考察简报集"]。北疆的考察成果已经勾勒出新疆发展的基本轮廓，包括建设两大基地——石油与化工基地和农牧业与轻纺工业基地的发展方向，经济核心区与城市布局等诸多观点为后来全疆大总结所应用，并为其打下良好基础。

1986年南疆三地州考察

1986年考察范围主要在南疆地区。我们遵照自治区党委书记宋汉良的指示，把考察重点放在南疆的喀什地区、和田地区和克孜勒苏柯尔克孜自治州（简称三地州），配合自治区扶贫工作。经过三个多月野外实地考察，提出三地州的综合报告一份，即"新疆维吾尔自治区喀什、和田、克州三地州经济发展战略要点"和各课题报告23份，专题报告8份，共31份，以及17期简报。三地州考察第一

1986年在新疆叶城石榴园考察，右三为石玉麟，右四为容洞谷

次在极端干旱区对人与资源，经济与生态关系的可持续发展开展探讨，对发展以棉花和纺织业、林果与食品加工业为主的特色经济，旅游业和开放性的经济区开展了研究，为南疆三地州发展提供咨询，为全疆确立生态环境保护与发展特色经济的方向提供了丰富的科学内容。我代表考察队分别向喀什地区、和田地区与克州政府做了汇报，取得较好效果［见《中国科学院新疆资源开发综合考察队报告》："新疆资源开发和生产布局研究综合考察报告集1986年度（一）、（二）"和"新疆综合考察简报集"］。

1987年东疆与天山南坡考察

1987年考察范围包括东疆的吐鲁番地区和哈密地区，南疆的阿克苏地区与巴音郭楞蒙古自治州、库车县、天山中段山地、天山北坡核心区和北疆艾比湖等地区。我因参加全国农业区划委员会研究编写"中国农业发展战略"问题，而未参加第一阶段东疆地区的考察，东疆考察由副队长康庆禹同志主持。1987年队伍比较分散，带有补点性质，地质组还赴罗布泊地区考察。除各课题组完成自身任务外，这一年度的考察重点是开展了地区性的土地承载力，山区生态与经济系统的保护与建设，塔里木河和艾比湖的环境保护等三方面的研究，共撰写了31份考察报告及22期简报［见《中国科学院新疆资源开发综合考察队报告》："新疆资源开发和生产布局研究综合考察报告集1987年度（一）、（二）"；"新疆资源开发与生产布局简报集"］。

我在1987年库车县考察过程中，县领导咨询我，库车县发展果树还是棉花？我当即回答：先发展棉花，因为当前棉花市场好，当年就有收入；下一步发展果树，需要几年才有收入。县领导采取了我的意见。第二年冬天，库车县农业部门的负责人来我家，肯定了发展棉花效果显著，很高兴，感谢我。我也感到欣慰，科学的意见，起到了立竿见影的效果。

全疆大总结

1988年是大总结年。首先，各课题组系统整理了3年来所收集的资料，加以分析整理，在此基础上，考察队组织几次全体队员大讨论、大交流。作为队长的我，积累了3年全队的研究成果，又认真听取了大家发言中的好意见、好观点，很快就形成了"新疆资源开发和生产布局"的系统观点，整理出综合报告的"摘要和重点"，共八章47节，近2万字。按"摘要和重点"组织各课题组分工撰写新疆资源开发与生产布局的综合报告，共12章，约20万字。在反复讨论的基础上，最后由我统稿。先写出报告"摘要"，然后写成正式报告，是这次大总结的特点。在我所负责的研究项目中，大多是采取这种模式，充分集中群众智慧，形成系统观点，分工撰写，重要章节我都亲自动手写，所以我需付出更多的精力，工作很辛苦。

大总结共撰写了16部报告集。除了新疆资源开发与生产布局综合报告外，还有新疆水资源合理利用与供需平衡、新疆土地资源承载力、新疆生态环境研究、新疆种植业资源开发与合理布局、新疆畜牧业发展与布局研究、新疆森林资源评价及生产建设布局、新疆水生生物与渔业、新疆工业发展与布局、新疆能源需求预测与能源资源的开发利用、新疆交通运输发展方向和运网合理布局、新疆国民经济发展战略研究、新疆区域经济发展战略、新疆经济区域划分与发展战略、新疆经济系统投入产出分析、塔里木河流域农业自然资源的合理开发与治理。补充说明，因为全队各组缺少研究新疆人口预测材料，在人口－资源－环境－经济发展的链条中，缺少一个重要环节，于是我请石东崖（当时是北京科技大学研究生）用EL-5100C，运算新疆人口发展趋势，填补了不足。

1989年继续完成以上16部报告，并组织印刷出版。同时准备向自治区汇报的资料，编制20多幅汇报时用的挂图。新疆维吾尔自治区于5月组织编制第七个五年计划，请考察队参加一起研究。但此项工作开展伊始，却不得不因故暂停。

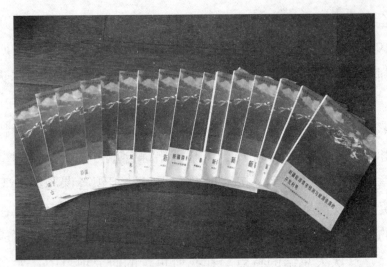

新疆资源开发综合考察报告集

向自治区汇报与获奖

1989年年底，考察队向自治区党、政领导汇报。汇报队伍十分庞大，包括科学院的领导及有关部门负责人、考察队的顾问、考察队的领导、各课题组的骨干。有中国科学院副院长孙鸿烈、考察队第一顾问周立三院士、50年代第一届新疆综合考察队副队长于强。我代表考察队做总汇报，各课题组组长做课题组的汇报。汇报会的会场设在自治区人大大楼会议大厅，会场外悬挂着我们编制的20多幅新疆远景生产力布局挂图。听取我们汇报的有自治区党、政领导和自治区有关部门领导，报告厅座无虚席，有好几百人。自治区前党委书记王恩茂、自治区党委书记宋汉良、自治区政府主席铁木尔·达瓦买提等，以及新疆生产建设兵团司令员和政委出席会议。汇报会开了整整一天，在汇报当中，宋书记不断插话发问，会议显得很活跃。自治区领导给予高度评价，第二天召开鉴定会，宋书记等自治区领导亲自参加，我们也邀请了专家学者参加评议。当时，专家们听取汇报后当场起草评议稿，经反复讨论，给予了高度评价。

1990年"新疆资源开发与生产布局"获中国科学院科学技术进

步奖一等奖，同时被列为中国科学院1990年科研十大新闻，刊登在《中国科学报》上。1991年中国科学院向国家申报科学技术进步奖，被评为国家科技进步奖三等奖，我们不满意，但也无可奈何，并影响了以后综考会成果的评定。

重要观点与结论

新疆综合考察不仅在当时很成功，许多重要观点都已成为新疆决策的依据。新疆工作的影响面广而深远，起到长远的作用，甚至对照30年后国家提出的"一带一路"倡议，许多观点当时已经预见到了。随着30年来的社会发展，新疆的变化日新月异，乌鲁木齐已成为中亚地区名副其实的核心城市，新疆的地位更重要了，已成为"一带一路"的前进基地和桥头堡，我们为新疆发展而高兴，为新疆项目具有历史意义而欣慰。

•新疆是一个资源大省（自治区）

新疆无论对我国东部地区还是西部地区，都具有很大的吸引力。我国虽地大物博，但按人均计算则是资源小国。现在与未来，东部地区的发展都离不开中、西部地区的支持，包括新疆提供的能源与资源，特别是石油与棉花的支持。新疆向西开放有着广阔的前景，已成为中亚经济协作中，实现东西方联结的桥头堡。

•新疆资源开发的限制因素是水、电力与交通

新疆经济发展的最终规模将取决于水资源开发利用的程度。水对新疆的经济发展至关重要，但除局部地区外，尚未成为限制性因素（指20世纪）。电力与交通倒是影响当前与今后一个时期内经济发展的两个重要因素。因此，要加强新疆电力与交通的建设，在"八五""九五"时期应作为投资重点。

•新疆的生态环境是人口－资源－环境链中最薄弱的环节

新疆由人工灌溉而形成的绿洲生态环境十分脆弱，弹性小，稳定性差。应该注意到生态环境演变的特点具有隐蔽性、渐进性和积

累性，其后果则具有间接性、全局性与突发性。新疆的生态环境问题是最令人担忧的问题。要根据环境的支撑能力决定资源开发、人口增长和经济发展的规模，避免因过度开发给环境带来过重的压力，并造成整个生态环境系统的崩溃。

•经济建设要符合经济规律与自然规律，要循序渐进

从总体看，新疆处于大发展的前夕，要捕捉有利时机，加速改革开放、加速产业结构的调整，抓紧农牧业、水利、能源、交通建设、地质勘探和各类建设人才的培养，为21世纪的大发展做好准备。

•新疆必须加强民族团结，坚持两个离不开思想（少数民族离不开汉族，汉族离不开少数民族）

民族问题不解决，经济发展上不去，民族问题也不能最终解决。加速经济发展，增进民族团结，是巩固边疆的重大战略问题，国家应给新疆更大的支持与灵活的政策。

•正确处理好地方与中央企业（包括兵团）的关系

中央企业要带动地方经济的发展，而地方经济的发展也必然会保证和促进中央企业的发展，加强中央企业与地方企业的横向联合，加强生产建设兵团与地方的联合，对促进新疆经济的全面发展具有重要意义。

•新疆经济发展归根到底将取决于劳动力素质，取决于人才，寄希望于教育事业的发展

充分发挥知识分子的作用，引进人才，促进教育事业的发展，提高劳动力素质，是新疆一项根本性的战略任务。

考察成功的主要原因

有以下五点。

（1）始终坚持根据国家需要，面向经济社会发展，面向实际，选好题目，确定任务，组织队伍。

20世纪50年代根据国家的12年远景科技规划，第一次组织新疆综合考察队，完成一整套包括自然条件、农业资源与开发利用、合理布局方案的完整科学资料与研究成果，具有长期参考价值。

根据中央开发新疆的号召，及时组织第二次综合考察队。研究领域更为全面，研究成果与国家和地区经济发展规划的对接性更强。

（2）与当地党政部门紧密配合。明确为地方发展服务，在新疆维吾尔自治区党委、人民政府领导下，独立开展综合研究。突出例子是：

·组织地方科技干部参加，自治区计委设联络员，中国科学院新疆分院设办公室。

·为了满足新疆编制"七五"发展规划需求，考察队于1984年7—8月组织各方面专家编写了《关于新疆农业发展的若干建议》。

·1986年改变考察重点地区。遵照新疆维吾尔自治区党委书记宋汉良同志意见，把考察重点放在南疆三地州。

·做到每年考察前向新疆维吾尔自治区党委、人民政府请示，结束时向新疆维吾尔自治区党委、人民政府汇报。

（3）充分发挥了综合考察多学科、多专业的优势。

处理好专业与综合的关系，民主与集中的关系，地方与中央的关系，远期与近期的关系。新疆成功的经验，丰富了综合考察方法论。

（4）发挥了社会主义大协作精神。

综合考察队伍的成员来自四面八方，处理好单位之间的关系，特别是主持单位与协作单位的关系，任务与学科的关系，公与私的关系，调动了考察队员的积极性，发扬了团结协作、艰苦奋斗的精神，这是完成任务的根本保证。

（5）中国科学院与新疆维吾尔自治区党委、人民政府的领导与支持是顺利完成任务的保证。

特别是新疆维吾尔自治区党委书记宋汉良同志的亲切关怀，亲自指示，多次亲自听取考察队的意见，使得考察队工作更有针对性，考察队的意见与建议得以实施。我们很怀念这位领导。

艰苦奋斗

与疾病抗争

不幸得病。从20世纪60年代开始，我在考察队里的担子逐渐加重，除参加野外考察外，还承担了综考会的工作，由于艰苦、繁重的考察工作，加上过度用脑，我患了神经性呕吐症，病情加重，经常呕吐，需要及时在嘴里含些咸菜或咸橄榄等止吐，才能继续工作。1983年的一段时间里，我已明显感到身体不适，肩膀发沉、疲劳、懒于动脑，我还没有意识到已经得了病。此时，正值党和国家领导人连续两次对新疆发展做出重要指示，我们这些老考察队员无比振奋，整装待命准备重新投入新疆工作，接受新任务。1983年冬天，我初次随叶笃正副院长带领的赴新疆小组，与新疆维吾尔自治区领导商议工作。回京后，院领导拟定了一系列研究课题，其中一项综合课题是"新疆资源开发与生产布局"研究，委托自然资源综合考察委员会承担。我们积极投入课题设计及组队工作。1984年春天，叶笃正副院长和当时新上任的孙鸿烈副院长带领我们第二次赴新疆，队伍里有周立三、于强两位50年代的老队长，以及我和一些老新疆考察队员。

新疆维吾尔自治区老领导刚恢复工作，王恩茂同志带领自治区各部门的领导会见我们。王恩茂书记，我们在1960年就认得，当时他还年轻，记忆力非凡，我们汇报后，他讲话时当场演算数据，说明新疆的潜力，给我们年轻人留下了很深的印象。20多年后，再次见到他，因受了"文化大革命"的冲击，已憔悴多了，但他的记忆力仍不减当年，他一一介绍在场的领导干部，老朋友重逢，倍感亲切。我们在乌鲁木齐连续开了几天会，头一天上午是各位领导讲话，下午我在大会上做了项目研究的设想报告，大约有1个多小时。在会议休息时，我的病发作了，发现尿呈红褐色，出现黄疸了，我还没在意。晚上大家去参加歌舞晚会，我体力不佳，留在昆仑宾馆，晚上七八点，我的病爆发了。刚好会议上的一位女医生，经过门口，发现我生病，立刻派了汽车将我送到新疆医学院附属医院，这是我第一次住院。第二天医生诊断我得了胆囊炎、胆结石、肝炎，不得不隔离住院。孙鸿烈副院长获知消息后，前来看望，并嘱石竹筠同志照顾，石竹筠同志不厌其烦地来看望，也不忌讳传染，我很感谢她！在新疆医院住了10多天，天天输液、打针、吃药，随最后一批同志回京。

回到北京后，我随即到北医三院就诊，也确诊为乙型肝炎、胆囊炎、胆结石。一位女大夫与一位男大夫商议，要做胆囊切除，他们意见是：第三医院治疗有困难，决定把我转到北大第一医院治疗。北大第一医院9—10月为我做了胆囊切除，取出3粒结石，上腹部缝了15针，手术很顺利，医生给我开了半年的假条。手术后的当天下午孙鸿烈副院长到医院看我，我向他移交了工作。病中我时刻惦记着周立三院士与沈长江等同志，在乌鲁木齐为"七五"计划编写《关于新疆农业发展的若干建议》的文件，我不能参加，实感遗憾。出院后，转入门诊治疗。幸运的是我有个温馨的家，我岳母及超子对我百般照顾，使我没有精神负担，安心养病。

带病接受新任务。不久，院领导决定，由我担任新疆资源开发综合考察队队长，主持院重点项目"新疆资源开发与生产布局"。陈超子对此很担心，找到孙鸿烈副院长交涉，提出石玉麟有病在身，身体尚未完全恢复健康，不能承担队长职务。孙鸿烈副院长婉转回答，说请老石挂个名。当时论地位、论名望、论学术我都够不上处于挂名的位置。再说在野外，领导这么一支庞大的考察队伍，主帅能挂名吗？但说实在的，"带病出征"，我也是乐意的，我不愿意失去建设新疆的机会，我时刻惦记着我的第三故乡——新疆的发展。上任后，身体仍很虚弱，伤口还未完全恢复，同志们很关照我，上、下车都搀扶着我。但在此期间，我多次发病住进医院，还好都挺过来了。

在克拉玛依发病，住院。1985年7月我们在阿勒泰地区工作，住在额尔齐斯河畔北屯市。工作数天后，考察队伍转移到克拉玛依。清晨，早餐前，我登上北屯东南方的一块老阶地残留的土墩上，查看土墩上长的什么植物。这个土墩离地面有10~20米，面积不大，只有几平方米，很平坦，上面生长着很好的针茅、狐茅草原植被，比额尔齐斯河南岸高平原上的半荒漠植被要高一级。早餐后，我们考察组离开北屯，朝着西南方的克拉玛依市前进。因为在1959年我曾在这些地区工作过，很熟识，算是旧地重游；一路上考察其变化，并且不时地停车给队伍中年青人讲解。干旱地区太阳升高后，天气很快热起来，尤其是下午，常言道："早披棉袄，午穿纱，抱着火炉吃西瓜"，就是干旱地区的写照。克拉玛依位于准噶尔盆地西端的戈壁上，是北疆最干旱炎热的地区，考察了一天，傍晚到了克拉玛依市，我们住在宾馆里。晚饭时，我感到不舒服，头疼，未去吃饭，等同志们饭后回来时，我的头爆炸性的疼痛，开始不断地呕吐。大家吓坏了，把我送到克拉玛依医院，马上输液，那一夜辛苦了陈百明、王立新、石竹筠等轮流值班、守夜。经过一个晚上的折腾，第二天恢复了平静，但仍感到虚弱，早晨也未进早餐，考察组就上路奔向奎屯。我记得在"天山老壩"一片很典型的琵琶柴荒漠，我在那里指挥，挖了一个长条的、浅的土壤剖面，让大家看并讲解在琵琶柴群丛下发育的碱化土壤、碱化层的分布情况。大家都很惊叹我的耐力。

1986年，在南疆考察过程中的一个星期六晚上，我和容洞谷、王广颖同在一辆车上，那天是从和田到叶城的途中，我又一次发病，头剧烈疼痛及呕吐。由于医院已下班关门，医生都回家了，急坏了容、王两位。他们两位人生地不熟，却找到医生的家，把我送到县医院，输了一夜的液，这是我在新疆第三次住院。第二天出院，因为有了1985年在克拉玛依的发病经历，我也习以为常了。

1987年考察结束后，为了全面了解新疆，我随司机从南疆喀什开汽车回京，穿越塔克拉玛干大沙漠南沿、塔里木河下游、东疆大戈壁、河西走廊、黄土高原、太行山、华北平原到北京，沿途考察，行程几千公里，总算圆满地完成了新疆考察。

因在野外几次发病，所以回北京后我就到北医三院门诊看病，我说明发病的情况及原因。三院医生回答，要等发病时来看，才能弄清病因，打发了事。过了不久，我在机关会议室开会过程中，再次突然发病，同志们赶快把我送到北医三院急诊处就医，这是第四次进医院了，向医生说明了情况，急诊处医生却说，现在大夫都不在，下班了，只能临时输液。我就躺在急诊处走廊的长椅子上输了一瓶液，情况好转，医生就打发我走了，什么病情都没说。三院大夫再三的推脱，我也领会了看病的艰难，再不愿意去碰钉子了。

1988年冬天，我们在乌鲁木齐市郊区五家渠兵团招待所做总结。某天晚上，在我们向自治区领导汇报工作后返回五家渠的路上，我突然头疼厉害（第五次发病），怎么办？我灵机一动，吃下安眠药，等回到五家渠招待所，就睡了，没有发生呕吐，头痛也好了。误打误撞，有了经验，头一疼，就服镇静剂缓解疼痛，从此以后，我就不去医院了。我对自己的病总结了诊断及治疗方法。病因：过度的疲劳，或受凉感冒。症状：头剧烈疼痛加呕吐。治疗：服安眠药或输液，恢复健康。此后，我出差必带安眠药，久病成医，也许并不科学。但直到今天我还弄不明白这是什么病，糊涂过了一辈子。

学习再学习

我之所以勇于承担新疆综合考察队队长职务，在于有多年野外考察与综合研究的基础，比较熟悉综合考察研究的全过程，更由于对新疆有深厚的感情，但这次新疆综合考察包含更多学科，不仅有资源、生态、环境、农业，还有工业、能源、交通运输与国民经济综合发展，许多学科以前很少接触过，很生疏，心里有些发怵，也只有硬着头皮，边干、边学了。

第一，向自然界，向社会学习。野外考察，天天与自然界打交道，习以为常，从自然界中吸取营养。这次考察与往常不同，有相当部分考察安排在矿山（如煤矿、油井）、工地（如水库、水坝）、工厂、农村、农场，增加了感性认识，了解农情、工情和民情。更多地向各级政府与有关部门了解情况，发现问题，研究对策，提供咨询。

第二，向书本学习。在当时情况下，啃读大本的科学著作已来不及了。把精力放在收集大量的有关科学文献、报刊评论、杂志上，以关注新疆的动态。如在生产与生态关系上，提出"在保护绿洲生态环境的前提下，发展生产；在发展生产的基础上，不断改善绿洲生态环境的质量"，这个"观点"来自于和田地区一名科技工作者的报道；在塔里木河治理上，新疆荒地考察队提出"控制上游，改造中游，确保下游"的观点，自始至终成为研究塔里木河整治的指导思想。一些重要的观点，都是来自阅读前人研究新疆的有关报告和文献。

第三，虚心请教考察队内专家与学者。综合考察队是一所大学校，在这所大学校里，拥有众多国内一流的学者，不懂就请教他们，虚心向他们学习，有百益而无一害，这是增长知识，学好本领的最佳途径。我虚心地听取容洞谷、李文彦、陆大道等工业、能源、交通学科老先生的意见，也包括那时年轻专家们的意见，向他们学习。我深刻领会了钱正英的话：做一个综合考察队的领导者，最重要的是要发扬民主精神，调动每个专业、每位专家学者的积极性，切实贯彻"百家争鸣"的方针，才能做好工作，才有所进步。我还体会到衡量民主作风的好坏，重要的是看主要领导者能否接受学者们提出的宝贵意见；特别是，是否认真听取不同观点，包括反对自己观点的意见，体会到"海纳百川，有容乃大""兼容并蓄"的真谛。我从学习、再学习中取得进步，得到成长，也引领我从土地资源学跨入了自然资源综合研究和区域资源开发研究领域。

勤奋多思

2015年5月，题写人生座右铭

勤奋多思是我的座右铭，是我事业取得成功最基本的因素。

一个人尤其是事业成功的人，必定是最勤奋的人。人最怕懒，懒汉必一事无成，常说"懒、馋、占、贪、变"，懒字为头，从懒开始。我一生不懒，幼年在农村劳动，养成勤劳作风；由于大学时代刻苦学习，获得北京市三好学生称号；工作上我从不怕苦、不怕累，有"小老虎""铁人""拼命三郎"的称号，勤奋造就我成功。

多思，就是动脑子，动脑也是勤奋的一种表现。作为科学工作者，除了必须具备勤奋的品德外，还需要勤于思考，将丰富的实践材料，升华成理性认识，以指导实践，否则顶多成为有经验的考察匠。

我在科研工作中不仅多思——勤于思考，还善于思考。我努力学习，向自然、向社会、向前人、向师友全方位学习，而其中最为重要的是得益于学习毛泽东同志的《实践论》和《矛盾论》，并在科研实践中努力用"辩证"原理去观察事物，分析事物，实事求是地去解决实际问题，取得较好的结果。例如我在中国国情研究中对中国的"人口与资源矛盾"关系上，突出强调人口多，资源少这对矛盾，预见到中国社会将出现资源短缺，面对众多人口带来的巨大压力，如果不及早采取对策，我国社会经济将会出现全面危机。为此我在国情研究中先后提出两个观点，一是建议国家实行"资源节约型国民经济体系"，从生产、流通、消费多方位节约资源，与此同时努力发展劳动密集型产业与技术密集型产业，以发挥我国劳动力优势，取长补短。二是推出"两个市场，两种资源"战略，走向全球化，从国际上调节，取长补短。这两条战略性意见都已成为国家战略决策。我心中很欣慰。尤其10年后，在2005年8月14日，由国家发展和改革委员会、中共中央宣传部和中央电视台共同主办的"全民节约，共同行动"大型主题宣传活动启动仪式在人民大会堂隆重举行，我激动万分，这是我们科学工作者多年来的忧虑与期盼呀！我写下了"待到山花烂漫时，她在丛中笑"（见国情研究第2号，第8号报告）。

新疆——我的第三故乡

福州长乐是我的第一故乡。它是我出生的地方，我在这里度过了整个童年和青少年的大部分时间。这里有我的许多亲友和青少年时期的同学与朋友，我永远怀念着它。

北京是我的第二故乡。这里是我的家和我的工作所在地，我从1953年到北京上大学至2019年整整66年，从青年到老年，没有离开北京，成家立业，生儿育女，我成了北京人。

之所以把新疆作为我的第三故乡，是因为新疆是我从事科研——综合考察的发源地，从学术成长到学术成熟的地区。我在新疆考察的时间，累计大约占到一生考察时间的1/3，除了20世纪50

年代在新疆综合考察队的5年之外，从1984年开始到2017年我几乎每年至少去一次新疆考察，新疆科考为我打下科研的基础和提供了科研发展的思想。新疆是我科研工作的故乡。

难忘的领导与战友

宋汉良书记

第二次新疆考察取得成功，与宋汉良书记的领导、支持、配合是分不开的。他是我从事几十年综合考察，所遇见的地方领导干部中，最能理解知识分子，最能发挥科技人员作用的领导者，也是我们知识分子贴心的领导人。

宋汉良同志原为新疆石油管理局局长。我们进疆考察第一年，即1985年，他已是新疆维吾尔自治区人民政府副主席，分管我们考察队的事情。当时我们主要是与新疆计委联系，计委派了周嘉熹联络考察队，因此被中科院委任为考察队的副队长。同时，新疆科委也始终与我们保持密切联系。第二年，即1986年年初，宋汉良同志晋升为新疆维吾尔自治区党委书记，王恩茂同志任顾问。宋书记作为新疆的第一把手，直接领导我们，对我们在新疆开展工作十分有利。宋书记把我们考察队当成他的高级咨询队伍，是很明智的。因为我们考察成员来自北京，有全国著名的科学家；我们队伍中，还有相当一部分成员是新疆当地的科研部门与政府部门的高级专家。考察队直接深入到新疆各地州，实地考察，了解情况，发现新的问题，研究提出当前与长远发展方向，直接为新疆与国家高级部门提供咨询服务。1986年春天，我们考察队第二年来新疆考察，当向宋书记汇报南疆计划工作时，宋书记提出南疆工作重点应是三地州发展。我们当即调整了工作计划，全队集中在三地州工作了3个多月，当即出成果，考察结束时，分别向三地州做了汇报，宋书记很满意。此后，每年定期两次向宋书记汇报，年初进疆考察向宋书记报告，征求意见，宋书记都提出新疆关心的重点问题。考察结束，向宋书记及有关部门汇报，宋书记很尊重我们的看法，经常和我们交流。他对我们说："你们谈你们的看法，你们的看法和我们一致，我们更坚定了；你们的看法和我们不一致，我们得慎重考虑。"这句话给我留下深刻的印象，出自一位高级领导干部，具有能听取不同意见，尊重知识，尊重科学家的民主作风，从而做出科学决策，以减少失误，这种领导者的品德，是难能可贵的。他的作风与我在考察中遇到某些做官样文章的领导的作风截然不同。在宋书记的领导、支持下，我们的考察成果受到重视，得到了认真对待。宋书记在制定自治区"七五"计划时，还特邀我作为考察队的代表参加会议，并让我与自治区计委分别做报告，听取我们的意见，这是绝无仅有的。宋书记还亲自参加我们的成果鉴定会。在考察刚结束不久，新疆维吾尔自治区准备写一份报告，向中央建议有关新疆石油开发与经济发展问题，还专门请我去新疆参加编写。因此，考察队全体人员全心全意投入新疆建设，为新疆发展做贡献，勇于解放思想，越干越有劲。由于我们深入实地考察，以科学态度解决实际问题，因此，在新疆各界享有声誉，受到重视与尊重，很有影响力。当新疆在经济发展上出现什么争论时，有关部门、有关当地科学家都想听听考察队的意见。

　　除了业务工作以外，宋书记在生活上也无微不至地关心我们。1986年，考察队有位女考察队员，因其丈夫突然生病去世，急于回去，当时新疆飞机票很紧张，不得不求助于宋书记，他亲自解决，这是件很小的事，说明了宋书记的为人。宋书记知道我身体不好，带病工作，多次请我在新疆疗养一段，甚至他因身体不好离职后，还继续请我去新疆疗养，并委托他的接班人操办此事。我深切感受到组织的温暖，但因工作忙，最终失去机会，辜负了宋书记的希望。

　　宋书记因为过度劳累，加上医疗不当，两肾衰竭，离职治病，到他的故乡武汉换肾，康复期间住在北京。我有幸两次探望，有一次去东城区他的家里，他还对我说：你们（考察队）对新疆做出了很大贡献，我当时听取了你们关于发展的意见，把农业抓起来，后来事实证明，新疆农民得利的是农业。宋书记当时是指发展棉花得益。而在我们的报告中，提出新疆建设农牧业与轻纺工业基地和石油与石油化工基地的发展顺序是：2000年前主要抓农牧业与轻纺工业发展，做好石油与石油化工发展的准备，21世纪初期再把石油工业作为发展重点。宋书记接受了这个发展思路。考察队的棉花组，对新疆发展棉花的战略部署和区域布局也做得很有成效，对新疆棉花发展起到了重要的推动作用，尤其是1985年考察博尔塔拉谷地后，提出博尔塔拉是第二个吐鲁番，极大地推动了博尔塔拉谷地的棉花发展。

想不到这次与宋书记是最后一次会面，我们最终失去了这位老领导，老朋友，我永远缅怀他！

怀念学长容洞谷

容洞谷是综考会经济室的老研究员，政治经济学专业，专攻经济发展与生产力布局。我之所以称他为学长，不仅是因为他比我年纪大10岁，还因为他在新疆考察研究中，补我所短，是考察队的"参谋长"，更像长兄一样关心我，在学术上处处提醒我，出主意，我很尊重他的意见。说实在的，我能够在学术上领导包括有工业、能源、交通和综合经济等方面多学科的考察队，容洞谷的参谋作用至关重要。他把握全局，对新疆发展战略的目标、方向、步骤、重点，以及建设天山北坡经济核心区的问题，均发挥了重要作用与贡献，我在得奖名单中把他列为第二名，排位仅次于我，高于副队长，名副其实，全队没人提出异议。这也是我打破常规之举，不怕人议论，不怕人反对，实际反而起到了安定团结的作用。

我与容洞谷的合作，从新疆考察开始，延续到资源研究。有一件事我很后悔，那是在1991年，容洞谷夫妇去美国探望儿女期间，第一次评政府津贴，名额少，竞争强烈，不少同志反映，容洞谷不在，放在下一次评吧，甚至有人还说，容洞谷不知何时才回来，或者不回来了，留在美国了。我当时作为综考会的常务副主任，为了调和矛盾，也认为下一次评也不迟，没有坚持。想不到第二年政策又变了，容洞谷失去了机会，我一辈子感到内疚。

坚强的陆静英女士

陆静英是东北林学院教师，参加考察队林业组，她的遭遇很不幸。在考察期间，她丈夫因心脏病突然去世；不久，她的儿子又遇车祸去世。在这沉重的打击之下，她很坚强，仍然坚持继续参加野外考察工作，同志们深深地被她的精神所感动。

事情发生在1986年，队伍在南疆地区考察，有一天参加考察队的东北林学院石家琛老师突然接到东北林学院的电话，告知陆静英老师的丈夫在搬煤气罐时，突发心脏病，经抢救无效，不幸离开人世（他本人原本正准备出国访问，同时他本人及家属亦不知他早已患有心脏病）。面对这突如其来的不幸消息，我们不敢告诉陆静英老师，而是借故学校要她立即回校，办理工作调动之事。陆静英老师认为，可能她调动到××馆去，并且还高兴地告诉大家，到北京时，可能她的丈夫也在北京。当时乌鲁木齐飞北京的机票非常难买，专门请宋汉良书记帮助。东北林学院这时派了专人在北京等候陆静英老师，见面后才逐渐向陆老师透露了这个不幸的消息，可以想象她是多么的悲伤。因陆老师正参加野外考察，为此，我总感到愧对陆老师！

没想到第二年陆老师再次申请参加野外考察，并坚持把新疆任务圆满完成，这种敬业精神真是难能可贵！为此，经中国科学院同意，我们授予陆静英老师"竺可桢野外工作奖"。

新疆综合考察结束之后，我们还在《中国1∶100万土地资源图》任务中，安排陆老师负责一部分东北地区的编图工作，以缓解其郁闷的心情。后来得知，陆静英老师去美国女儿那里居住了。几十年来我心里总是惦记着她，希望她晚年安康幸福！

遗憾与失误

评奖委员的失职

新疆项目1990年被评为中国科学院科技进步奖一等奖，并被列为当年的十大新闻。可是在1991年，在国家科技进步奖评奖中，只评为三等奖，不太客观。主要原因在于这次评委都是专业性很强的，新疆项目的主审人是研究地下水专业，是技术性很强的专业，对综合性工作不熟悉。代表农业部的评审专家工作做得不够充分，也对评审结果有影响。由此，我得出的结论是：综合性的工作难度大，专家们都是专业性的，缺少一定宏观的观点，搞综合的有些"吃亏"。对同一参评项目不同评委会得出不同结论。

计划出版一套完整新疆考察学术专著的愿望未能实现

在我们正式完成的16部考察报告中，只有新疆农业、棉花、果树等几部科学著作得以出版，其他大部分专著未能出版。原因是有关水、土、生物方面，在20世纪50年代第一次新疆考察时已经写成出版，并成为当时的主要成果。而此次考察涉及资源开发与生产布局的方方面面，尽管考察报告已全部完成，但其中有关工业、能源、城市、交通、经济等大部分内容均属内部资料，不能公开发表。再者，我当时也精疲力尽，还有其他任务，心有余而力不足，这是我的责任。

20幅新疆挂图未能出版

此事的责任在一位副队长。这20幅挂图，石竹筠同志花了很大力气完成了符合出版要求的清绘图，向宋汉良书记汇报时，宋书记认为这20多幅挂图很好，指示要新疆测绘局出版。考察队指定一位副队长负责，与新疆测绘局联系，为测绘图配上地理底图，可是工作一拖再拖，错过了有利时机，最后新疆测绘局提出要考察队提供出版经费，我们没有答应。

三、国情研究

梗概

中国科学院国情研究，从1987—2001年，时间跨度达15个年头，经历了3个阶段。最初阶段是在1987年，由中共中央农村政策研究室、国务院农村发展研究中心委托中国科学院组织研究中国国情，经过两年努力，发表了《生存与发展》；第二阶段，1990—1995年，中国科学院专家论证会确定第二阶段研究任务，相继发表了《开源与节约——中国自然资源与人力资源的潜力与对策》《城市与乡村——中国城乡矛盾与协调发展》《机遇与挑战——中国走向21世纪的经济发展目标与基本发展战略研究》；第三阶段，1996—2001年，在中国科学院院长基金的支持下继续开展研究，完成《农业与发展——21世纪中国粮食与农业发展战略研究》《就业与发展——中国失业问题与就业战略》《民族与发展——加快我国中西部民族地区社会经济发展研究》《两种资源　两个市场——构建中国资源安全保障体系研究》。3个阶段，共8份报告。

中国科学院于1987年接受国情研究任务，成立了中国国情研究小组，委托中国科学院院士、农业经济专家周立三先生为组长，挂靠在中国科学院自然资源综合考察委员会，组织了综考会、南京地理与湖泊研究所、环境生态中心和数学研究所等4个研究单位，分工合作完成。综考会由我负责，承担国情研究第2号报告"开源与节约"和国情研究第8号报告"两种资源　两个市场"；南京地理与湖泊所由吴楚材负责，承担国情研究第3号报告"城市与乡村"和国情研究第7号报告"民族与发展"；环境生态中心由胡鞍钢负责，承担国情研究第1号报告"生存与发展"、国情研究第6号报告"就业与发展";数学研究所由陈锡康负责,承担国情研究第4号报告"机遇与挑战"、国情研究第5号报告"农业与发展"。

国情研究第2号报告《开源与节约——中国自然资源与人力资源的潜力与对策》

国情研究第1号报告《生存与发展》,本着"认识国情、分析危机、消除错觉、寻找对策"的基本宗旨,在过去30多年的综合考察和多方面研究资料基础上,从人口、资源、环境,粮食与生存和发展之间的基本矛盾和发展趋势的系统分析出发,提出多重危机的基本结论,

国情报告2号与国情报告8号专集,
提要刊登在《中国科学报》和《科学时报》

引起了当时中央主要领导人的重视。中国科学院周光召院长写信,表扬作者,同时也引起了社会的广泛反响。社会反映有两个方面,一部分人认为增强了危机感,另一部分人认为悲观论说过头了。这就导致了第二份研究报告的出笼。我执笔撰写的第二份国情报告,是继《生存与发展》之后,进一步分析我国社会经济发展的主要矛

盾——人口与资源的矛盾，在此基础上提出一系列对策与措施。报告的基本宗旨是"认清国情，分析矛盾，寻找对策，挖掘潜力"，重点是挖掘资源潜力。

报告提出3点基本结论，5条基本对策。

3点基本结论是：

·人口过多，自然资源相对紧缺，自然资源供需形势严重的局面将长期存在。

·人力资源与自然资源优化组合是一切财富的源泉。

·开源与节约是潜力所在。

5条基本对策是：

·建立资源节约型国民经济体系。

·大力开发人力资源，发挥劳动力资源的优势。

·实现地区优势互补，充分发挥资源潜在能力。

·依靠科技进步，发展教育事业，提高全民素质。

·强化资源管理。

3点基本结论与5条基本对策的精髓在于把过剩的劳动力资源与相对紧缺的自然资源优化组合。首次提出建立资源节约型的国民经济体系，改变粗放型经营为集约化经营模式；同时发展劳动密集型与技术密集型产业，发展科技教育，全面提高人力素质。因为当时我们国家还很穷，资本积累还很低，因此报告中资本密集型在一定时期内没有作为方向性战略提出。

建立资源节约型国民经济体系，是本报告的核心思想，报告指出：采用与发达国家不同的资源组合方式，走非传统的现代化道路，强调要从生产领域、流通领域和消费领域全面节约资源。根据我国国情提出：必须建立以节地、节水为中心的集约化农业生产体系；建立以节能、节材为中心的节约型工业生产体系；建立以节省运力为中心的节约型综合运输体系；建立以适度消费，勤俭节约为特征的生活服务体系。报告特别说明，所谓适度消费，不是低消费。消费可以促进生产，但要与生产相适应，我们主张的消费是以经济发展阶段和经济增长速度相适应的消费水平与生活方式，反对超越社会生产力水平的"超前消费、高消费、盲目攀比"，包括膳食结构，仍以植物性食物为主，提倡公寓式住宅和发展公园、公共娱乐场所；发展以公共汽车和地铁为主的公共交通工具等，在衣、食、住、行诸方面全面提倡勤俭节约，有条件地提高生活和享乐水平。我们之所以再次引用报告的"消费"部分，是当时社会上有人提出异议，从而导致"盲目""无序"发展，引发环境问题和部分物质的短缺、紧张而产生的风险情况。中华民族以勤劳文明而享誉全球，又是一个人口大国，提倡勤俭节约，反对铺张浪费，应作为长久的准则。

我在报告末尾写了一段结束语，概括了报告的精神：本报告的中心思想是协调"人口与资源"的关系，从分析人口过多，资源相对紧缺的基本国情出发，提出节约利用资源——建立资源节约型国民经济体系和开发人力资源——发展劳动密集型产业与技术（智力）密集型产业双管齐下的基本思路。"人口与资源"的矛盾，只能通过人的智慧与劳动去深度、广度地开发、利用、改造和发现资源来解决，在这里科学技术与教育是解决矛盾的关键。危机感和紧迫感没有过时，它将长期存在于我们的生活之中，《国际歌》唱出了我们共同的心声：不靠救世主，全靠自己救自己。我们必须在生存中求发展，在发展中求生存，结论还是那句话——有条件的"谨慎乐观"。

时间过了25年，我再重写这段话时，我内心又感到无穷的回味，无穷的力量。

1992年，我撰写了国情研究第2号报告《开源与节约——中国自然资源与人力资源的潜力与对策》的全文摘要，在《科学报》上刊登，社会反响良好。我的两位尊敬的师长石元春和孙颔都说我写得好，观点正确。因为他俩对《生存与发展》报告有看法，我确实填补了《生存与发展》报告之不足。1991年4月14—17日，本报告初稿完成，在中国科学院地学部召开了一次"我国资源潜力、趋势与对策"研讨会，我代表我本人、容洞谷、李立贤3人做了资源态势与对策的发言，重点是"建立节约型国民经济体系"的内容，后由中国科学院作为向中央建议上报中央，发挥了作用。

报告正式发表后（见《中国资源潜力、趋势与对策——中国科学院地学部研讨会文集》，北京出版社，1993年），经过12年，在2005年8月4日看到中央电视台上午9点直播，由国家发改委和中央电视台在人民大会堂联合举行，向全国人民发出"全面节约共同行动"的动员大会时，我心潮澎湃，激动万分，这是我们科学工作者多年来的忧虑，多年来的期望，国家终于全民动员，着手解决国民经济发展中的问题，让我看到了前途，看到了希望。为此我当即写了"待到山花烂漫时，它在丛中笑"的短句，以表达激动的心情（此文已收录我的《岁月补遗》书中，182-183页）。

国情研究第8号报告《两种资源，两个市场——构建中国资源安全保障体系研究》

第8号报告是国情研究的最后一份报告。它是在之前7份报告基础上着重分析21世纪经济全球化的背景下，中国国内与国际之间两种资源、两个市场互相依赖、互相制约的关系，系统论证了"立足国内，面向世界，互通有无，确保安全"的战略思想，提出构建中国资源安全保障体系的框架，以及相应的主要对策，以求缓解我国21世纪前半叶战略性资源供应危机，保证国民经济的持续发展。这是报告的宗旨。

资源经济学科的李岱与沈镭作为新成员参加了这项国情研究。

第8号国情研究报告得出了3条主要结论和6条对策。

3条主要结论

· 21世纪中国资源供应形势严峻。报告认为21世纪面临多项资源缺口，峰极相逼，相互叠加，资源供应形势将比20世纪严重得多，特别是水、耕地和石油能源，如果不采取相应的有效措施，中国21世纪繁荣的物质基础将出现全面性的危机。报告又指出，缓解危机的主要途径是改变高消耗资源的粗放型经营模式为节约型高效利用的集约型经营模式，改变封闭的、自给自足的为开放型利用国内、国际的两种资源和国内、国际的两个市场，从多方面建立一个中国资源安全保障体系。

·中国必须实行"立足国内，面向世界，互通有无，确保安全"的两种资源、两个市场的战略。

报告指出，中国是个大国，基本资源必须立足于国内；资源利用的全球化成为世界经济发展的必然趋势；世界资源分布极不均匀，构成了国际资源贸易的自然基础；同时指出，中国的资源产业正在走向世界，资源国际化面临着多重风险，以及中国的资源贸易寓于国际依赖之中，等等。

·中国必须构建资源安全保障体系。

报告提出构建中国资源安全保障体系的五大内容：保护资源系统，合理开发利用，在可持续发展中建立资源安全的保育体系；开发资源潜力，适度消费资源，在追求资源效率中建立中国资源安全保障的节约体系；迎接机遇，规避风险，在两种资源、两个市场中建立资源安全供应贸易体系；推进科技进步，增强创新能力，建立资源安全的科技体系；协调资源系统的运行，建立资源安全的管理体系。

6条对策

·建立资源节约型国民经济体系，转变资源利用方式。

·开发西部，增加资源存量。

·加强科技研究，扩大资源科技增量。

·加强资源储备，建立资源储备制度。

·积极开拓新的国际关系，促进能源、资源进口来源多元化。

·调整农业结构，推进农产品国际大循环。

在上述建议中，呼吁尽快建立符合我国国情的石油储备制度。

中国应积极开拓新的油气国际供应来源，认为我国打算从具有战略意义的里海、中亚地区进口油气资源是十分正确的，中国也必须发挥我国在中亚及太平洋地区的影响作用。正在考虑建设自哈萨克斯坦至新疆的石油管道，未来这条输油管道将从中国延伸到东亚，形成新的亚洲石油大陆桥。指出里海-中亚地区的能源供应对中国最为重要，因为该地区任何国家都不可能中断油气供应。同时，我国还可以借此巩固在亚太地区的影响，还可以减轻国内新疆油气资源的压力，一举三得。

建议指出，目前中国的粮食价格已经高于国际价格。因此调整农业结构，适度压缩粮食生产面积，发展劳动密集型产品与技术密集型产品，并在国际市场上换取以粮油为代表的资源密集型产品，可以大大减轻国内水土资源的压力。根据国情指出，我国粮食自给率近期目标可以定为90%，中远期目标可以定为90%或90%以下。

国情研究第8号报告——《两种资源 两个市场——构建中国资源安全保障体系》，2001年1月份发表后，收到多方的良好反映，不久国家把"两种资源，两个市场"战略列为基本国策，我们的研究也起到了推动作用。其实，"两种资源，两个市场"的观点早在第2号报告中既已形成，在《中国自然资源丛书·综合卷》中已做了初步阐明，国情研究第8号报告在此基础上做了系统研究和叙述。

国情研究第8号报告所提出的建议，基本上都已实现。

我对国情研究项目的贡献，除了亲自主持和主笔第2号与第8号报告外，对整个项目的申请、管理也做了不少工作，这是因为综考会是挂靠单位，负有责任。我还对其他报告提出了许多有益的观点。比较突出的是第3号报告和第1号报告。国情研究第1号报告《生存与发展》中最基础的资料，是利用原综考会的资料——多年形成的自然资源调查和总结的资料。当时胡鞍钢还是博士研究生，但他的作用是肯定的，他在《生存与发展》中首次提出"危机感"的观点，引起中央领导关注，也促进了往后国情研究的继续，功不可没。

第3号报告是南京地理所的吴楚材主笔的"城市与乡村"，我的作用在于向他们提出了城乡两个板块，两种公民，要消除城乡二元结构等思想。这个报告也是比较早地、系统地揭露了中国社会问题。

国情研究的第一阶段、第二阶段（即前4个报告）以《中国国情分析——中国长期发展问题的系统研究》为题，1997年获中国科学院科技进步奖一等奖，1998年获国家科技进步奖三等奖。

四、自然资源与资源科学

我涉足自然资源研究，始于20世纪60年代的内蒙古地区考察。而后在"文化大革命"后期，在东北地区开展以县级为单位的资源开发与农业发展研究，但这都仅限于农业资源方面。我于1977年，以"柯自源"（编辑部）的名义在《自然资源》第二期刊登的《农业资源合理利用》，可作为前期研究"农业资源"的小结。我真正涉入自然资源研究应是从20世纪80年代，承担"新疆资源开发与生产布局"项目，主持新疆资源开发综合考察队开始，因为这个项目不仅涉及农业与水、土、气、生等农业自然资源的学科，还广泛涉及工业、能源、交通与综合经济，以及生态、环境等多学科领域，促使我学习工业、交通方面的学科知识，开始接触这些专业，为后来资源研究（如国情研究部分）和资源科学基础研究，打下了实践基础。

四部资源著作，促进资源科学的形成

20世纪90年代初期至21世纪初期，在中国自然资源研究史上出现具有里程碑意义的4部著作：一是由国家计委与中国科学院自然资源综合考察委员会负责组织全国力量，系统总结新中国成立后的资源调查研究成果，编写了《中国自然资源丛书》。二是由中国自然资源学会和中国科学院自然资源综合考察委员会组织编写的《中国资源科学百科全书》。三是由中国自然资源学会组织编写的《资源科学》专著。四是由全国科学技术名词审定委员会组织编写的《资源科学技术名词》。这4部著作标志着中国资源科学初步形成。我有幸参加了这4部著作的研究与编写工作。

《中国自然资源丛书·综合卷》

经国家计委批准，由国家计委国土地区司组织国务院有关部门和各省、自治区、直辖市，并通过他们组织大批专家、教授和业务工作者编著《中国自然资源丛书》，共计42卷，约1 500万字。这部丛书是新中国成立后国家自然资源大量调查研究的总结，是我国第一部自然资源巨著，具有划时代的意义。

《中国自然资源丛书·综合卷》是丛书的首卷，高度归纳、综合、集成全国自然资源调查研究的成果，是《中国自然资源丛书》的代表和精髓所在。丛书的综合卷是由国家计委国土地区司与中国科学院-国家计委自然资源委员会合作编写，参加编写人员以综考会成员为基础，集40年的自然资源考察研究与10多年来的国土开发整治研究的成果，历经2年多，由33位学者共同完成。我是综合卷的实际主编，编写提纲、设计章节和主笔。陈传友同志在其中做了大量的组织工作。

《中国自然资源丛书·综合卷》的中心思想是：以资源为基础，协调资源与人口，资源与环境的关系，即人口-资源-环境与发展的协调，开源与节流并重，利用与保护结合，调整产业结构与地区布局，优化资源配置，保护资源环境，使有限的资源能得到持续利用，从而保证中国经济社会的可持续发展。

综合卷分3篇，27章。

上篇为综合篇，由我负责，共6章，扼要地阐述中国资源形成背景条件，自然资源特点与评价，在此基础上讨论了中国自然资源开发的战略，开发的重点，资源环境的整治与保护，以及资源管理。

中篇为资源篇，由陈传友负责，共11章，按11类资源，分门别类论述各类资源的特点与评价，开发利用状况与存在问题，开发利用方向、途径与保护整治对策。

下篇为区域篇，由何希吾、董锁成负责，共10章，分区论述各区的自然资源与经济特点，资源开发与经济发展，以及基础设施的建设与自然环境的保护。

全书由我负责统稿与修改。

我也是综合卷的主要执笔人。在27章中，我执笔完成关键的第一、二、三、四、五章，以及总结全书的18条结论，我还参加执笔第二十二章。中篇负责人陈传友执笔完成第八章，下篇负责人何希吾参加了第十九章的编写，全书主编人之一的杨邦杰同志参加了第六章的编写。

综合卷的成功得到广泛赞赏。也由于综合卷的水平，《中国自然资源丛书》被国家计委机关评为特等奖，被国家计委评为一等奖。获奖者中有我和陈传友。

《综合卷》共有63.2万字，我又把这部著作提炼成一篇《中国资源特点与开发战略探讨》的文章，并在中国工程院百名院士百场报告的报告会上做了报告，后被列入由

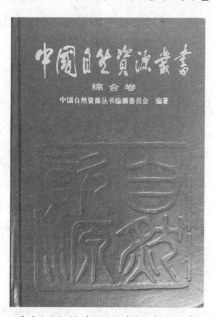

《中国自然资源丛书·综合卷》

注：《中国自然资源丛书》是由国务院原副总理、国家计委原主任邹家华题字

周光召、朱光亚为主编的《共同走向科学——百名院士科技系列报告集（中）》。《综合卷》与《中国资源特点与开发战略探讨》，在分析中国基本国情基础上，提出中国必须走可持续发展道路，协调人口－资源－环境与发展的关系，优化资源组合配置，实行资源的可持续发展和开放型两种资源战略和科技推动战略，第一次提出三大战略。其中属于第一次提出的观点与看法有以下4个方面。

（1）协调人口与资源的关系，优化人力资源与自然资源组合。

在这一部分，我们重申了国情研究第2号报告中的两个重点：

·大力发展人力资源，发展劳动密集型产业与技术密集型产业。

·开源与节流结合，建立资源节约型经济体系，节约、高效、持续地利用资源。

（2）实现地区优势互补，协调区域开发，选择重点开发区。

提出了：

·打破地区经济封锁，实行产业倾斜与地区倾斜相结合。

·加快中西部的发展。

·加快全方位开放，推进沿海、沿江、沿线，沿边轴线的开发。沿边开发后来也成为国家的发展重点。

·从地缘经济角度将全国划分为六大资源－经济板块（区）。即东南区、西南区、东北区、西北区、长江区和华北区六大区，并付之内涵。

·选择资源经济重点开发区。划分为三大类型：即综合经济开发区，选择京津唐、长三角等11片；以粮食为重点的农业资源重点开发区，包括三江平原、江汉平原等8片；能源、原材料资源重点开发区，选择以山西为中心的晋陕蒙地区，以三峡为中心的宜昌－重庆等12片。事实证明，上述策略与区划都符合实际，并已得到实现。

（3）两个市场、两种资源。开展多种形式的国际资源贸易，输出优势资源产品，进口稀缺资源，实行资源转换战略。

第一次提出的思想，几年后在国情研究第2号报告中，得到了细述与论证。

（4）开发与保护结合，建立以合理利用自然资源为核心的环境保护战略。

·从理论上阐明资源与环境的关系，指出环境恶化是资源不合理利用，资源被破坏、流失、污染的结果，保护环境首先要从合理利用资源着手。

·首次概括提出土壤侵蚀、水旱灾害、环境污染、物种消亡是中国现今四大环境问题。

·建议国家实施经济社会与环境协调发展的战略，把资源环境纳入国民经济和社会发展计划与长远规划。

·实行国土开发、利用、整治、保护并重的方针。在保护的前提下合理地开发利用资源，整治资源环境，实现资源的可持续利用。

·提出整治大江大河、保持水土、防治污染、保护物种资源是中国资源环境保护的四大任务。兴修水利、绿化环境、控制污染物的排放是中国资源环境保护与建设的三大措施。推行预防为主，防治结合，谁污染谁治理，谁开发谁保护，以及强化环境管理的三大环境政策。

上述环境战略思想的形成，是在1994年前，这表明了科学思维与预见。20年后的今天，证实完全正确。如果有一点改正的话，今天我会把环境污染摆在四大问题之首。

《中国资源科学百科全书》

概况

从20世纪90年代中期到2008年，由中国自然资源学会组织完成了三部具有资源科学里程碑意义的学术著作，即《中国资源科学百科全书》《资源科学》和《资源科学技术名词》。

《中国资源科学百科全书》的编写由中国大百科全书出版社提出，由中国自然资源学会牵头，组织综考会、国家计委国土司、农业部区划司、中国大百科全书出版委员会、水利部、中国水利水电科学研究院水资源研究所等十几个单位，组成《中国资源科学百科全书》编辑委员会，请时任中国科学院副院长孙鸿烈（也是综考会原主任）为主编，我当时为中国自然资源学会理事长，为第一副主编。初期学会秘书长陈传友同志在组织过程中花了很大力气，后期中国自然资源学会聘请赵振英为该书的秘书，负责整编，他做了很多工作。

全书划分为20个部分：总条目、总论、资源地理学、资源生态学、资源经济学、资源信息学、资源法学、土地资源学、水资源学、矿产资源学、能源资源学、气候资源学、森林资源学、草地资源学、植物资源学、动物资源学、天然药物资源学、海洋资源学、旅游资源学、社会资源学。

全书大体归纳为三个大部分，总条目与总论为第一部分，资源基础科学为第二部分，部门资源科学为第三部分。其中有比较成熟的，不很成熟的，勉强的，后者指缺乏本门科学特色的概念术语。在讨论过程中，我记得对社会资源学是否列入有不同意见，我做了解释，得到认可，我也不认为社会资源学已成熟，但缺了这一部分就不成资源科学了，而仅是自然资源学，之所以列入也是勉强而已。

组织这部巨著，孙鸿烈主编要求我具体负责，我没有答应，因为该书庞大，许多部分不成熟，我又比较认真执着，工作量又大，我负不起责任。孙即改请我负责"总论"部分，我认为这比较简单，又有特色，又很重要，我当即答应了。

科学总条目请封志明执笔，反复讨论、修改好几次才通过，其他条目也只能分别负责，估计没有一个人从头到尾把关。《中国资源科学百科全书》经过几年努力于2000年3月由中国大百科全书出版社和石油大学出版社出版，全书共320多万字。

总论部分

我为"总论"的主编，副主编是沈长江，成员有容洞谷、李文彦、张天光、刘玉恺，并分头邀请了董锁成、郎一环、关志华、沈镭、石竹筠、李世奎、李岱、王广颖等近30位专家学者，共同参加总论的编写。

"总论"一共列150个条目，对资源、自然资源、自然资源属性、自然资源分类、自然资源评价、自然资源调查、自然资源开发利用、资源与环境保护、资源管理、重大事件、资源机构、资源出版物等部分的基本概念和事件进行了准确的科学解释和阐述，为资源科学的形成奠定了初步基础。我除了设计条目，组织编写、讨论和审定把关外，还亲自执笔其中重要的自然资源部分条目的编写，有自然资源、自然资源系统、自然资源类型、自然资源结构、自然资源分布、人口与资源、资源与环境、自然资源属性、自然资源固定性、自然资源适应性与限制性、自然资源调查以及中国新疆综合考察等。

"总论"部分是资源科学最基本的部分，也应该是最具代表资源科学的本质部分。因此我们从条目的入选、编排、物色编写专家到条目的内容都严格把关。我反复斟酌条目的写作内容，反复与执笔者讨论，经常召集主要人物沈长江、容洞谷和我三人讨论会，力求无误，以对学科负责，对历史负责。

这里要着重提出的，是我把"资源"条目和"资源开发利用"条目，交给德高望重的容洞谷老先生负责；把"资源分类"条目交给有多年思考的沈长江先生负责；请国家计委国土司司长覃定超写"国土与国土资源"条目；请南方综合考察队实际负责人那文俊先生写"中国南亚热带东部山区综合考察"条目等，相应的条目都是交由亲自主持和领导或者参加项目的专家来编写，以保持其准确性。

《资源科学》

概况

《中国资源科学百科全书》的不足之处，在于欠缺资源科学的理论探讨，又因参加的人员多达数百人，不免夹有许多不同的观点，而又未充分阐述。因此我向中国自然资源学会倡议，在《中国资源科学百科全书》的基础上，组织30多位长期从事资源研究，经验丰富的科学家，编写一部《资源科学》专著，以弥补"百科全书"之不足。经过4年努力，撰写了涵盖资源科学16门分支科学，系统论述资源科学及其分支科学的科学定位、研究对象、研究任务、理论基础、学科体系，以及当前研究的前沿、热点和重要问题的重点著作——《资源科学》，于2006年8月由高等教育出版社出版，共77万字。这部著作受到中国工程院支持，并纳入"中国工程院院士文库"。

在《资源科学》编写过程中，为配合中国科学技术协会组织编撰的《21世纪科学发展丛书》于2001年完成的需要，又编写出版了《资源——资财之源》一书，作为资源科学的中间成果和简要本。

《资源科学》专著由我任主编，副主编有陈传友、何贤杰、容洞谷、沈长江4位，编委

《中国资源科学百科全书》与《资源科学》专著

21位，学术秘书王安宁。本书共分3篇21章。

第一篇为总论，是对资源科学的综述，由五章组成，阐明资源科学研究的对象、任务和主要内容，探讨资源科学的理论基础、基本矛盾、基本理论和方法论等若干理论问题，讨论资源分类和资源科学的科学体系，阐述资源科学的发展历史、发展态势与前沿、热点领域和重要课题，以及我国资源科学研究的现状与发展趋势，探索现代资源信息技术支撑体系的形成与发展，资源信息研究的方法论，以及在资源研究中的应用等。

第二篇为基础资源学，包括资源地学（含资源地理学与资源地质学）、资源生态学、资源经济学、资源信息学、资源法学和资源管理学等6章，即6门分支科学，阐述各分支科学的定义、研究对象、任务与主要内容，学科的理论基础及学科的发展趋势。

第三篇为部门资源学，主要是自然资源，与以自然资源为基础的分支科学，包括土地资源学、水资源学、生物资源学、气候资源学、矿产资源学、能源资源学、天然药物资源学、旅游资源学、区域资源学，社会资源学只撰写人力资源学一章。共10章，即10门分支科学，内容包括各部门资源的定义及学科的定位、主要研究内容、理论基础、发展趋势以及各部门资源的现状与问题等。

在卷首，我撰写了一段"导言"，简要介绍本书的基本观点和不同的看法。

本书的精髓是在第一篇，提出许多新的观点与新的看法，第一章资源科学概述由资源学者容洞谷主笔；第二章资源科学理论探讨由我主笔；第三章资源分类与资源科学的学科体系由对此有多年研究思考的老研究员沈长江主笔；第四章资源科学的发展、前沿与展望，由地质部资源地质经济学家（资源司司长）何贤杰主笔；第五章现代信息技术在资源研究中的应用由原地理与资源所所长、中国自然资源学会理事长、遥感信息专家刘纪远主笔。

1999年底到2000年初，我利用在美国探亲的4个月时间，集中力量审阅修改这部77万字的初稿，传回国内作者再审定、修改。

新观点

· 提出"资源科学要解决的主要矛盾或基本矛盾是劳动力资源与自然资源的矛盾"。提出"资源科学是研究自然资源与劳动力资源相互关系，资源经济系统与资源生态系统相互关系的一门综合性科学。"

· 提出地球科学、生态科学、经济科学是资源科学的基础学科。应用地球科学、生态科学、经济科学的基本理论研究资源而形成相应的资源地学、资源生态学和资源经济学三大资源理论的分支科学。指出，信息科学与信息技术，作者认为对资源科学研究而言，信息技术更为重要，因此是否作为资源科学的理论基础还有待进一步研究。

· 提出资源地学要比资源地理学更全面。而在资源地学之下，还可以划分为资源地质学与资源地理学两门分支。

· 提出资源科学的理论研究应包括三个部分：资源的形成、演化、分类、分布规律和资源系统的结构与功能的基础理论研究；资源调查与评价的原理与方法的应用基础研究；资源优化配置、开发利用、保护与管理的原理与方法的开发性研究。

· 对资源形成的同源论与异源论，资源内在矛盾与发展理论，资源系统论，资源空间分布的地带性与非地带性理论，资源价值论、资源工程控制论、资源生产力理论与资源可持续利用理论等方面进行了探讨。

· 提出综合考察研究是资源科学的方法论，简述了以自然资源为中心的综合考察的历史经验。

· 在资源分类方面：提出物质实体性原则和多级分类制原则。提出比以往更为系统、全面的分类框架。将资源科学划分为基础资源学、部门资源学、区域资源学三类。在基础资源学中，除资源地学、资源生态学、资源经济学外，新设了资源工程（学）、资源信息学、资源法学、资源管理学。部门资源学中划分自然资源学和社会资源学两大分支，自然资源学分支中，除土、水、生、气、矿、能等六大资源外，新增加了天然药物、海洋、旅游资源学；社会资源学分支中，暂设人力、资本、科技、教育4门分支。其中，旅游资源学归属自然与社会资源学的交叉学科。区域资源学分支暂未向下续分。

本书还提出划分分支学科"三维"构架的设想，可以为研究资源科学以及其他科学分类提供思考。

本书对21世纪资源科学研究发展趋势提出七个方面的研究；提出发展和完善资源科学体系与构建中国资源安全保障体系的两项重要任务；提出资源科学的理论化、信息化、工程化和管理科学化的四项内容。

我以为《资源科学》专著是20世纪下半叶，对资源科学研究系统全面的科学总结，是一部基础的教材性质的理论著作，也是一部对21世纪资源科学研究的指导纲领。

《资源科学技术名词》

《资源科学技术名词》是2008年由全国科学技术名词审定委员会公布，由科学出版社出版。内容包括资源科学总论、资源经济学、资源生态学、资源地学、资源管理学、资源信息学、资源法学、气候资源学、植物资源学、草地资源学、森林资源学、天然药物资源学、动物资源学、土地资源学、水资源学、矿产资源学、海洋资源学、能源资源学、旅游资源学、区域资源学、人力资源学21个部分，共3 379条，每条名词都给出定义和注释。

这部著作是从2002年开始，组建资源科学技术名词审定委员会，我作为副主任委员，挂一个名。本书是在《中国资源科学百科全书》和《资源科学》的基础上编撰，学会秘书长陈传友实际上主持了这次工作，并做了大量的组织协调工作，功不可没。我审查过总论部分，因为我在百科全书中是负责总论部分，有责任把关，总论部分的名词比分支部分要成熟一些。本书的词目原先选得比较多，可能经审定委员会审查时，砍了相当部分，我认为这样做是对的。

我的职责

身为中国自然资源学会理事长和综考会常务副主任，我负有责任在"资源与资源科学"领域中，全力推动这门学科的发展。在此期间主持了《中国自然资源丛书·综合卷》《资源科学》和《中国资源科学百科全书》总论的编写。这些专著代表了我50年来从事资源综合考察研究的实践与理论的总结。

在20世纪90年代，这三部著作可算是对资源科学发展具有里程碑意义，我尽力了，此生问心无愧。

几位同志

陈传友

陈传友在这4部著作的工作中都是一位组织者，作为学会秘书长做了大量的组织协调工作，是我的得力副手。他对工作任劳任怨，有组织能力，也有一定的学术水平。他担任学会秘书长长达8年之久，在位期间，除了完成4部著作的组织工作外，还开展学会的活动，得到中国科协的信任和支持，打开了局面。他的继承人沈镭也继续发挥了学会的作用。中国自然资源学会的发展兴旺，与他们的辛勤工作分不开。

陈传友是综考会的老同志，长期在西藏与西南地区考察，与我接触不多，在我当综考会常务副主任后，原青藏队、西南队行政副队长王振寰同志向我介绍陈传友同志，推荐他的能力与为人，才引起我的注意。当我任中国自然资源学会理事长时，对他很信任，从此结下了深厚友谊。在我申报中国工程院院士时，他不辞劳苦地组织、修改上报材料，引起中国科协的重视，我被遴选为院士，他起了很大作用，我感谢他。

王安宁

我任中国自然资源学会理事长期间，王安宁是学会副秘书长，他是中国科协挂职下放到我们学会的干部。他勤奋工作，尽职尽责。这个时期，他任《资源科学》编委会的学术秘书，配合我做了很多工作。1999—2000年，我在美国修改《资源科学》初稿时，每改完一章，就通过互联网传给王安宁，他即将改稿转交作者，征求作者意见，如此来来往往，他不厌其烦。作为学术秘书，他又负责这本书的出版、校稿的所有具体、繁琐的工作。我很感谢他，不久他被调回中国科协。

五、当选中国工程院院士

两次落选中国科学院院士

20世纪80年代末，90年代初，有一批德高望重的学者建议恢复中国科学院学部委员制度，得到国家批准。1991年恢复学部委员（院士）遴选工作，由于停顿了几十年，院士队伍青黄不接，因此第一批恢复名额多，机会也多。当时候选人是由单位、学会和院士3个渠道推荐的，我有幸被综考会的研究员们推荐为院士候选人。综考会被推荐的有3位：孙鸿烈、石玉麟、杨含熙。孙鸿烈当时是中国科学院副院长兼综考会主任；杨含熙是老科学家、生态学家、林学家，属于生物学部；我和孙鸿烈属于地学部，都属于地理学专业，专业碰撞了。3人比较，我的成果最多，奖励最多，但我的地位低。第一次落选了。

1993年，第二次推荐中国科学院院士候选人，那年地学部名额只有10人，竞争很激烈。我并不抱希望，因我与孙鸿烈是同一专业，又是同一单位，又被淘汰了。经过两次失败，我没有信心了，淡薄了，也烦了。

1995年被选为中国工程院院士

20世纪90年代初，有一部分中国科学院老学部委员、老科学家根据发达国家的情况，联名向中央提议成立中国工程院，得到国务院批准。

1994年正式成立中国工程院，设立院士制，中国科学院原学部委员改称院士，1995年进行第一次工程院院士遴选。院士选举范围小，只有90余人，其中还包括30名中国科学院院士，具有应用、工程技术背景的院士加入中国工程院，即后来称为"两院"院士。此外，还由各部委推荐一些老专家学者，采取推荐与选举相结合的方式产生。第一届院士名额很少，我们农业、轻纺、环境工程学部只有9位。1995年在全国范围民主遴选第一批院士，我所在的农业轻纺环境学部增选人数可达30多人。

申报经过

我们综考会新上任的主任不知出于什么心态，下结论综考会没有搞工程技术的学科，在他的影响与决定之下，综考会没有推荐工程院院士候选人。这个决定显然是错误的，水利专业就是个名副其实的工程技术学科。有幸，中国自然资源学会推荐我与陈传友为中国工程院院士候选人。在填写推荐书时，由于字数超过2 000字规定而被中国科协遴选部门卡住（退回），让我们压

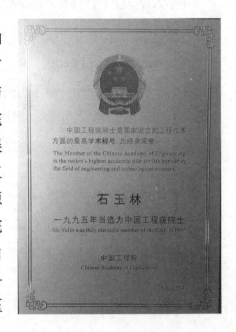

中国工程院院士是国家设立的工程技术
方面的最高学术称号，为终身荣誉。
The Member of the Chinese Academy of Engineering
is the nation's highest academic title for life honour in
the field of engineering and technological sciences

石玉林

一九九五年当选为中国工程院院士
Shi Yulin was duly elected a member of the CAE in 1995

中国工程院
Chinese Academy of Engineering

缩，必须压在 2 000 字之内，时间只有一个晚上，那时没有电子计算机，打印的人员都已下班，中国科协的工作人员让我按要求涂改推荐书，我即用红墨水涂改压缩到 2 000 字，将大涂大改的材料上交，太不严肃，形式上就没有通过的可能，我也没抱多大希望。第二天一早，由陈传友同志将材料交到科协，科协的负责干部看了我的材料，认为我有希望，允许宽限一天。陈传友又把我的推荐书拿回来，将推荐书重新打印好，下午再次送去。不料这回却中了，1995 年 5 月，我正式接到中国工程院入选通知书。入选后，我很冷静，没有特别兴奋。当然，入选为中国工程院院士，我也高兴，起码表明自己多年来辛勤工作的成绩得到科技界认可。另一方面，又觉得以后任务更重了，工作更累了，同时对自己的水平也感到不足，感到被评为院士，除了自己的工作成绩外，也要有机遇，也要有运气，告诫自己今后更要谦虚谨慎。

回顾这段过程，我特别要感谢 3 位同志：

陈传友，在申请院士过程中，他不厌其烦地奔波于综考会与中国科协之间，为我报送材料，才使我有机会参加评选。

中国科协的工作同志，认真、负责的工作作风，我很感动。他们与我素不相识，却极力推荐我，并宽容我延后一天修改、上交推荐书，给了我机会，否则就告吹了。然而，至今我仍不知该同志是谁，深感遗憾。

石元春，我的师兄，他是两院院士，在中国工程院院士中，只有他了解我，必定充分介绍我的工作成绩，我感谢他。

从农民子弟到中国工程院院士的感想

我感谢共产党，解放了全中国，像我这样出生于农村贫穷家庭的孩子，没有受到过良好的教育，没有学位，没有出国留学经历的科技人员，居然有机会步入学术界最高的殿堂，成为院士，这是新时代的产物，是时代赋予我们这一代农民子弟的机会。

回顾我的一生，我没有辜负党和社会对我的培养，在大学的4年中，我珍惜受教育的机会，刻苦学习，以优异的成绩完成学业，以弥补我基础差的弱点；步入社会，我全心全意投身到祖国建设中，脚踏实地地忘我工作，刻苦钻研；在工作中得到领导的支持和良师益友的指导及帮助。在同志们的共同努力下，使我在工作中获得一个又一个科研成果，被社会认可。只有新社会才能给我这个农民子弟这种晋升的机会。当然个人的机遇和品德也是不可缺少的条件。

我能成长为院士，总结起来有6条必备条件。

一是，热爱祖国，热爱人民

我的经历，让我深深体会到，没有中国共产党哪有我农民子弟的今天，我时刻不忘共产党及人民对我的养育之恩，我有浓厚的报恩思想，滴水之恩，涌泉相报。当我大学毕业时，我已下定决心，要回报祖国和人民，我没有考虑毕业分配的地点和单位，没有考虑工作的性质和艰苦条件，祖国需要我到哪里，我就战斗到哪里，不忘初心，报效祖国、报效人民，是我工作的动力。

二是，具有艰苦奋斗精神

在考察队中，我从普通的队员，到小组长、小队长、分队长、大队长，我是苦干出来的。我基础差，要比其他同志更辛苦地学习，以弥补先天不足；同时我更需要学习有关其他专业的知识，打好扎实的基础，学科才能继续发展，否则与高级考察匠，有何区别？作为队长的我需要处处带头，吃苦在先，捡重活、难活，带头干。在新疆考察期间5次发病，4次住院，轻伤不下火线，继续完成考察任务，得到群众的拥护。勤于动脑，以致得了神经性呕吐的毛病。总之，我一生不懒，一生艰苦奋斗，才取得今天的成绩。

三是，要发挥长处

人各有一定的天分，要发挥自己的长处。我一生从事综合考察事业，从事资源地理方面的研究，这很适合我，因我善于从宏观看问题，从战略上思考问题，故在综合考察事业中，充分发挥了我的长处。

四是，要有良好的教育

我小时没有机会接受良好的教育，基础差。但有幸上了中国最高的农业学府——北京农业大学学习，取得好成绩，并得名师指导；在综合考察这所大学校中，我勤于向各专业的老师学习，以弥补我知识的贫乏；同时从大量的实践中，不断总结经验，提高自己。

五是，要有机遇

机遇对一个人是很重要的。我的一生，可以说是一帆风顺。职业中学毕业后就进入了北京农业大学学习，大学提前毕业分配到中国科学院工作。在各大运动中，基本上没有受到冲击。在科研道路上也很顺利，一直承担国家项目或者是院部项目，并取得好成绩。在我青壮年时期，风华正茂，获奖励颇多。我还有一个温暖和睦的家庭，使我能全心全意地投入工作，没有后顾之忧，是我取得成功的后方基地。当然，我能成为院士也是时代赋予我的机遇。

六是，具备高尚的品德

科学工作者具备高尚的品德尤为重要。要尊重规律，敢于坚持真理，敢于讲真话，抛开私心杂念，科学事业才能发展，才能创新。

尤其提倡集体主义精神。凡是做一番大事业，完成一项大工程、大任务，总离不开群众，离不开集体。我一生从事综合考察事业，我们科研的平台是综合考察队，它是一种半军事化的组织，培养了我们的集体主义思想，在严峻的野外环境中，单独行动是很难生存的。作为队长要吃苦在先，带头苦干，要有"海纳百川"的胸怀，广泛听取群众的意见，尊重群众的首创精神，团结大家共同战斗，我们的集体是团结战斗的集体，我们的科研成果是集体智慧的结晶，所以成果累累，获得各方好评。

第|八|章

从资源领域扩展到
资源环境保护领域
——在中国工程院的日子
（2000—2018年）

一、资源环境领域研究的历程

从20世纪90年代后期至2018年的20多年间，我由60岁达到了83岁，步入老年阶段，是我为社会做贡献的最后阶段，也是我科研工作的重要转折时期。在此期间，我努力工作，承担了中国工程院的咨询项目，大小共有10项，包括由第七、八、九届全国政协副主席钱正英院士主持的6项水资源重大项目：《中国可持续发展水资源战略研究》（1999—2000年）、《西北地区水资源配置、生态环境建设与可持续发展战略研究》（2001—2003年）、《东北地区水土资源配置、生态环境保护和可持续发展战略研究》（2004—2006年）、《江苏沿海地区综合发展战略研究》（2006—2008年）、《新疆可持续发展中有关水资源战略研究》（2007—2009年）、《浙江沿海及海岛综合开发研究》（2010—2011年）。我在其中承担了6个课题，后期参加了项目领导。钱正英院士领衔的水资源研究项目的特点，其咨询对象是国务院，在12年里国务院领导7次听取了项目的报告，温家宝总理都做了重要的讲话和指示，研究成果全面得到应用；各课题组都由院士或顶级科学家主持，每个项目参加的院士多达20~40位，参与研究的科学家200~300位；各省、自治区领导直接参与、密切配合。这是我一生中科学研究最有成效，科研成果累累，并立竿见影地应用到祖国建设中的阶段，使我晚年得到欣慰！

此外，我在中国工程院还主持了《中国区域农业资源合理配置、环境综合治理与农业区域协调发展战略研究》（2005—2007年）、《中国农业资源环境战略研究》（2016—2017年）两项重大咨询项目，主持了学部重点项目《中国工程院西北干旱绿洲农业的若干重大问题研究》（2000—2005年），以及《资源节约技术与措施》（2005年）课题和《国土生态安全和优化水土资源配置与空间格局研究》课题（2013—2014年）。在此期间，在学术研究方向上，随着经济社会发展，我的研究重点向资源环境与可持续发展领域延伸；在区域发展方面，从待开发的偏远地区（如新疆、内蒙古）向发达的沿海地区延伸。与此同时，促进了综合考察水平更上一层楼。可以说这是我一生中第二个黄金时期。

资源与环境是相互依存、相互影响的，自然资源是自然环境中可被直接利用的那一部分。自然环境的恶化，大部分也是由于人类不合理开发自然资源造成资源的流失、破坏和污染的结果，因此保护环境首先要从合理利用资源着手，即从源头抓起。同时，环境又是资源生成的动力，资源环境恶化，反过来影响资源的生产力，从这个意义上讲，保护好资源环境也就是保护资源生产力。因此，我们长期以来研究自然资源合理开发与区域发展不可避免地都会关注自然环境的变化，这也是经济社会可持续发展的要求。在20世纪90年代初期，在《中国自然资源丛书·综合卷》中，已经总结提出，"开发与保护结合，建立以合理利用自然资源为核心的环境保护战略"，"土壤侵蚀、水旱灾害、环境污染、物种消亡是中国现今四大环境问题"，建议"国家实施经济社会与环境协调发展战略，把资源环境纳入国民经济和社会发展的计划与长远规划中"，"实施国土开发、利用、治理、保护并重方针"，"整治大江大河、保持水土、防治污染、保护物种资源是中国资源环境保护的四大任务"，"兴修水利、绿化环境、控制污染物排放是中国资源环境保护与建设的三大措施；推行预防为主，防治结合，谁污染谁治理，谁开发谁保护，以及强化环境管理的三大环境政策"等一系列观点，可见我们在环境问题上已经提出了比较成熟的战略性、政策性的意见。进入21世纪，中国经济社会发生了新的转变，环境问题更加突出，所以我们无论在资源开发、经济社会发展还是综合考察研究中都更加突出环境与可持续发展问题，对此我们开展了大量的研究工作，取得长足的进步，其中具有标志性的即是由钱正英院士主持的6项水资源项目。

二、为抢救内蒙古高原生态环境上书国务院

中国工程院"西北地区水资源配置、生态环境建设和可持续发展战略研究"项目组，于2001年8月由我带队组织荒漠化、生态、农牧与水资源4个课题组17位科学家赴内蒙古自治区考察。从8月19日抵达呼和浩特市，会同内蒙古自治区有关部门，考察了乌兰察布盟和锡林郭勒盟草原，历时8天。考察中听取了乌兰察布盟、锡林郭勒盟政府领导介绍情况，并进行野外实地调查，看到内蒙古草原，特别是从锡林浩特以西直到赛汗塔拉，沿途"赤地千里、寸草不生"的情景。8月23日下午我们在赛汉塔拉西北部典型的荒漠草原，看到表层均覆盖一层几厘米至十几厘米厚的砂砾层，我猛然意识到（发现）这个地带广袤的高平原是沙尘暴的起源地之一（1964年夏天我曾到过此地，也挖了同样的剖面，看到此种现象），其南端就是浑善达克沙漠的西端。傍晚队伍回到县招待所，听取县领导介绍（约在晚上6点15分），看到滚滚而来的沙尘暴，能见度小于1公里，证实了沙尘暴起源地的设想，我的心情十分沉重。

从赛汉塔拉回到呼和浩特，队伍内部讨论一天。我们继续西行，经河套至贺兰山西麓阿拉善盟政府所在地巴彦浩特，在阿盟领导陪

同下，穿越腾格里沙漠和巴丹吉林沙漠，于8月底到达额济纳旗与钱正英副主席领导的项目组汇合。钱副主席下飞机的当晚就听取我与刘钟龄（内蒙古大学教授）的汇报，钱正英副主席听完汇报后，责令我们写出《关于抢救内蒙古高原生态环境报告》，向国务院反映。

2001年8月23日，在内蒙古退化的荒漠草原与沙尘暴起源地考察

报告提出四点建议，逐项得到落实

• 建议国家把内蒙古高原整体建设为生态环境安全带，即我国北方的生态屏障，以减轻对京、津、冀地区的沙尘危害。这条建议受到各方面重视，已将内蒙古高原作为生态屏障来建设。

• 建议国家把内蒙古草原牧区的"退牧还草"纳入退耕还林（草）工程和环北京防沙治沙工程。国家林业局、农业部、水利部协助内蒙古自治区作好"退牧还草"规划。"退牧还草"工程随即启动，其内容包括退牧、禁牧、休牧、轮牧、围封转移等各种措施和政策；实施了"环京、津风沙源治理工程"，加大了风沙源地区综合治理的力度。

• 建议水利部、国土资源部协助内蒙古自治区做好"地下水勘探规划和地下水开发规划，加强农牧区水利建设力度"。水利部已经协助内蒙古自治区水利厅提出"内蒙古自治区牧区草原生态环境建设水资源保障规划"。

• 建议国家把额济纳旗黑河下游绿洲（胡杨林、红柳林、梭梭林和湖泊、湿地）列为"国家级自然保护区"。此建议也已列入国家环境保护总局规划。

通过各方面几年努力，抑制了内蒙古草原的生态环境——土地荒漠化与草原退化的发展趋势，生态环境得到了初步改善，农牧业结构调整也已初见成效。

跟踪调查草原治理效果

时隔2年，2003年7月2日，"西北水资源"项目组，在钱正英院士亲自领导下，组织了综合考察。这是钱院士有意识地跟踪调查土地荒漠化与草原治理的效果。这次考察路线是乌兰察布盟—锡林郭勒盟—乌兰察布盟。重点是荒漠化严重地区。我们在塞汗拉塔，又考察了2001年的土地荒漠化调查点与沙尘暴发生点，还参观了禁牧区，访问了围封转移的牧户。通过考察我们看到两年来"退牧还草"政策的实施已使草原恢复获得初步成效，同时也改善了牧民的生活。我们的心情格外宽慰。

7月9日在项目组向自治区领导的汇报会上，钱院士指出，草原已开始恢复，还需大力巩固。退化与恢复既有自然因素，又有人为因素。在退化方面，人为因素是基本动力，自然因素加重了退化。恢复有自然的动力，人为的努力。总之是自然因素与人为因素综合作用的结果。又指出，天然草原的承载力是有限的，总体上是超载，要减员，要减少牲畜数量，根本是减人口。建立人工饲草料基地，实施半放牧半舍饲。关键是水，灌溉是必须条件。在发展经济中，必须保证水资源可持续利用。钱院士对内蒙古的水资源进行了分析，对内蒙古草原牧区的总方向，提出两点，生态功能及经济功能。以前只注重经济功能，忽视生态功能，生态功能越来越重要。内蒙古牧业的潜力在农区、农牧交错区。现代农业的趋势是农牧结合。农区必须有牧业才能发展；农牧交错区要增加牧业比重，以牧为主；牧区要与农区结合，"北繁南育"。内蒙古的土地利用可分为三类，第一类是广大的自然保护地区，第二类是高度发展地区，第三类是适度发展地区。最后钱院士对内蒙古自治区提出的要求，逐一做了回答和解释。钱院士的发言内容是与我们一起讨论的，代表了我们的看法。

有一段插曲：这次考察期间，适逢钱正英院士八十寿辰，她安排出差离京，意在回避麻烦。7月3日，考察队伍到呼和浩特市，第二天7月4日是钱正英的生日，谢冰玉主任只布置我一人发言。7月4日那天晚上，我们到赛汗塔拉市，谢冰玉通知市领导，有位老同志过生日，请准备一个生日蛋糕。在晚餐时，谢冰玉向大家宣布今天是钱副主席生日，不料钱院士突然生气地指责谢冰玉说"谢冰玉你要干什么？"钱院士突然冒火，谢冰玉措手不及，很尴尬，马上向钱院士鞠了一个躬，说："对不起。"谢冰玉应付得不错，亏得还没轮到我发言，逃过了"一劫"。在现场还是地方同志说了几句话，圆了场。我坐在钱院士身边，钱院士说："我最不怕别人批评，最怕别人表扬。"最后大家吃了生日蛋糕，宣读了中国工程院领导祝贺钱院士八十寿辰的贺信。第二天吃早饭，谢冰玉仍安排我与钱院士在一桌吃饭，这天早上有一部分同志准备去二连边境看看，我趁机向钱院士建议，让谢冰玉也去吧！以调和钱正英院士与谢冰玉之间昨天的不愉快。钱院士马上领会，到谢冰玉的饭桌，让谢冰玉随去二连。后来谢冰玉很得意地说，这是钱院士有意向她"赔不是"，此事就算了了。

三、转变"人定胜天"思想，树立"人与自然和谐相处"理念

"人与自然和谐相处"观点的形成与发展

2002年夏天，在中国工程院重大咨询项目"西北地区水资源配置、生态环境建设和可持续发展战略研究"中，在我主笔的"土地荒漠化与水土资源研究"课题综合报告中提出"构建以防治荒漠化为中心的生产－生态安全保障体系"八条，其中的第一条，明确地提出"转变'人定胜天'思想，树立'人与自然和谐相处'理念"。指出不顾客观条件的"人定胜天"的思想是片面的，甚至是有害的。它在发展生产与防治措施上违背自然规律，或者不符合自然规律，它在利用自然的方式上只强调从自然索取，采取掠夺性的手段，其最后结果必然都会在自然界中反映出来。在今天，人类还不能大规模改造自然，只能在顺应大自然发展趋势的前提下，利用自然，树立人与自然和谐共处的新理念，制定出正确的、符合科学的生产方针、增长方式、产业结构和生态建设，才能达到人口、资源、环境与社会经济可持续发展的目标。

根据此理念提出7条措施与6项工程。

7条措施是：

• 改变掠夺式利用资源为节约式高效利用资源；

• 改变单一性的生产结构为农牧结合，发展混合农业；

• 改变小面积治理为主为大面积防护与小面积治理相结合；

• 改变以乔木为主为以灌木草为主，实现乔灌木草相结合，生物措施与工程措施相结合；

•要给易溶性盐分出路，留出积盐空间；

•加强沙尘暴源地环境分析及生态环境的保护；

•加强扶贫力度，加速脱贫进程。

6项工程是：

•建设内蒙古草原生态安全带工程；

•农牧交错带生态环境综合治理工程；

•天山北坡经济带及艾比湖流域生态环境综合治理工程；

•拯救塔里木河下游、黑河下游、石羊河下游的生态环境综合治理工程；

•宁夏中部干旱带与南部山区生态环境治理与扶贫开发工程；

•黄河中游多沙粗沙区综合治理工程。

我们"水资源"项目中有3次明确提出"人与自然关系"的问题。

在项目组中，我们提出树立人与自然和谐共处的概念是缘于长期在西北地区综合考察中亲身体验的积累，同时也得益于2000年中国工程院重大咨询项目"中国可持续发展水资源战略研究"综合报告的启发。该报告提出了"人与洪水协调共处的防洪减灾战略"，指出洪水是一种自然现象，要完全消除洪水是不可能的。人类既要适当控制洪水，改造自然；又需主动适应洪水，协调人与洪水的关系。在防洪减灾方面，要从无序、无节制与洪水争地转变为有序、可持续地与洪水协调共处。要从以建设防洪工程体系为主的战略转变为在防洪工程体系的基础上，建成全面的防洪减灾工作体系，达到人与洪水协调共处。这些观点对我有很大启示，可以说是"人与自然和谐共存发展方针"提出的前奏。

2002年冬，即在"西北地区水资源配置、生态环境建设和可持续发展战略研究"的综合报告中，钱正英院士等在实地调查与汇总各课题报告看法的基础上，高屋建瓴地提出了"确定人与自然和谐共存发展方针"，作为纲，以统领综合报告和各课题报告的编写，钱正英院士的认识高于我们。综合报告指出，如何解决发展社会经济与保护生态环境的矛盾？根本的原则和出路只能是坚决确定人与自然和谐共存的方针。只有在人与自然和谐共存中，人类才能得到持续发展。在西北地区，这个方针具有十分迫切的现实意义。如果不认识和及时地贯彻这个方针，西北地区的社会经济发展将不可能持续进行。报告又深刻地指出，西北地区生态环境危机的深层次原因是人类占用了过多的自然资源。由于人口增长过快，而生产方式落后，造成对自然资源主要是水、土、林、草等的过度利用，以致破坏。综合报告进一步阐述了人与自然和谐共存方针的现实可行性和主要内容，着重提出，必须以水资源的可持续利用支撑社会经济的可持续发展。为此必须统筹全局，合理安排生态环境建设，坚决调整产业结构和转变经济增长方式，建设高效节水防污的经济与社会。

"人与自然和谐共存发展方针"的提出有其深远的影响，远远超出了报告范围，也远远超出了西北地区的范围，它在中国社会引起强烈的反响。这是人类认识自然，探索人与自然关系，摆正人类在自然界中的位置，至关重要的观点，这是人类认识史上的一次进展，一次飞跃。

2003 年西北项目组在向国务院的汇报中，重点阐述了"人与自然和谐共存发展方针"。国务院办公厅当即要求我们项目组办公室提供"人与自然"协调发展报告。不久，中央发表了"以人为本，全面、协调、可持续发展"的科学发展观，其中包含了人与自然在内的"五个统筹"。

"人与自然和谐共存发展方针"提出绝非偶然，而是生产与科学实践必然的结果。

"人与自然和谐发展"思想植根于群众生产实践与科学研究实践。

在西北调查中有如下事实。

• 广大群众在生产实践与治理生态环境实践中，普遍认识到

"人进沙进""人退沙退"的道理，否定了"人进沙退"等片面口号。"人进沙退"只能是有条件的、局部的。

· 科学研究已经充分揭示了西北大沙漠、大戈壁是自然现象，它的形成演化受自然客观规律所支配。人类没有能力大规模改造像塔克拉玛干、巴丹吉林等大沙漠，人类只能修复治理那些受人类自身干扰破坏而引发的沙漠化土地，重点还应放在耕地、林地与草地上。

· 科学家也给我们指出，沙尘暴的发生也是一种自然现象，是自然界的自我平衡过程。我们常说，没有沙尘暴就没有黄土高原，没有黄土高原就没有现今的华北平原。

· 我们在调查中常常看到西北地区，尤其在南疆重盐碱化地区农民采取的干排水法（或干排盐法）利用盐碱地的经验。农民群众在长期生产实践中认识到盐分要有去处，要给盐分留出空间，这也是一种"人与盐和谐共存"的现象。

人与自然关系的思想，我们在新疆荒漠、内蒙古草原、黄土高原以及南方山地的长期野外考察中，在与自然打交道的过程中，对人与自然的正面与负面关系有深刻体会，对恩格斯在《自然辩证法》中一段名言："可是我们仍不要过于得意我们对自然界的胜利，第一步我们确实达到预期的结果，但第二步和第三步却有了完全不同的意想不到的结果，常常正好把第一个结果的意义又取消了……"有了更为深刻的理解，并在文章、报告中经常引用。比如我在20世纪90年代编著《中国农业土地利用》第十二章山地利用时已经明确提出"树立人与自然和谐相处的观念"的思想。因此在这里提出"树立人与自然和谐相处理念"并不是偶然的。

"人与自然"这对矛盾的主要方面的思考与讨论

在提出"人与自然和谐发展"之后，存在着矛盾的主要方面是"人"还是"自然"的问题，"人"是这对矛盾的主要方面吗？这是一个重要的，但又是十分复杂的问题。当时经过多方讨论，没有取得定论，我们只好留作以后继续探讨。不久中央提出了"以人为本，全面、协调、可持续发展"的科学发展观。

在"人与自然"关系中如何理解"以人为本"？

在"人与自然"关系中如何正确理解"以人为本"。有些人撰文批评"自然主义"，更多的，往往强调了"以人为本"，而忽视了"协调"的一面。我们认为统筹人与自然协调发展，强调的是协调，"以人为本"应该理解为从人类根本利益出发，而不是单纯地、片面地去追求当前的、局部的利益，不能理解为一切都是为了人的当前利益而去掠夺资源、破坏环境以换取当前的经济利益。人与自然关系是互动的，强调适应于自然，有限度地利用自然。在一定条件下，自然界为人类提供服务是有一定限度的。我们通常说的土地承载力、自然承载力、环境支撑能力，就是这个意思，超过这个限度，资源就会退化、枯竭，环境就会恶化，就会受到自然的报复。

结语

引用我为《塔里木河》一书作序的一段话作为结语："纵观人类发展的历史，也可以说是人与自然和谐发展的历史。人类与自然界是一对矛盾，是相互依存、又相互制约的，人在这对矛盾中总是起主导作用。应该认识到我们人类来自自然界，是自然界的一部分，自然界涵盖了人类，人类并非置身于自然界之外的某个安全点，只顾伸手向自然界索取。如果自然界不繁荣，人类也不可能繁荣，自然界健康了，人类才能健康。因此人类要尊重自然、理解自然、呵护自然，在顺应大自然发展趋势的前提下利用自然、塑造自然，实现人与自然和谐发展。正如恩格斯讲的'我们对自然界的整个支配，仅仅是因为我们胜于其他一切动物，能够认识和正确运用自然规律而已。'"

四、关于塔里木河治理问题

塔里木河的变迁

塔里木河是我国最长的内陆河,这条河孕育着塔里木盆地的绿色生命,沟通了东西的文化,造就了西域的文明。她养育着、繁衍着祖祖辈辈的南疆人民,故有南疆"母亲河"之称。

1958年7月我第一次到塔里木河考察,那时河水丰沛,河流的两岸生长着碧绿、茂密的胡杨林,丛生着绿色的天然水草,景色异常秀丽。苏联专家诺辛在塔里木河下游群克段还下河游泳。

1986年8月,我们重返新疆考察,向喀什地区、克孜勒苏柯尔克孜自治州、和田地区党政领导汇报考察成果后,我和几位考察队员乘两部小汽车从和田出发由西向东沿昆仑山北麓挺进,经过于田、民丰、且末、若羌,再北上库尔勒。一路荒无人烟,路况不好,有流沙阻挡,河水拦路,汽车无法前进,幸好我们车上带有木板条,

1987年7月,新疆沙雅县塔里木河中段

1987年4月24日，新疆沙雅南部托依堡乡长绒棉田，
图中人为考察队员石竹筠

1987年4月25日，新疆塔里木河下游阿拉干处塔河的干河床，
图中人为考察队员王立新

遇到流沙，就把木板条铺在地面上，汽车才得以一段一段地开过去。由于人类过度开发，塔里木河下游300多公里河水已经断流，两岸大片的胡杨林已干枯，周围的水草已枯萎，昔日美丽的景象荡然无存，一片荒凉景象。

1987年5月3日，塔里木河下游阿拉干西沙化的胡杨林

　　1987年，我又从库尔勒到台特马湖，但见台特马湖湖水已干涸，湖面已形成了盐壳，并看到一层薄薄的细沙覆盖着湖面，可以预测，未来这里将形成一群流动沙丘；在罗布庄处，往日两个充满水的桥洞，今日已经积满了细沙。

　　1998—2004年，我又前后5次到塔里木河考察，由于塔里木河的源流和上游过度开荒，塔里木河干流的上、中游段任意掘口引水开荒，导致全长1 321公里的塔河已断流320公里，塔里木河下游的阿拉干地区地下水位已由50年代的3米下降到12米以下，水质恶化，最让人担忧的是，一次春天我在罗布庄处看到东面的库姆塔格沙漠的风沙强劲地越过塔里木干河道，与西面的塔克拉玛干大沙漠相接，我意识到两个沙漠在此处开始合拢，此情此景令我们心情格外沉重，许多科学家与当地干部、群众多次呼吁要拯救塔里木河下游的绿色走廊，拯救"母亲河"！要求国家采取措施综合治理塔里木河。1998年我参加了由中国科学院学部组织张新时院士和我带队的西北考察组在新疆考察，提出"把塔里木河列入国家大江大河治理计划的建议"，并以中国科学院的名义上报国务院。在多方呼吁下，2002年春，国家启动了塔里木河治理工程。

2004年我再度来到塔里木河，在塔河管理局局长祝向民的陪同下，沿着塔河干流从下游向上游，从台特马湖到巴楚考察，看到了水已送到塔里木河尾闾台特马湖，塔里木河下游的胡杨林已开始复苏；两岸自然绿洲正在复苏，东、西两片大沙漠又被塔里木河水隔开，塔里木河再现生机，我感到无比欣慰！塔里木河综合治理工程是一个伟大的创举，她将为子孙后代留下一片沃土，一片发展空间。

塔里木河治理的背景

塔里木河治理不是一个单独的项目或课题，我们围绕着它做了很多工作，也卓有成效。塔里木河治理工程的启动，钱正英院士立下汗马功劳，我也为塔里木河治理项目而奔波，也起到应有的促进作用。清华大学的雷志栋院士和杨诗秀教授，在塔里木河流域长期做工作，功不可没，因此我在这里也应该做些交待。

早在20世纪70年代末80年代初，新疆当地就提出了塔里木河治理问题，当时由新疆维吾尔自治区农业科学院院长冯兆昆老教授带领队伍到塔里木河调查时，就已经提出"整治上游，改造中游，确保下游"的治河思路和方针。

20世纪80年代中期，中国科学院新疆资源开发综合考察队，专门成立塔里木河研究课题（或专题），由程其畴、谢香方教授负责。

当时对塔里木河下游"绿色走廊"，要不要保护，保护需要大量的水资源，影响塔北的开发，不保护将导致两大沙漠合拢和涉及南北交通路途的隔绝，生态环境恶化等问题，存在不同意见。我支持保护"绿色走廊"这一边。塔里木河课题组在总结报告中，在全面分析塔里木河流域自然、经济状况和存在问题的基础上，态度鲜明地指出"维护塔里木河下游'绿色走廊'的生态环境，绝不是可有可无的问题，而是关系到新疆经济发展和安定团结乃至关系到我国整体利益的宏观战略问题。塔里木河各源流区的开发必须考虑到下游用水的需要"。继而写到塔里木河水资源开发利用的指导思想应当是"全面规划，统筹兼顾，综合治理，合理利用"，并且提出"巴音郭楞蒙古自治州应采取一切得力措施，将该州的水量适当地管理好，减少中游水量浪费，增加向下游输水，维护下游绿色走廊"。我在综合报告中特别指出，维护塔里木河下游绿色走廊的畅通，是新疆急需解决的三大环境问题之一。这些看法与建议，为后来塔里木河治理提供了重要咨询，并得到全面实施。

钱正英提出塔里木河治理目标

中国工程院西北地区水资源项目由钱正英带队对新疆进行预查。考察南疆的重点是塔里木河，当时已断流300多公里，主要是由于塔里木河下游铁干里克灌区新建了大西海水库，完全拦截往下游的水源，而造成下游断流。在与塔里木河管理局座谈时，当讨论到塔河治理问题时，钱正英院士提出，要把塔里木河的水送到塔河尾闾台特马湖。钱院士话音一出，惊动在座的所有人员，会上没有一个人响应，也没有一个人再说话，因为大家全都没有想到将水送到台特马湖，认为是不可能的事，也从来没有提出过这个方案。会后新疆水利厅设计处一位女处长问我的意见，我记得当时的回答是："我的看法是水流到阿拉干。"阿拉干位处塔里木河下游的中间点，也是塔里木河断流的中间点，离尾闾台特马湖还有100多公里，塔里木河在此由西转向东再转南，流向台特马湖，这一段是塔里木河两岸最衰败的地段，两侧胡杨林大片枯萎，高大的红柳沙包丛立，生态系统荒漠化严重。可是我们考虑问题眼光短小，缺乏远见，提不出这样的目标。过了不久，我才想通了，如果水不到台特马湖，塔里木河下游两侧的植被，怎么能恢复呢？哪怕只有一滴水流到台特马湖，塔里木河两岸的植物就能得到滋养，生态系统就有可能恢复。钱正英院士提出水到台特马湖不是凭空想法，而是经过深思熟虑的。这应该是第一次提出塔里木河治理的目标——输水到台特马湖。回到北京后，钱正英院士上书国务院，她的意见写入党中央、国务院对塔里木河治理的决策中和塔里木河治理的规划中，促进了国务院批准投资107亿元的塔里木河治理工程，起到了彪炳千古的作用。

跟踪考察

2004年，塔里木河治理工程进行了3年，取得一定效果，但也存在不少问题，资金不到位，工程未按规划进度完成，引起各方议论。首先来自国家计委，有的干部扬言要停止拨款，有的提出水已到台特马湖，任务完成了，如此等等。新疆尤其塔里木河管理局感到威胁，希望我们能帮助呼吁，向上反映，使工程能继续下去，并且希望尽快确定二期工程。这时新疆维吾尔自治区科学咨询专家组负责生态环境组的宋郁东同志提出考察塔河治理工程实施情况，得到批准。宋有陈召集了这个专业组的专家，包括我、唐其钊（原新疆水利厅厅长、总工程师）、黄凯申（新疆生产建设兵团水利处处长、总工程师）共4人，我为组长。考察组由当时塔里木河管理局局长祝向民（兼水利厅副厅长）亲自陪同（陪同者还有管理局与水利厅的干部），8月初以塔里木河的尾闾台特马湖为起点，沿河道向上考察，直至阿克苏、巴楚，由阿克苏河、和田河、叶尔羌河三河汇合的塔里木河起始点为止，共15天行程。8月15日在乌鲁木齐向自治区政府主管农水部门的副主席熊辉银汇报塔河考察情况及意见。会议开了一下午，先由宋郁东、唐其钊、黄凯申3位专家分别汇报，最后由我发言。

我首先充分肯定塔里木河综合治理的成绩。同时指出，当前影响塔里木河流域近期综合治理工程进展的问题主要是开荒与扩种水田和建设资金滞后两个问题。前者需要自治区内部解决，后者则依靠国家决策部门解决，希望国家拨款能到位，及时安排建设资金。提出当前塔里木河流域近期综合治理项目的实施，是该区转变增长方式，建立节水型社会的最佳时机。为此建议自治区党、政、兵团领导及各有关单位下决心转变增长方式，把粗放、外延式的发展模式转变到提高单位面积产量，提高单方水资源产出效益的节水方向上来，建设节水型社会。建设节水农业的关键是防治灌区土壤的次生盐渍化。

对屡禁不止的开荒行为要严肃处理。

强化水资源的统一管理。塔管局要对流域用水单位实行用水总量管理，进一步推进水价改革，逐步提高现有水价，通过经济、法律、行政手段，厉行节水。对节水措施给予相应的支持和帮助。同时，还要作出水资源储备与水资源安全规划（我们的发言塔管局做了记录，并于2005年5月刊登在塔河刊物上）。

唐其钊厅长说，这次考察很成功，新疆包括塔里木河管理局都很满意。我回到北京后，先后向中国国际咨询公司、水利部做了汇报，上交材料，还通过钱正英院士向国务院送去报告。不久温家宝总理视察新疆时，提出塔里木河工程要继续。我听到此消息，很是兴奋，我们的工作发挥作用了。但我在此次考察中，太疲劳，并经过肝炎区吃过饭，回到北京肝炎复发，至今还一直服药。

2004年8月11日，新疆巴楚地区叶尔羌河成片的胡杨林

五、对减轻沙尘暴影响的几点看法
——在国务院召开座谈会上的发言

我对沙尘暴并不陌生，在西北考察时多次遇到沙尘暴袭击。在中国工程院西北水资源项目（2001—2003年）研究中，在我主持的"西北地区土地荒漠化与水土资源利用研究"课题中专门设立了沙尘天气研究的专题。2006年6月，受国务院邀请，参加关于沙尘暴治理意见的专家座谈会。我与王立新联合写了一篇10多分钟的简要发言稿，如下：

沙尘天气发展趋势的分析

50多年来，我国沙尘天气长期发展是在起伏波动中呈现逐渐减少的趋势。2000—2005年的3—5月，我国北方地区发生沙尘天气的次数依次为16次、18次、12次、7次、15次、9次，2006年3—6月是14次，在50年尺度中均属平均偏低水平。但近几年，中强度沙尘天气过程发生的比例有所增加。

2006年沙尘天气有所增多、增强，主要是气候波动变化的结果。去冬今春，北方干旱地区降水比常年减少三成至五成，加剧了沙尘天气的发生。

受沙尘暴侵袭的经历

我第一次遇到沙尘天气是在1958年6月，在新疆吐鲁番考察时，天空连续3天下霾，我们全部生活在尘霾之中，蔽日昏暗，整天戴着口罩、眼镜、帽子，只有在吃饭、喝水时才取下口罩，我们只好躲在屋里、帐篷里做总结。奇怪的是城内没有风，原来在吐鲁番城外，刮起沙尘暴，把尘埃刮进城里，这种天气我一生只遇到过这一次。

1963年夏天，我在内蒙古鄂尔多斯高原遇到旋风式的沙尘暴。在西北生活过的人经常会遇到小旋风，特别在中午时分，在戈壁滩上经常会看到从地上卷起刮到天空的龙卷风，一道独特的荒漠景观，也可认为是小型的沙尘暴。而我那一次遇到的却是大型的龙卷风，我们在100多公里以外看到卓子山前特大的龙卷风，将一大片尘沙刮到云霄，持续了一个多小时。第二天，我们经过发生地却没找到地面异样的痕迹。

第三次遇到沙尘暴是在1968年5月南疆考察时，我们土地组在巴楚考察遇到沙尘暴迎面而来，我们赶紧躲在沿街的店铺里，等沙尘暴过后才敢出来。去哈密考察的同志回来汇报时，他们崭新的越野车整个外漆全被刮掉了，只好把车送到修车厂重新喷漆修理。

第四次遇到沙尘暴是在2001年8月下旬，在内蒙古赛罕塔拉草原上，下午6点左右，当我们考察队向当地领导汇报考察情况时，从窗外看到迎面而来的沙尘暴，此时我第一次醒悟到这个地方是我国沙尘暴的起源地之一，它直接威胁华北地区。

第五次遇到沙尘暴是在2004年2月3日，当我与夫人从美国乘飞机回北京时，北京上空出现沙尘暴，飞机无法降落，在天空盘旋了三圈，才穿过沙尘层，后来才知道前一天北京发生了大沙尘暴，这次沙尘飘过太平洋，到了加拿大、美国。

第六次遇到沙尘暴是在2004年8月，我受新疆的邀请考察塔里木河治理情况。在塔里木河的中游部分，约轮台—沙雅段，在下车考察时，原本晴朗的天空突然迎面沙尘暴来袭，我跑得快，躲进车里，几位女同志在沙包上躲不及，头发、衣服都刮上了一层尘土，只好到招待所去洗了。

制定有限目标

沙尘暴是一种自然现象，是天气过程和地表过程叠加作用的产物。目前人类还难以控制天气过程，所以沙尘暴是不可能根除和消灭的。

沙尘天气发生一般具有3个条件：地表丰富的沙尘源、大风、气流辐合（垂直不稳定）。来自蒙古及西伯利亚高压区的强大的干燥冷气流的长驱直入，是我国沙尘暴形成的动力因素。干燥的沙漠及其周边地区裸露、半裸露的荒漠、戈壁、草原与疏松的黄土，是沙尘暴发生的物质条件。

沙尘暴的形成、发展又与人类活动紧密相关。不合理资源的利用，破坏地表覆盖，加剧了土地荒漠化，助长或促进沙尘暴的发生、发展，并加大沙尘暴的强度。

因此，消除人类诱发因素是重要的，人类也只能消除由人类自身引发的不利因素而减轻沙尘暴的危害，关键就在于搞好地面的荒漠化治理与生态修复，改善地表覆被状况，减少沙尘源。

明确重点区域

影响我国北方、特别是影响北京沙尘天气的境外初始沙尘源地主要位于蒙古国中、南部地区，境内初始源地主要位于中蒙边界接壤处。主要是戈壁、沙漠、荒漠和半荒漠，治理难度很大。

初始源地形成的沙尘天气过程在移动过程中，得到境内加强源地的沙尘物质补充加强。境内加强源地主要位于我国内蒙古中、西部地区，河西走廊，黄土高原和农牧交错带大面积的退化草原和开垦地。2006年4月北京连续沙尘天气正是受内蒙古中、西部地区大范围加强源地的沙尘暴天气影响所致。通过对北京地区沙尘暴天气的发生频率与沙尘源地大气降水关系的分析发现内蒙古高原中西部地区从二连浩特到额济纳旗及甘肃河西走廊等地的冬春降水与北京沙尘暴发生频次有较好的负相关。

因此，沙尘暴治理的重点区域应明确在加强源区——农牧交错区及黄土高原地区，这里是我国荒漠化发展严重、沙尘源丰富的地区。

治理对策与措施

调整农牧交错区的农业结构

农牧交错区处于半干旱地区，农业生产不稳定，但普遍适合于畜牧业生产。要坚决改变以农为主为以牧为主、农牧结合的生产方向。目前，农牧交错区内耕地比重在25%左右，总体看耕地比重过大，应调整到10%左右为宜；与此同时，扩大人工饲草地，使其比例达到30%~35%。

改变增长方式，建设节约型农业和牧业

遏制土地荒漠化的关键措施是要严禁"四滥"（滥垦、滥牧、滥樵、滥采），改变资源掠夺式利用为资源节约高效型利用，建设节约型农业和牧业。

在草原牧区，要"以草定畜"，压缩牲畜头数，大力建设基本草牧场，走提高质量、提高效益的道路。

在农牧交错地带，要坚决改广种薄收为少种高产多收。选择在地形低平，水分条件好的滩地、甸子地或者有水源灌溉的土地，集中力量建设基本农田；对大量干旱瘠薄的坡耕地应退耕还草还牧。

继续实施退耕、退牧、还草、还林政策

实施退耕、退牧、还林、还草政策的关键问题是要建设好高产稳产的基本农田，建设好高产稳产的基本草牧场，发展高效益的经济林果业，这样才能够达到"退得下，还得上，稳得住，不反弹"的要求。

2015年5月，考察时拍摄新疆古尔班通古特沙漠南端
过度放牧造成的土地沙化

大面积封育是防治土地沙漠化、减少沙尘源的有效措施，应提高到战略高度来认识

大面积封育的基本原理是充分调动自然生态系统的自我修复能力。这也是长期治理土地荒漠化工作中所忽视的。

2014年8月9日，陕北安塞县在黄土侵蚀坡上
经7年封育治理后的天然植被

西北及内蒙古地区荒漠化土地面积广大，封育是多快好省的办法。但封育要解决牧民与牲畜的出路问题，这就要求与上述退牧还草、建设基本草牧场或移民扩镇等相结合。

有计划有步骤地实施春季（4月中旬至6月中旬）休牧期制度是必要的。

对内蒙古高原西北部的荒漠草原与阿拉善地区可实行禁牧保护。

植被建设改以乔木为主为以灌木草为主

重点治理区域要确立以灌木草为主的植被建设方向。在西北和内蒙古干旱半干旱的大部分地区，年降水量在50~300毫米，只适合旱生、超旱生灌木与草本植物生长，大面积营造乔木林难以成功。因此大面积防治土地沙化的生物措施应以灌木为主，不应以乔木为主。实践证明，在年降水量300毫米左右的地区补播柠条、毛条、花棒、沙蒿之类的灌木效果良好。年降水量在200毫米左右的地区，补播梭梭、红柳等耐旱灌木效果也佳。

2010年6月8日，内蒙古多伦县的沙地改造

改革耕作制度，实施保护性耕作，草田轮作，增加冬春地表覆盖，减少就地起沙

沙尘源地区的耕地冬春季节地表裸露，是重要的沙尘源。采取

免耕、留茬、秸秆覆盖的保护性耕作及草田轮作等一系列措施，对减少黑风暴起到了关键作用。

传统的耕作制度必须改革，要探索出一套适合沙尘源地区的耕作制度和耕作模式[见《石玉林文集》（上），第446—448页]。

六、关于新疆开荒问题

新中国成立以来，新疆经历过几次大开荒，至20世纪80年代，实际灌溉耕地已超过6 000万亩，有资料说明，2012年的耕地面积已达到8 000万亩乃至1亿亩。除伊犁河与额尔齐斯河两条国际河流外，各河流水资源已经超载，或接近超载，引发了生态危机。如果继续大面积无序开荒，必定会造成更大的生态灾难。因此我们从那时起一直关注着新疆的开荒与生态问题。

2008年8月29日，新疆阿勒泰地区五彩滩处的额尔齐斯河

从"1515"设想谈起

1995年8月，全国政协副主席钱伟长受全国政协主席李瑞环委托，组织一个考察组，探讨北疆水土资源开发利用和建设国家大型现代化商品粮基地可能性。考察组共9位专家，我有幸参加了考察组。考察组从8月11—30日，历经20天，重点考察伊犁河与额尔齐斯河（包括乌伦古河）两河流域。考察结束，提出"1515"工程计划，即开发1 000万亩荒地（共10大片），从额尔齐斯河与伊犁河增加引水50亿米^3，投资100亿元，每年收获500万吨商品粮。

"1515"工程计划没有在考察组内部讨论，至少没有充分讨论。我本人认为规模过大，落实有很大难度。

当年10月，全国政协副主席钱正英又受李瑞环主席委托再次赴新疆调查"1515"工程计划建议的可行性问题。钱正英副主席带了上次参加考察的徐乾清和我两人。钱正英副主席与钱伟长副主席的工作方法很不相同，她不仅听取了地方政府与业务部门的汇报，又倾听了科学家、少数民族干部群众的意见，特别是对一些有不同意见和看法的观点，认真加以思考。在短短一个星期内，她白天召开各类汇报会和座谈会，晚上与徐乾清和我一起讨论分析，我从各方面引证，坚定地反对大面积开荒。10月16日钱正英副主席结束了调研，向新疆维吾尔自治区汇报。她首先指出，在听取的意见中，对"1515"工程有分歧意见。我记得她讲了8个方面的意见，重点是要做好前期调查，做好规划，要实事求是，要保护生态，保护草场，要正确处理农业与牧业的关系，要处理好开垦新荒地与现有灌区建设的关系（即内涵与外延关系），中央与地方关系，开荒方式与组织，开荒的布局与"9·5"水利骨干工程等，从原则到具体，汇报内容非常丰富，全面深入，很有说服力。并指出国家商品粮基地的重点应放在东北，这是对全国总布局的思考。钱正英副主席报告上报后，我们再也没有听到"1515"的信息了。

反对在新疆开荒3 000万亩

"1515"工程计划后来虽然搁浅了，但在几年里仍有影响，至今仍在继续发酵。这首先是新疆的领导部门没有真正把"内涵"发展放在第一位，依然推行一条外延发展为主的方针，同时开荒也有广大的群众基础和地方积极性，汇在一起从上到下形成一条"发展等于开荒，开荒等于发展"的无形"公式"。进入21世纪，我们从新疆基层获知新疆要开荒3 000万亩的计划，最初觉得不可思议，但我们一直没有拿到正式文件，直到2004年，一个中央赴新疆考察团带回一份新疆发展和改革委员会的汇报文件，其中在新疆"建设国家重要的粮食战略接替区的规划与目标"中，提及计划扩大耕地3 000万亩，证实了基层的反映。于是我向钱正英副主席反映了情况，并与王浩研究员（中国水利水电科学研究院水资源研究所所长）联合写出一份报告《关于新疆开荒问题》，向国务院反映实情。

报告列举了新疆逐条河流水资源与水土平衡情况，明确指出，除伊犁河与额尔齐斯河流域尚有水资源开发几百万亩土地的条件外，新疆大部分地区水资源都已透支，生态环境恶化，国家已实施塔里木河流域综合治理工程和"引额济乌""引额济克"工程，以缓解乌鲁木齐水危机和克拉玛依供水不足问题。新疆已不具备开发3 000万亩耕地的水资源条件，也不具备作为国家粮食接替区来建设的条件。

报告的结论是：

• 严格协调经济用水与生态用水，是保证新疆社会经济可持续发展的关键。长期实践研究证明，内陆河流域合理的经济用水、生态用水的耗水量比例为1∶1。

• 走内涵发展道路，坚持以水定地。应将70%的中低产田改造作为当务之急，而不是要开3 000万亩荒地。

• 从伊犁河跨流域调水，涉及中哈两国多方面的利害关系，要从国家根本利益与国际大环境着眼，采取谨慎态度。

• 根据新疆的自然条件，从总体来说，应农牧并重，协调发展。如继续毁草开荒、扩大粮食种植面积是很不合理的。

提出两条建议：一是由国土资源部和水利部牵头做好水土资源调查；二是由农业部牵头对全国粮食生产进行全面分析，以确定新疆的农牧业发展方向与粮食生产方针，确定新疆是否可作为我国粮食战略接替区。重点分析西北地区粮食发展趋势。

新疆农业水土开发有关问题的情况说明与建议

2009年，完成了《新疆可持续发展中的有关水资源问题的战略研究》后，几年间听到新疆同志反映无序开荒问题，2013年10月项目组决定组织一批科学家由我与杨诗秀带领组成跟踪考察组，重点了解新疆农业水土开发问题的情况。跟踪组分南疆、北疆和东疆三个小组，经半个月的调研，汇集撰写出《新疆农业水土开发有关问题的情况说明与意见建议》。

现将报告的要点说明如下。

调查发现，2012年新疆耕地灌溉面积已达9 266万亩；2007—2012年间年均增加324万亩；保守估计那时的新疆耕地灌溉面积至少1亿亩。

2012年新疆总用水量达590亿米^3，其中农业用水量占94.1%（555亿米^3），相比2000年增长了106亿米^3，年均增长8.83亿米^3。扣除伊犁河与额尔齐斯河两河出境水量，新疆水资源实际开发利用已超过80%，其中2011年，新疆地下水开采量为125亿米^3，超出中国工程院提出的地下水合理开采规模约50亿米^3。

据分析，耕地灌溉面积的持续无序增长，过度占用了新疆有限的水资源，大大超过了新疆水资源自身承载力，严重挤占了生态环境最低需水量，引发了生态危机。报告分析了灌溉面积持续扩大的各种途径和原因及其危害性。

2008年6月，新疆阿克苏无序开荒

1987年4月27日，新疆沙雅塔里木河滩的闸田

报告提出四点意见与建议（报告由水利专家龙爱华执笔，石玉麟、杨诗秀、雷志栋三次修改，由钱正英定稿）。

一是，高位推动，适时适当开展水土开发腐败纪检监察工作，促进干部群众牢固树立正确的发展观与价值观。

二是，加强组织领导，从速从严，坚决实施退地退水行动计划。

三是，加强新型工业化与城镇化用水保障及管理，以法律手段与经济杠杆促进最严格水资源管理制度的落实。

四是，在政策、资金和推进前期工作等方面给予更多实质性支持，加快推进重大水利工程建设。

无序开荒带来的问题

1950年前后，新疆绿洲的耕地面积大约不超过2 000万亩，历经半个多世纪的数度大开荒，发展到今天灌溉耕地面积已达到7 500万亩（统计面积）。从屯垦戍边，保卫边疆，发展农业生产，促进经济社会发展，支持国家建设等诸多方面，都做出了不可磨灭的贡献，其功可彪炳史册，这是应该充分肯定的。

但是我们要一分为二地看问题，在获得众多成果的同时，也带来了一些问题，根据我们测算，新疆适宜的灌溉耕地面积应在6 000万亩左右，这大约在20世纪80年代已经达到，现已远超出此界限，它带来以下三个问题。

• 生态恶化。河流断流、湖泊干涸，地下水位下降，天然绿洲缩小，沙漠化土地扩大。最突出的表现是塔里木河下游断流300公里，绿色走廊衰败，两大沙漠在局部地区合拢。所以国家投资107亿元，实施塔里木河治理工程。

• 军民争水争地矛盾不断加剧，农牧矛盾不断加剧，影响军民团结，民族团结。

• 影响工业化、城市化的发展。典型例子是天山北坡经济带缺水，特别是新疆唯一的大城市——乌鲁木齐市水资源危机。所以国家花巨资实施了"引额济乌工程"，以缓解乌市供水紧张和天北、淮东发展的用水需求。在"新疆水资源"项目的综合报告中明确提出，其根本原因是水资源配置不合理，农业用水比重达95%，过多地占用了水资源。根本措施是控制灌溉面积，耕地适当压缩，节水、退耕还水，新疆的粮食不要求大量外运，大力推进工业化、城镇化，促进农业现代化。

推进工业化、城镇化进程，由传统的绿洲农业社会向新型的工业社会发展。

中国工程院《新疆可持续发展中有关水资源问题的战略研究》综合报告指出："新疆不是因缺水不能办工业，相反，是由于工业和城市化发展不够，经济层次仍停留在传统的农业经济而造成缺水。当前的要务，是运用现代理念，调整产业结构，改造第一产业、发展第二产业、开创第三产业，有序地推进工业化和城镇化的进程，有序地将富余的农业人口转入城镇，有序地由传统的农业社会向新型的工业社会提升，建设节水防污型的现代社会。"报告继续指出："世界发达国家都经历了由农业社会进入工业社会，再进而向以科技推动经济发展的过程，水资源利用综合效益因此大幅度提升。新疆正处在经济结构转型的初级阶段，工业化与城市化正高速发展，水资源利用要由以农业为主向农业与工业并重、城乡并重转变。要随着农业的改造，逐步实现农业用水的负增长，将一部分农业用水转移到工业和城市，农业用水占经济社会总用水量的比例应逐步降低。"

这是社会发展的必然。

一次有趣的招待会

2007年夏天，我和雷志栋、杨思秀等组织一个小队伍赴新疆调查，执行中国工程院重大项目"新疆水资源、生态环境与可持续发展战略研究"的任务。我们与新疆维吾尔自治区党委书记王乐泉很熟悉，多次与其打交道。一个晚上，王乐泉书记在延安宾馆招待我们。因为我们是为新疆发展而来的，所以在宴会中不免谈论的话题都是有关新疆如何发展的问题。王书记要求考察队帮助新疆建设，我们也很乐意为新疆发展尽力，今天又遇到新疆的"掌门人"王书记，雷志栋院士趁势见缝插针，挑起了我们关心的新疆盲目开荒问题的话题，希望王书记要刹住盲目开荒之风。王书记趁兴，也满口答应，要刹住盲目开荒风，他说："这不过是开个会嘛。"意思是一个会就解决了。雷院士紧抓不放提出：要求言行一致，要与王书记"拉钩"画押，在这热闹、兴奋的气氛下，书记与院士当场伸出手指头拉起勾来，大家报以热烈的掌声，以示我们的心愿！可惜，我们当时未能用照相机录下来这难忘的场面。这是一场别开生面、有趣的招待，也是一场友好和团结的招待，给我留下难忘的记忆。

七、农业需水与节水高效农业建设

农业需水与节水高效农业建设是中国工程院"中国可持续发展水资源战略研究"项目中的第四课题。

课题组组长是石玉麟院士与卢良恕院士。下设13个专题及子专题，由27位专家组成。第一部分需水，由齐文虎、王立新、唐华俊负责；第二部分节水，由贾大林、苏人琼、黄修桥负责。

本课题要回答的问题：一是保证16亿人口的粮食与主要农产品供给需要多少水？二是发展节水高效农业要采取什么方略？

研究的思路是人口－需求－需水－供水－节水。

预测目标为2010年和2030年两个时段，以31个省（自治区、直辖市）和10个地区为单元，采取多方案对比分析。

主要结论与对策如下。

基本结论之一：在节水高效利用条件下，我国的水土资源基本能保证未来16亿人口对7.2亿吨粮食与主要农产品的需求。

研究提出三个方案。

第一个方案是在粮食与主要农产品完全自给前提下农业需水与

水土匹配方案。运算结果表明，在农田灌溉可供水量为4 000亿米³左右的条件下，全国缺水地区的总缺水量2010年达398亿~440亿米³，2030年达277亿~306亿米³。

第二个方案是农田灌溉用水供需平衡方案。运算结果，2010年按人口低方案（13.9亿人）计算全国粮食仍缺口4 880万吨，粮食自给率仅91.5%。2030年按人口高方案（16.1亿人）计算全国粮食缺口高达5 160万吨，粮食自给率为92.9%。

第三个方案为减少部分农田灌溉用水方案。运算结果，2030年全国粮食缺口为2 230万吨，粮食自给率为96%。全国缺水地区的缺水量为143亿米³。

三个方案各有长短，但粮食与主要农产品的生产能力都能做到自给或基本自给。根据我国人口、粮食、水资源的情况，立足于第三方案比较合理。

基本结论之二：华北地区人口－粮食－水资源不能平衡，是严重缺水地区，除采取高度节水措施、建立节水型社会外，从长江调一部分水，对缓解农业用水紧张与整个地区缺水是必要的。

按第一方案，华北5省（直辖市）2010年缺水186亿~203亿米³；2030年缺水187亿~213亿米³，占全国总缺水量的67%~70%。按第二个方案，2010年华北5省（直辖市）按人口低方案计算，粮食缺口0.28亿吨；2030年按人口高方案计算，粮食缺口0.4亿吨，占全国粮食总缺口的77.5%。按第三方案，重点调整华北5省（直辖市）的用水量，2010年仍缺水70亿米³，粮食缺口0.22亿吨；2030年缺水90亿米³，粮食缺口0.17亿吨。

基本结论之三：潜力在于节水。30年内节水奋斗目标是使灌溉水利用系数达到0.65，灌溉面积达到9亿亩，水分利用效率达1.5~1.8千克/米³。节水工程投资至少需要4 000亿元左右。

其他相应的重要指标是耕地稳定在18亿~18.5亿亩，复种指数达到165%，农作物播种面积保持在30亿亩左右，粮食播面混合单产达到 350 千克/亩。

基本结论之四：中国有潜力在未来增加商品粮供应的地区是东北地区、长江中下游地区、蒙宁地区和新疆。特别是东北地区，应加快建设，使之成为中国稳定的商品粮生产基地。

按全国粮食供需平衡方案，东北地区能盈余 0.35 亿吨粮食。如果在该地区比较充分地开发利用水土资源，扩大农业生产规模，其潜力能够达到 0.5 亿吨以上商品粮的生产能力。

对策之一：节水灌溉首先要充分利用当地水资源，包括充分利用降水，开发地下水，回收回归水和处理利用劣质水。充分利用降水与土壤水可以节约灌溉用水。发展有限灌溉，华北地区的小麦、玉米二熟的灌溉水量 150~200 米^3/亩，可节水 50~100 米^3/亩；南方稻灌区双季稻净灌定额降低到 255 米^3/亩，可节水 475 米^3/亩。

浅层地下水是重要的水资源，我国北方六流域平原区地下水平均年可开采量为 1 022.72 亿米^3，开发地下水潜力很大。

水稻灌区基本为渠灌区，渗漏与泄水量达灌溉水量的 70% 以上，南方灌区达 80%~90%。将灌排分开改为灌排结合，可以达到充分利用回归水的目的，节水效果显著。

我国劣质水包括污废水和地下咸水。1997 年污水排放量 580 亿米^3，预计 2010 年为 885 亿米^3。我国可开采的矿化度为 2~3 克/升地下微咸水约 130 亿米^3，其中华北地区 40 亿米^3。处理利用这两类水资源，潜力很大。

对策之二：节水灌溉的建设重点应放在渠灌区，实行井渠结合的灌溉方式。在我国 7.8 亿亩的灌溉面积中，渠灌区面积 5.8 亿亩，占 74%。渠道渗漏高达 1 300 亿米^3，占总损失水量的 70% 以上。渠灌区最重要的节水途径是在灌区内打井，实行井渠结合，地表水与地下水联合利用的灌溉方式。黄河下游引黄灌区毛灌定额为 600~840 米^3/亩，井渠结合灌区为 420~590 米^3/亩，以井为主引黄补源灌区为 100~150 米^3/亩，可见井渠结合潜力很大，应作为灌溉节水重大技改项目实施。

对策之三：节水灌溉技术以改进地面灌溉技术为主，有条件地发展喷灌和微灌。这是因为目前我国地面灌溉面积占到总灌溉面积的97%，在相当长的时间内地面灌溉在我国农田灌溉中仍占主导地位。地面灌溉技术低，耗能少，投入也低，农民易掌握，符合国情、农情和民情。

对策之四：加强农艺节水技术，提高用水效率。节水农艺措施是减少作物蒸发蒸腾量，是真实的节约水资源量。河北省通过科学的农业节水技术措施使小麦灌水由过去的5~7次降到2~3次，产量有增无减。提倡水利与农业技术结合才能更好地提高用水效率。

对策之五：加强旱地农业建设，推广雨水集蓄利用技术。我国雨养旱地农业面积占总耕地面积60%多，粮食产量占总产量的46%，如果不加强旱地农业的建设，2030年要达到粮食7.2亿吨，播面单产350千克/亩是不可能的。旱地农业的重要限制因素是缺水，除采取传统的改土培肥，抗旱保墒，地膜与秸秆覆盖等常规的农业技术措施外，雨水积蓄利用是现代旱地农业的新技术。在年降水量为350~400毫米的半干旱地区，3~6亩的防渗集流面可集雨灌溉15亩梯田。甘肃陇西马河村试验，300亩玉米滴灌2次，单产400千克/亩，增产一倍，效果显著。

对策之六：依靠科技进步，采取常规节水技术与高新节水技术相结合的技术路线。近期以推广常规技术为主，但要努力开展节水新技术、新工艺、新材料的研究。充分利用信息技术与生物技术于节水措施，开展精准灌溉技术试验示范，建立农田水分监测系统与农田灌溉地理信息系统。

对策之七：加强灌溉管理是实施节水灌溉的关键。水资源按流域形成自然系统，只有按流域统一管理各类水资源方可做到保护与合理配置相结合，使上、中、下游得到均衡发展。制定和推行合理的水价政策，是实现科学管理的核心。国家应为按成本收取水费创造条件。渠系不配套，水不能控制和测量，难以按量收费，这项基础工作非做不可。与此同时应把水价与节水结合起来，价高用水少，农民易接受。

对策之八：节水高效农业建设应列入国家重点基础工程项目。我国水利建设历来重开源轻节流，重骨干工程建设轻田间配套工程建设，重工程轻管理，造成了灌溉水资源的大量浪费。这种局面必须改变。本着开源与节流结合，以节流为主的精神，水利建设的重点应实行战略性转移，水利建设投资的主要方向应转移到节水工程建设与管理上来，国家应尽早把节水高效农业建设列入国民经济与社会发展基础建设项目。

八、生态环境安全分析

本研究是中国工程院重大咨询项目"中国生态环境的几个战略问题研究"的第二课题——"国土生态安全、水土资源优化配置与空间格局研究"。目的在于以"人与自然"协调发展思想，审视我国水土资源开发历程，根据当前经济社会发展与人口、资源、环境状况，从全国国土开发总体布局与生态系统服务功能互相协调角度，开展以国土生态环境安全为中心，水土资源生态系统保护为重点，国土开发空间格局为落脚点，研究"国土生态安全、水土资源及优化配置与空间格局"，努力回答当前存在的一些重要问题，提出战略设想与对策，为中央、国务院建设中国生态文明提供咨询。

本研究课题设5个专题，组织了中国科学院与中国水利水电科学研究院在内的专家学者，其中有6位中国工程院院士参加研究。课题组组长石玉麟，副组长王浩、于贵瑞、谢冰玉。于贵瑞实为常务副组长。2013年5月至2014年10月，各专题系统收集有关科学资料，参加了项目组组织的福建省与浙江省湖州市的综合考察，各专题组还分别对生态环境恶化的京津冀、黄土高原、新疆与南方岩溶地区以及青藏地区进行调查研究，在此期间课题组内部组织了多次交流会、研讨会。在此基础上课题组综合了各专题组的研究成果，经3次修改，完成此综合报告的征求意见稿，还第一次试编了《中国1∶600万生态环境安全分区图（草图）》。

综合报告在系统分析了我国生态环境的态势和成因的基础上，指出我国当前正处于生态环境危机与反危机斗争的关键时期，提出"人与自然"再平衡的战略设想，以及相应的10项战略措施与8项重要工程建设；对"三生用水"与"三生用地"进行了分类、匡算，提出生态用水与生态用地的数量与地区分布；对水土系统生产力与人口承载量做了系统分析，提出耕地面积、播种面积、用水量、灌溉用水量等农业生产关键资源的红线指标；课题组第一次对编制《中国生态环境安全分区》作了尝试，划分出55块生态环境区，并作了简述，在此基础上分析了中国东、中、西三大区域的生态环境特征、存在问题与对策，并从地缘经济角度归纳、划分为东南、西南、东北、西北、长江与华北等六大区域，提出了六大区域的特征、功能与发展方向和措施。

新观点

课题的综合报告，新观点较多，其中最突出的有3项。

第一个新观点是对生态环境形势的基本判断。报告第一次明确提出，当前中国生态环境处在危机与反危机斗争的关键时期。通过编制《1∶600万中国生态环境安全分区图》综合评价得出，我国生态环境不安全地区占60.02%，居多数，危机与濒临危机占22.44%，安全与基本安全地区占17.54%，不做评价的大沙漠、大戈壁占国土总面积的9.72%。环境污染、土壤侵蚀、水旱灾害、生物多样性受损的生态环境四大问题中，环境污染的区块占67.3%，且多数分布在经济发达地区；土壤侵蚀的区块占60%，但面积居首位，严重干旱缺水的区块占47.8%（上述区块有重复计算），其他因素也占有一定比例。

本课题对生态环境恶化的原因也进行了分析，主要有4个方面：一是，资源与环境的综合承载力已处于超载状态；二是，掠夺性经营是生态环境恶化的重要因素；三是，忽视"人与自然"协调发展是生态危机的导向因素；四是，科学技术发展滞后，难以解决生态环境难题。

近年来，国家花了很大力量治理环境，治理雾霾，保护生态环境，提倡生态文明，作为国家重要政策全面贯彻，实行首长负责制等措施，在实践中，已取得较明显的效果。

第二个新观点是确定"人与自然"再平衡的战略。主要依据是我国当前处在"人与自然"失衡，"经济与生态"失调的现实状况，必须通过各方面的努力，从"人与自然"失衡、"经济与生态"失调，经过"人与自然"再平衡，达到"人与自然"和谐、"经济与生态"协调发展，实现中国全面、协调、安全、可持续发展。

提出"人与自然"再平衡的战略任务是：构建一个以绿色为标志，健康的、安全的、可持续的、生态文明的发展环境。

为此提出10项战略措施与相应的8项工程。

10项战略措施是：

• 调整产业结构，转变传统的低效、污染发展模式为绿色、低碳、循环的可持续发展模式。

• 转变以粮食生产为主的耕地农业为新型的草地–耕地混合农业。

• 转变依靠出口和投资拉动的经济增长为主要依靠国内消费拉动的经济增长。

• 确定水土资源利用总量控制红线。包括"三生"用水，"三生"用地，自然保护区规模。

- 建设资源节约型社会，高效利用资源。
- 调整生态保护与治理关系。
- 实施小城镇大战略，优化城镇布局。
- 继续推行"两种资源和两个市场"战略。
- 稳步放开计划生育政策，提倡一对夫妇生二胎。
- 正确处理社会公平与效益，公益性与商品性的关系。

上述10项措施涉及方方面面，但都是针对当时问题，有的措施已经提出，需要继续；有的是第一次提出，几年后观察，这些措施大部分都已实行。

8项工程的选择是：
- 北京及其周边地区环境的综合治理工程。
- 退耕还林还草、水土保持、防治沙漠化与扶贫4项工程一体化。
- 水、土资源节约工程。
- 草业工程。
- 生物质能源工程。
- 农林业碳汇工程。
- 渤海生态环境治理工程。
- 生态环境系统天地一体化网络工程。

2013年7月27日，在高西沟考察时题词

2013年7月27日，高西沟水土保持典型

第三个新观点是系统地提出统筹区域发展，优化空间布局。

报告指出，我国国土开发区域总体布局是以沿海、沿江、沿线、沿边为轴线开展，基本形成了"一带一路"，东、中、西三大块和东南、西南、东北、西北、长江和华北六大区，符合中国区域地理分异规律与地缘经济特征。综合报告除了对"一带一路"和东、中、西三大块功能定位做了阐述以外，着重提出建立"六大经济区，发挥地缘经济优势"，对其资源、经济、生态环境，为国家最高决策者提供参考。

报告最后提出要"以科学发展求生存"的口号。

回顾

我很得意这项研究工作。几年后，事实证明其观点符合实际，有参考价值，我国严重的环境污染问题没有得到根本扭转。2016年12月17—21日，北京市发布红色预警，北京市PM2.5达到了500以上，石家庄市更高，达到1 000。中国10多个省份，面积140万公里^2，遭到严重雾霾天气的袭击，工厂停工，学校停课，汽车单双号行驶，居民们5天内多不敢出门，华北特别是北京的污染惊动了中央高层，也震惊了全世界，这证明了一切。作为科学工作者，贵在具有实事求是的科研态度。

2014年，在"风林绿洲"拍摄北京雾霾天气

九、发展水稻生产，提高农民收入，
　巩固国家商品粮生产基地
　　　（2004—2006年）

　　钱正英院士主持的"水资源"研究的第二项"西北水资源"研究结束后，经过讨论，钱正英院士认为东北是国家粮食基地，又逢中央提出振兴东北老工业基地的战略部署，决定启动"东北水资源"项目。经中国工程院批准，"东北水资源"项目立项书上报温总理，温总理当即批准。"东北水资源"项目下设10个课题，我主动选择

第四课题"东北地区土地利用与农业发展战略研究",特邀请中国农业大学玉米专家戴景瑞院士参加并为副组长。

"东北地区土地利用与农业发展战略研究"下设14个研究专题,共有10个科研与教学单位,56位学者参加研究,其中有3位院士参加领导与指导。在2004—2005年的两年内,参加了辽宁省、吉林省、黑龙江省及内蒙古自治区东四盟(市)的6次综合考察,取得了第一手科学资料,经多次讨论,最后由我为主完成课题的综合报告,与此同时,也完成了各专题报告,并汇总出版《东北地区农业发展战略研究》。

东北地区粮食生产在全国占有很重要的地位,但经济效益不高,农民增收缓慢,存在着国家需要粮食与农民需要增加收入之间突出的矛盾,黑龙江省提出主副换位(即发展畜牧业为主,种植业粮食为副),吉林省提出畜牧倍增,这将动摇东北作为国家商品粮基地的地位,将严重影响全国粮食供应的形势,这是我们在考察研究中要全力解决的问题,务必取得既巩固全国商品粮基地,又使当地农民收入提高的双赢目标。根据东北农业生产的地位优势与存在问题,研究提出以下发展战略意见。

必须进一步调整农业结构,改变以农为主,农牧结合的生产方向为农牧并重,协调发展,建设粮食生产基地、肉乳生产基地、农产品加工基地和东北亚农产品贸易中心的生产方向。

重点研究了进一步发展畜牧业与水稻生产两大问题,提出重点建设东北地区三条畜牧业商品生产带,在三江平原引"二江一湖"(黑龙江、乌苏里江、兴凯湖)水,旱改水发展水稻;以及嫩江西部平原改碱种稻,建立新的优质稻米生产基地。

实施以发展水稻为重点的三江平原综合治理工程,以巩固东北玉米带和肉乳生产带为重点的黑土保护工程,以种稻改碱为重点的嫩江西部盐碱地改造工程和以沙地植桑养蚕为重点的瀚海桑田工程等四大农业重点工程。

课题组提出的主要观点被项目组编写综合报告所吸收，并在项目组向国务院领导汇报时专门做了补充发言。

课题提出的主要观点，大部分都得到验证，并发挥了很大作用，其中两个观点收到立竿见影的效果。一是，发展水稻，尤其是开发三江平原的水稻，几年后很快超过了我们报告中提出的指标，建成了优质粳稻生产基地。在嫩江平原西部，引嫩江水种稻改碱面积进一步扩大，不但发展建成了东北西部的水稻基地，还发挥了脱贫作用，实现了既迅速增加农民收入，又提高东北国家商品粮基地作用的双赢目标。二是，黑土改造工程，温家宝总理明确表态，黑土改造工程立即投资启动，保住玉米生产带的核心区域和主要的肉乳生产带。但在沙地植桑养蚕的瀚海桑田工程进展不顺，据说主要原因是当地领导的变动。

黑龙江干流考察轶事

记得2004年"东北水资源"项目上马后，对东北地区做了几次综合考察。2006年夏天，组织第二次野外考察，我们租了两艘船沿黑龙江干流从呼玛到嘉荫沿江考察，我感到不解的一件事，这次钱正英院士除了带她的秘书和保卫之外，还带了她的儿子随行。钱正英院士一贯以身作则，从来不同意任何队员带亲属出野外，这次为何例外？同时，觉得钱院士这次考察精神不佳，常在船舱里踱来踱去，不知何故？这两件事一直缠绕着我，是个疑团。在嘉荫码头上岸后，我们改为陆地考察，经同江沿途考察到哈尔滨，旅途中我、徐乾清、钱正英院士在同江因饮食之故，我们三人都闹肚子了，钱院士当夜就服了七八片黄连素，我服了两三片，总算止住了。到哈尔滨后，我们听取了省领导到汇报，进行了交流，按计划一个礼拜完成了考察任务，回到北京。过了一段时间，钱正英院士到我家商量工作，言谈中，提起了黑龙江考察一事，钱院士说她渡过了一次难关，谈起那次黑龙江考察，出发前，经北京医院的医生检查说她可能患了乳腺癌，不让她出差。但出差的事已经做好了一切准备，她如果不去，将影响整个团队的安排，因此，钱院士与医生商量坚持要求出差一个星期，回京后立即到医院报到，得到医生许可。此事钱院士没有告诉任何人，包括她的秘书和保卫，仅让她的儿子了解此事，并陪同、照顾她。回北京后，立即到医院报到，经北京医院会诊，医生意见不一，有的医生认为是恶性肿瘤，有的医生认为是良性的，结果按恶性肿瘤治疗，开刀，样品送到协和医院去化验，诊断结果是良性的，所以钱院士说她渡过了一个难关，白白挨了一刀。这时我也讲述了2004年我到新疆塔里木河考察，肝炎复发，也渡过了难关。我们相互都理解，并互相表示鼓励。此事，更使我感到钱正英院士的无私奉献精神，不愧为一位真正的老共产党员，是我们学习的楷模！

十、关于棚户区与高台危房改造

东北棚户区的改造

记得2004年，在东北考察水资源和生态环境问题时，我们一行人员到辽宁抚顺调查。20世纪50年代初期，抚顺是中国的大煤都，中国的一个重工业城市，她为中国的建设、中国的工业化做出了历史性贡献。随着煤矿资源消耗殆尽和工业体制的改造，抚顺落伍了，我们目睹抚顺煤炭矿产行业的困难景象，棚户区的老百姓人均月收入仅有157~200元，住着快倒塌、下陷的危房，墙壁用木板条支撑着，雨季时，屋顶漏着水，地下雨水往屋里灌，棚户区的群众生活苦不堪言。他们中有为祖国发展、创业做出过贡献的新中国第一代劳模和老工人，有在解放战争和抗美援朝中立过战功的战士。回北京后，钱正英院士牵挂着棚户区受苦的百姓，立即请国务院曾负责扶贫工作的胡富国（曾任煤炭工业部副部长）和杨贵同志再赴抚顺市专门调查。他们写了题为《辽宁棚户房和关闭破产煤矿遗留问题亟待解决》的报告。钱院士立即上书温总理"关于解决辽宁棚户房和关闭破产煤矿遗留问题的建议"，报告中强烈指出棚户区问题已经到了必须解决，不能再拖的时候了，并附上调查报告。此事得到国务院重视，拨款30亿元，问题很快得以初步解决。随后，东北老工业区的棚户区改造问题，也得到政府的重视，逐步给予解决。中共辽宁省委与人民政府为此给我们发出了感谢信。事后钱正英院士又委托长江三峡的地质总工徐瑞春同志，带领一个小组去抚顺，对地质灾害整治、煤炭资源的开发潜力与露天开采的大煤坑改造为公园的计划进行调研，这些资料都交给地方政府。

高台危房的改造

2008年6月中国工程院"水资源"研究的新疆项目，由钱正英院士带领，赴新疆考察民生水利等问题，分两路考察，一路由钱正英院士亲自带领考察东疆地区，另一路由我带领考察喀什、和田、克州（南疆三地州）。

南疆考察组一行27人，包括自然历史、水资源、水利工程、农业、生态、城镇、水污染防治、国外干旱区水资源等8个专业组。在以自治区王绍宁秘书长为首，各厅局领导带领和精心安排下，从6月10日至6月18日考察了南疆三地州和新疆生产建设兵团农三师、农十四师，并听取了当地的介绍。当我在喀什市的莎车县即将收队的前一天晚上，由城镇组邵益生组长汇报喀什市老居住区的高台危房的调查情况时，我觉得这是一桩很重要的民生问题，可是时间已不允许我回去几百公里以外的喀什市调查取实，只好回到乌鲁木齐向钱正英院士做简单的汇报，并在向自治区领导的汇报会上，严肃

高台危房改造前（上）、改造后（中）和
新建民族特色的店面（下）

提出"高台危房"的事来。我在发言中说到"关于城市建筑问题中只提一点，即喀什市老城区的改造问题。解决高台居住已经是当务之急。它涉及6万户20多万人。目前难以解决，无从下手，一旦发生六级地震，将会造成严重的灾难，务必请政府立即着手解决，否则我们难逃责任。"[见《石玉林文集》（下），第1252—1253页，《就南疆三地州民生水利等问题向自治区领导汇报会上的发言》"四、城市建设"部分]我还记得发言时，我的情绪有点激动，特别指出，这是我们看到的，向领导汇报了，责任到了，以后若发生问题，是你们领导的事了（大意）。在乌鲁木齐的短暂时间内，钱正英院士向自治区城镇建设部门了解了情况，向城镇组的邵益生询问了一些具体情况，了解到由于某些民族历史部门所谓保护民族文化的不同意见，影响了领导的决策。钱正英院士当时要我将调查再落实，向国务院反映情况（原因我不是城镇部门的人，不涉及过去的事，比较客观）。当时我回答钱正英院士，我没有亲自去过"高台民房"，钱遂作罢，叫邵益生继续完成此事，写出报告，向国务院反映。结果经国务院调查，当即拨款10亿元专项资金改造高台危房。新疆维吾尔自治区党委书记王乐泉喜出望外，认为这是突然天降的好事，喀什地委书记动作很快，立即筹划，作出规划，购买材料，当年冬天，第一批改造工程启动。翌年，我随国家扶贫项目检查的机会，专去喀什调查，喀什地委书记高兴地带我去看"高台危房"改造一期工程，参观了原来的危房和改造后新建的楼房，以及社区和居民情况（见照片）。新建的街道保留了民族传统，因此大受欢迎，受到联合国有关单位表扬，作为成功的范例。喀什地委书记也提升为自治区副主席。我们项目组也因为新疆做了一件好事而高兴。

十一、"中国农业资源环境若干战略问题研究"项目（2016—2017年）

立项背景与项目梗概

封笔之作

这是我从事科研60年以来承担的最后一个项目，也是我在中国工程院内承担最后一次咨询活动。这是因为在"中国生态环境若干战略问题研究"中的不愉快，无意再继续承担咨询研究项目，加上已年过八十，到了资深年龄，刚好此时发生肠梗阻病，两次住医院治疗，身体衰弱，已经到了不宜再工作，要颐养天年的时候了。

之所以让我再一次披甲挂帅的原因有二：一是据说（无文件证明）这项研究是由农业部向中国工程院提出的，中国工程院农业学部常委会认为由我牵头最合适，因为这时资源学科的院士只有我一个；二是的确有关农业资源环境调查研究是我一辈子的科研工作，也有兴趣，做出最后贡献。主客观条件具备，我就答应了农业学部的推荐。这时我还在美国儿女家里探亲，或是还在美国的医院里治疗。所以项目前期立项及主要研究内容，中国工程院都按农业部要求设置，我回京后在立项书和设立课题、专题上只做些补充与完善。主要精力放在执行上。

时代要求

21世纪中叶，我国将处于全面实现现代化和走向全球化时期。这个时期将是我国面临人口老龄化，劳动力不足，资源短缺，人与资源矛盾最尖锐的时期，也是环境治理最艰难的时期。为确保粮食与食物安全、资源安全与生态环境安全，中国工程院成立重大咨询项目"中国农业资源环境若干战略问题研究"，旨在"分析形势，寻找对策"，提出推动我国农业可持续发展和提升国际竞争力有效对策和措施，加快农业现代化进程。

项目设计

项目设八大课题，两个独立专题。

课题一：农业水资源高效利用战略研究；

课题二：耕地质量提升战略研究；

课题三：农业面源污染防治战略研究；

课题四：农业结构调整战略研究；

课题五：粮食安全与耕地保障问题战略研究；

课题六：南方主要农产品产地污染综合防治战略研究；

课题七：北方主要农产品产地污染综合防治战略研究；

课题八："中国农业资源环境若干战略问题研究"项目的综合集成研究；

专题一：农业资源环境分区；

专题二：渔业环境若干战略问题研究。

说明：课题一、二、三、六、七研究内容是农业部与中国工程院原先的立项要求，我们新增加了课题四与课题五。把主要农产品污染防治课题由于某种原因划分为南方与北方两个课题。由于课题中缺乏区域问题，遂增加了专题一。根据农业部反馈的意见增加了专题二的研究。

项目班子组成

中国工程院要求列为院重大咨询项目的必须有三个以上学部组成，以及相当数量的院士参加，所以我们项目由农业学部、土木建筑水利工程学部和环境轻纺工程学部三个学部组成。组织了中国科学院、中国农业科学院、中国水利水电科学研究院、中国环境科学研究院等22个单位、100多位专家学者共同研究。

项目组长：石玉麟（农业学部）

常务副组长：唐华俊（农业学部）

副组长：王浩（土木建筑水利工程学部），高中琪（工程院二局）

项目主要骨干有：汪林、张红旗、刘宏斌、罗其友、王立新、黄彩红、席北斗、李瑞、许尔琪、崔正国。他们都是各课题、专题组的组长。项目办公室主任：黄海涛。

研究成果

本项目研究从2016年春启动至2017年年底，历经两年，按计划完成。撰写了1份综合报告（包括综合报告的摘要与重点）和9份课题与专题报告。上报国务院的报告，包括综合报告在内的11份报告，并发送国务院有关部门。

在完成项目与课题、专题报告的基础上，继续编撰完成了《中国农业资源若干重大战略问题研究》的综合卷、农业高效用水卷、耕地卷、面源污染防治卷、农业结构调整卷、粮食安全卷、农产品产地污染防治卷等7部专著或专集，约246万字，已由中国农业出版社出版。

主要内容与观点

主要结论

• 我国农业正处在资源最短缺、环境最严峻、人口承载最大的关键时期

新中国成立以来，我国农业取得了举世瞩目的巨大成就，不仅成功解决了14亿中国人的吃饭问题，对世界农业也做出了重大贡献。但与此同时，农业资源环境问题突出，约束持续加剧。耕地与水资源数量紧缺，质量不佳，环境污染加剧，自然灾害频发，农业资源环境总体上处于超载状态；农业劳动力老龄化加剧，总体素质下降；农业综合生产成本快速上升，竞争力持续下降；农业生产基

础处于不稳定、不安全、不可持续的状态。造成资源环境恶化的原因有自然因素，更有人为因素，其主要原因在于长期以来在发展理念上"重生产轻保护"和"重产量轻质量"，采取粗放型的农业经营方式，以牺牲资源、牺牲环境、牺牲农业协调发展来换取农业增产所致。

• 我国农业资源环境安全的战略方向、战略转变、战略路径和重大工程

21世纪中叶，我国农业将处于全面实现现代化和走向全球化时期。这一时期，必须全面贯彻十九大精神，以"创新、协调、绿色、开放、共享"的新发展理念为总指导思想，全面实施农业创新驱动战略，深入推进可持续发展战略，扩大开放、实现农业"走出去"的全球化战略。要着力实现从粗放型农业向资源节约-环境友好型、绿色优质高效型现代农业转变；从劳动密集型生产向知识-技术密集型和资本密集型生产转变；从传统农耕型土地利用方式向草（绿）-田轮作为中心的草地-耕地混合型的土地利用方式转变；从低效粗放的灌溉农业向适度高效的现代灌溉农业转变；从传统的大田农业向大田农业与设施农业并举转变；从分散小农农业向规模化、集体化农业转变；从城乡分隔的农业向以城乡一体化的农业转变；从自给自足农业向国内外优势互补的全球化农业转变。相应地从发展模式、技术支撑、结构调整、空间布局等4个方面提出了16条战略路径和10项重大工程。

• 我国农业资源环境建设的总体目标是：构建资源节约、环境友好、结构合理、城乡一体、内外互补的农业资源环境安全体系

2030年主要目标：全国耕地面积保持在19亿~20亿亩，灌溉用水量控制在3 730亿米³，农田有效灌溉面积达10.35亿亩；农田灌溉水有效利用系数提高到0.60以上；化肥施用总量控制在4 600万吨以内，化肥和农药利用率达到50%以上；主要农产品产地受污染耕地安全利用率达到95%以上；农业生态功能得到改善和增强；农业结

构实现进一步优化，农林牧渔结合、种养加一体、一二三产业融合发展的格局基本形成。

主要战略措施

· 守住20亿亩耕地资源，保障口粮自给和主要农产品基本自给

根据土地承载力多方案运算比较结果，到2030年我国耕地面积必须保持在19亿~20亿亩，粮食自给率才能达到80%以上。口粮可完全自给，饲料粮缺口较大。

几十年来我国耕地实际面积一直未低于20亿亩，平均值为20.35亿亩。也就是说，近40年来粮食和其他农产品的大量产出都是源于20多亿亩耕地的支撑。守住20亿亩耕地是做到口粮自给和主要农产品基本自给的基本保障。2009—2015年，我国耕地面积从20.31亿亩减少到20.25亿亩，共减少0.06亿亩，平均每年减少100万亩。因此只要控制住城市化的无序扩张，未来城乡建设用地主要靠内部挖潜，提高利用率和容积率，到2030年保持20亿亩耕地的目标完全能够实现。

到2035年，随着总人口下降，耕地压力稍有好转，但形势依然严峻。

· 大力发展以调亏灌溉模式为主要方向的节水农业技术，实现10亿亩灌溉农田目标

按照现有种植结构和农田灌溉用水水平，要实现10亿亩农田灌溉目标，2030年粮食主产区还需亩均节水60~80米^3。因此，应坚持量水发展、节水优先，推广以调亏灌溉模式为主要方向的节水农业技术。一是大力发展和推广喷灌、微灌、管灌等高效灌溉技术和渠道防渗技术，建设节水灌溉面积8.5亿亩，其中高效节水灌溉面积达到5.0亿亩。二是发展调亏灌溉模式。据测算，在河北省3 090万亩井灌区全部推广调亏灌溉制度，可节水约10.7亿米^3，约占全省地下水超采量60亿米^{3}的17.8%。三是落实灌溉用水总量控制和定额管理，实现管理节水。

2035年，全国灌溉用水量趋于稳定。

• 建立以有机肥为基础，有机与无机相结合的科学施肥制度

改变"重无机、轻有机"的施肥方式，鼓励农户秸秆还田、增施有机肥，种植绿肥，提高土壤有机质含量。中国科学院南京土壤研究所长期研究结果表明：我国北方旱地、水浇地、肥沃地的土壤有机质含量在1.2%~1.5%，南方水稻土肥沃地的土壤有机质含量在2.5%~3.5%，东北黑土肥沃地的土壤有机质含量在4.0%~6.0%，该研究结果可作为相应地区耕地土壤肥沃度的参考指标之一。

• 以源头治理为主，防治结合，综合治理面源污染

实施化肥负增长，以减少化肥施用量1/3为目标，推动测土配方施肥全覆盖；减少农药使用量，推广高效低风险农药，实施统防统治和绿色防控；以地定养，合理布局畜禽养殖，推进畜禽养殖粪污处理，推广污水减量、厌氧发酵、粪便堆肥等生态化治理模式。综合分析确定我国每公顷耕地能够承载的畜禽粪便为30吨，单位耕地氮和磷最大施用量分别为每公顷150千克和30千克。着力解决农田残膜污染，加快生态友好型可降解地膜及地膜残留捡拾与加工机械研发，实施农膜回收加工；开展秸秆资源化、肥料化、饲料化、基料化、原料化和能源化利用。

• 实施基本口粮田保护和建设工程

从未来需求看，我国至少需要7亿亩以上的高产稳产耕地保障口粮安全。能提供大量区际商品粮食的主产区主要分布在松嫩平原、三江平原、内蒙古东部地区、辽中南地区、黄淮海平原、长江中下游平原等地区，粗略估算能够生产1.98亿吨的小麦和大米，可提供1.49亿吨的商品口粮，可以或基本可以保证国家的需要。

• 大力发展饲草料生产，调整农业结构

粮食安全问题的本质是饲料问题，饲料危机从根本上威胁我国粮食安全。根据预测，2030年我国口粮自给率105%，可以完全满足

需求；饲料粮自给率仅68.3%，饲料缺口较大，饲料粮危机将是未来我国农业生产长期面临的重要问题。为此，我们需要将饲料饲草纳入到农业系统，改变传统的粮经二元结构为粮经饲三元结构，建立人的口粮与畜禽的饲草料的籽实—营养体复合农业生产系统，改变传统的"粮食观"为"食物观"。

据匡算，用7亿亩高产粮播耕地面积可满足人均210千克左右的口粮、工业用粮与储备粮的需要，将余下的粮播面积转为饲草料专业化生产，饲草料总产量可达10亿吨以上，能够保证养殖业需要。建议实施专业化饲草料生产工程，根据各地农业资源特点和结构调整方向，在北方地区，推广粮改饲，引导发展全株青贮玉米、燕麦、甜高粱、苜蓿等优质饲草料生产；在南方地区，推广冬闲田种草、种绿肥。

• 建设八大国家级农业综合生产区

纵观全国农业资源分布，三江平原、松嫩平原、内蒙古东部、黄淮海平原、长江中游平原及江淮地区、四川盆地、新疆棉花产区及广西蔗糖产区等8个地区农业资源条件最好，耕地面积约占全国耕地总面积的50%。小麦、玉米、稻谷产量分别占全国总产量的78.4%、63.8%和52.3%，油料占60.4%，棉花占90.4%，糖料占74.7%。因此，应集中力量建设八大农业综合生产区，完善农田水利等基础设施建设，为保障国家农产品生产和供给能力奠定坚实的基础。

• 加强国际合作，共建全球"粮仓"

据有关预测，到21世纪中期，全球人口将达100亿人，届时全球是否会出现粮食危机，已成为国际上关注的重大问题。鉴于全球人口、资源分布不平衡，建议在农业生产基础好、资源丰富而有发展潜力的地区，共同建设全球性的粮食（食物）生产基地，以确保人类粮食和食物安全。

根据现有资料和基础，初步设想形成全球性八大"粮仓"。即：以美国和加拿大为主的北美"粮仓"；以巴西、阿根廷为主的南美

"粮仓";以俄罗斯、哈萨克斯坦为主的亚欧"粮仓";以法国、乌克兰为主的欧洲"粮仓";以泰、缅、越为主的东南亚"粮仓";以东非为主的非洲潜在"粮仓";以澳大利亚、新西兰为主的大洋洲"粮仓";以印度尼西亚、马来西亚为主的东南亚"食用油桶"。

在国际合作上,要降低我国农产品进口来源国集中度,实行多元化方针。

几位战友

汪林

汪林是水利部中国水利水电科学研究院水资源研究所研究员,农田水利专家。我们两个单位合作从1999年中国工程院"水资源项目"开始,前后长达20年。在这个项目中,汪林实际上是第一课题组的组长。在项目组讨论中,汪林总是第一个带头发言,工作认真、细致,保质、保量、最先完成任务,对我推动项目工作是很大支持。

汪林也经常与我商量工作,特别是关于战略性的观点、提法等问题的讨论,从讨论中我也有很多收获。

罗其友

罗其友是中国农业科学院研究员,农业区划研究室主任。他在项目中起了很大作用,他不仅承担了第四课题——农业结构战略研究的组长,还承担了综合报告第一章——中国农业资源环境态势分析;第二章战略部分是我与他合作的成果,我写出综合战略详细的提纲,由他来具体化,既贯彻了我的思想,又进一步发挥了我的思想,经他撰写成文我较满意。

黄海涛

黄海涛是中国工程院农业学部办公室主任,也是我们项目办公室主任。黄海涛为人朴实、肯干,交给他工作比较放心,他不会做出轨事。项目办公室掌握项目的经费,有他把关我放心。

十二、在中国工程院亲密的师友

钱正英院士

我在工程院有幸结识了钱正英院士，1999年后，我在她直接领导下，在长达12年的工作时间里，深深感受到一位真正的共产党员的无私形象，一位共产党高级干部以身作则、深入群众、平易近人的高尚品德，是我们学习的榜样。2011年，我在《中国工程院水资源系列研究项目回顾与思考》中，写了一篇《晚年认识钱正英院士》一文，钱正英院士在8个方面的高尚品德给我留下深刻的印象。

- 老骥伏枥，壮心不已
- 不唯书，不唯上，只唯实
- 关注民生，把人民疾苦放在第一位
- 以身作则，严于律己
- 海纳百川，有容乃大
- 活到老，学到老
- 坚持真理，敢讲真话
- 关心组员，做组员的贴心朋友

她一直以一个真正的共产党员标准严格要求自己。她对王振海同志说："中国工程院不敢讲真话，中国还有希望吗？"如果我们的高级干部都以党的事业为重，全心全意为人民服务，我们的国家就有希望了。

我为她作了两首诗：

（一）跟钱老

"九五"①边城始相识，
随君征程十二年。
西北风沙论生态，
内蒙草原解危机。
开发"三江"②兴水利，
发展舟山建新区。
"天人"和谐③归首创，
协调发展梦小康。

（二）学钱老

投身革命七十年，
以身作则律己严。
兼收并蓄容大度，
海纳百川展胸怀。
不唯书本不唯上，
实事求是讲真话。
一身正气老作风，
共产党员树榜样。

2014年1月20日于北京

徐乾清院士

徐乾清院士是水利部副总工程师，我们在1995年新疆考察时相

---

① "九五"指1995年。
② 三江，指东北三江平原。
③ "天人"和谐指2003年钱正英等首次提出确立人与自然和谐共存的发展方针。

识。他学问渊博，知识面广，是钱正英部长的得力副手。我与徐老，都喜欢讨论宏观问题，故有共同语言，我向他学习了很多水利方面的知识，结下了莫逆之交。钱正英院士再次去新疆考察时，他将我推荐给钱，随队参加考察。徐总去世时，我很伤心，在悲痛之余，我填了一首词如下：

西江月·念徐总①

忽报徐总仙去，
一颗"水②星"陨落。
十五年来蒙教诲，
良师益友难忘。

记得"九五"③仲夏，
有幸西域④相逢。
两河⑤考察论国政，
友谊万古长存。

2010 年 1 月 12 日

词中主要指 1995 年在新疆考察，有关"1515"工程计划的事，至今人已故去，事却历历在目，怀念着良师益友。

我在"水资源"项目的第一个项目中，看到由钱正英与徐乾清共同负责的第一课题洪水报告中提到"人走人的路，洪水走洪水的路，人与洪水要共存"的观点，该观点我很欣赏，也很震动，它对我形成"人与自然"和谐相处的理念，有着推动作用。

---

① 徐总，即徐乾清院士，2010 年 1 月 9 日逝世。
② "水"指水利界。
③ "九五"指 1995 年。
④ 西域，这里指新疆。
⑤ 两河，指额尔齐斯河、伊犁河。

陈志恺院士

陈志恺院士是水文学家，中国水利水电科学研究院水资源研究所原所长，也是钱正英院士的一员干将，钱的左膀右臂。他为人谦和，乐于助人。他总是负责水资源组，我总是负责有关土地、农业方面的组，水、土、农业常在一起交谈。他经常讲的一个观点：节约灌溉并不节水，渗漏下去的水，总是补充地下水，或生态用水。真正节水的是农业技术节水，给我很大启发。他也很信任我，他们组的一位年轻女同志叫王芳，开始从事生态用水研究，第一次参加野外考察——西北项目的青海考察，她问陈志恺，她跟随水资源组，还是跟谁考察？陈叫她跟我考察，王芳就跟着我。在野外，我带她看地貌，看水的转化，后来王芳说随我考察收获很大。陈老总身体原本很好，不知怎么一下子半身不遂，不久离开人世。我很伤心，在追悼会上看到他夫人，他夫人守着他数月，劳累不堪，衰老很多。我写了一首七绝纪念他。

痛失师友

"三星"[①]坠落天作哀，

我失师友人生悲。

十二年来多乘教，

而今不知可问谁？

雷志栋院士

雷志栋院士是清华大学教授，清华水利系主任。在新疆工作多年，工作勤奋，认真负责、严谨。雷志栋院士在水资源项目时，参加水资源组，有时参加农业组与我们在一起，他也是"水资源"项

---

① "三星"指陈志恺院士、潘家铮院士、徐乾清院士，三位大水利专家，相继去世。

目的主力队员，在新疆项目中出了很多力，二稿、三稿是由他主持（我起草一稿）。他任学部主任时已得病，他吸烟太多，肺的毛病，无法挽救，不幸于2015年1月26日去世，年仅七十多岁。我也填词一首，以悼念。

西江月·忽闻雷志栋逝世

天寒地冻风夜，
一棵"大树"凋谢。
十年共事同兄弟，
而今梦里相见。

驰骋江河湖库，
滋润农田草地。
一心为农谋福祉，
最美人生写照。

2015年1月27日（农历十二月初八）

上述几位老科学家的敬业精神时刻激励着我，我从他们的科学研究成果中吸取营养，充实自己。

唐华俊院士

唐华俊，土壤学专业出身。我于20世纪80年代认识唐华俊同志，他留学比利时回国，进入中国农业科学院农业资源与农业区划研究所，任所长职务，多次参加中国工程院"水资源"项目研究，我有较深刻的印象。唐华俊第一次遴选院士时，他报的是农业信息化专业，由于研究遥感的时间较短，同时研究内容与孙九林研究估产课题相类似，专业又没对路，所以落选了。那时我为资深院士，在中国工程院内土地资源专业断代了，急需要接班人，在多方相比之下，我选中了唐华俊，他留学比利时7~8年，与外国有学术交流，又从事过土地资源农业区划遥感应用，都是土地资源学科研究的内容，当时又是中国农业科学院副院长，有宏观研究基础，又有一定管理经验。我主动建议他报土地资源专业，因为他的底子是土壤专业，我愿意做他的介绍人，在我努力推荐下，他在第二次遴选中顺利通过，我庆幸在中国工程院有了本专业的接班人。唐华俊院士作风清廉，之后成为中国农业科学院院长。

谢冰玉局长

谢冰玉是中国工程院第一批机关干部。她曾任土木、建筑、水利工程学部办公室主任、工程院办公厅副主任、一局局长、水资源项目办公室主任。我们认识于1999年"水资源"项目，当时她是学部办公室主任。谢冰玉为人热情、泼辣、精干而有魄力，工作勤奋，雷厉风行，考虑问题周到、细致，热衷本职工作。她调任办公厅副主任及一局局长后，仍关心水资源项目。

王振海副局长

王振海同志是中国科学院地质研究所研究生毕业，中国工程院成立之初，就在土木、建筑、水利工程学部办公室工作，任副主任、主任、二局副局长、水资源项目办公室副主任。王振海工作勤奋，任劳任怨，加班加点，他的确堪称"老黄牛"。我当上项目组的工作组组长之后，多与他联系，一切都很顺利。当他被调离开该学部办公室，有次我要出差东北考察，由于接他的新手不熟，我请王振海协助，他毫不推脱，带队出差东北。我们之间建立了深厚的友谊。

高中琪局长

高中琪是学植保专业，他是第一批来中国工程院的。他身体健壮，工作努力，而且有水平，所以提升比较快。他是我们农业、轻纺、环境工程学部办公室的第一任主任。我是较早入选农业、轻纺、

第八章

从资源领域扩展到资源环境保护领域

环境工程学部的院士，所以我们比较熟悉，但我长期参加的是水利学部的水资源咨询课题，待我承担农业课题时，他已高升到政策室主任，几年后为二局局长。

有两件事与他有关，一件是关于我申请开展中国土地资源战略研究项目时，他当时虽不在农业学部，但主管这方面工作，他认为这个课题很重要，因此他把此课题由学部级提升到院级重点项目，咨询委员会全票通过。但由于一位领导反映了不真实的意见，在院长会上未能通过，对此我很有意见。两年后，国土资源部设立了"土地资源战略"研究项目，可见我们当时提出这个项目是有先见之明的。

另一件事，我请他担任"农业资源"项目组的副组长。

小结

从20世纪90年代末到2019年，在中国工程院20年，是我科研道路上的第二个春天，充分发挥出老骥伏枥的作用，度过充实而愉快的晚年，没有虚度年华。在这段时期我主要完成了以下工作：

· 接受了中国工程院10项重大咨询项目的研究，在10个方面（包括上述9点和综合考察的提高）取得了进展和贡献，8次受到温家宝总理的接见（水资源7次和2006年6月温总理召开的沙尘暴治理的科学家座谈会上），3次上书国务院，都起到直接为国务院咨询的效果。

· 深化了综合考察，使综合考察提升到一个新的水平。

· 承担最后一届农业、轻纺、环境工程学部主任，完成了过渡（新成立农业学部与环境轻纺学部）和当了12年的主席团成员，尽心尽职。

· 在遴选工作中持公正态度，认真负责，不讲私情，坚持原则，坚持标准，无私心，尽职尽责。

12年"水资源"项目的感悟

当我年逾花甲之时，有幸跟随钱正英院士参加中国水资源战略项目系列的研究。12年来，在钱正英院士的领导下，我们的科学研究工作取得一个又一个丰硕的成果，为国家、为人民做出了有益的贡献。同时我一生的科研工作在最后阶段得到进一步提高和成熟。我成为这个集体的一名成员，深感荣幸和自慰，为此生落下帷幕，没有遗憾。

12年来我从同志们身上学到许多知识和经验，开阔了视野，增长了知识，受益匪浅；更为可贵的是，在这个集体中，我看到了正气，我从钱正英院士身上看到了一位真正的老共产党员的光辉形象，一位革命老干部的传统作风；我从我们团队的老科学工作者身上看到了他们对科学事业的敬业精神和无私的奉献精神。他们永远是我学习的榜样。

我深深地怀念着已故去的老战友：徐乾清院士、陈志恺院士、张蔚臻院士、潘家铮院士、雷志栋院士和老前辈张光斗老院士。他们都是我国顶尖级的水利专家，都是我的老师。

第|九|章

余　音

（2012年—）

2011年，随着"浙江沿海及海岛综合开发战略研究"项目的完成，经历12个年头，中国工程院"水资源"系列项目圆满地落下帷幕。那年我已经75周岁了。我打算不再接科研任务，我与超子共同计划用10年时间，完成4件事，即编撰《石玉林文集》，编写一部超子父亲革命烈士陈昭礼事迹的书，整理我的诗词、书法、随笔撰写文章出版《岁月补遗》，最后写一本"家史与回忆录"（"我的自述"）作为一生最后的任务，对社会、对父辈、对子孙、对家庭有个交代。在众人的热情帮助下，不到5年已完成前三部著作，80岁开始动手完成最后一个任务。在此期间，在中国工程院、农业学部及有关同志的要求下，不得已我又承担了两项任务，"中国生态环境安全"课题研究、"中国农业资源环境若干战略问题"项目研究，实为勉强，不是我所愿，尽管如此，我还是尽力按既定计划完成所有的任务。这两项咨询研究任务分别于2015年和2017年完成。

中国工程院要求每个院士要写：传、自传或自述，我把写"传记"和"家史回忆录"合在一起，在"家史和回忆录（草稿）"的基础上正在撰写"我的自传"。

一、《石玉林文集》

基本内容

从筹备《石玉林文集》到初稿形成，断断续续大约花了4年时间，这要感谢陈超子与石竹筠二位，陈超子收集和保存了我近10年来的著作；石竹筠同志作为我的助手，收集、保存我20世纪80—90年代的著作；早期50—70年代的著作，我自己保存了大部分，所以汇集起来并不费事。可惜的是在图件编制上，大约占用了我多半的工作成果和工作时间，由于不容易个人保存，相当部分在"文化大革命"的动乱年代失散了，所以不能收入文集中。因此编撰过程主要花在文稿的整理、打印、分类、说明和注解上，其中最困难的是参加工作的具体人员名单记不清楚了，因为在20世纪50—70年代大部分报告是不署名的集体著作。具体编撰工作多亏了关志华同志，他也是我的同事，退休后帮助我，所以我的这部文集总的来说进展得比较快，起步早，速度快。

《石玉林文集》，收录了从20世纪50年代开始，到21世纪前10年我所写的报告、论文、专著及讲话160篇，220多万字，大约占我所有的文字著作的一半。《石玉林文集》(以下简称《文集》)按科学性质分为四篇，22个部分，按文章内容组合、归类，不按时间序列。为弥补时间上的不连续性，特在文集的末尾列出按时间顺序排列的著作与文章目录。此外每篇著作和文章的写作时间，都加以注明，

参加人员特别是主要参加者尽量写全，反映实际情况及他们的贡献。大多数著作在文章起始写了按语或要点，特别是属于首次提出的观点和最新资料。

《文集》的第一篇为土地资源与土地利用，这是我的专业，土地资源部分可以说是我的开拓性研究内容。这一篇构成《文集》的上卷。包括8个部分，收集了67篇著作和文章，占本文集篇幅的1/3。8个部分是：综合部分、宜农荒地资源、中国1：100万土地资源图、土地资源生产能力与人口承载量、山地资源、土地荒漠化、土地资源保护与可持续利用、区域土地资源。

《文集》第二篇为自然资源与综合开发，收集52篇著作和文章，大约占《文集》1/5篇幅。包括5个部分，即资源理论、中国资源、农业资源、资源节约、区域资源生态环境。

《文集》第三篇为区域发展，收集了23篇著作和文章，主要是区域资源开发与经济发展战略等综合性著作和文章。包括7个部分：中国农业发展、西北地区、新疆地区、内蒙古地区、东北地区、西藏地区、南方地区。

《文集》第四篇为土壤地理，这是我早期从事土壤地理学研究的成果，包括新疆与内蒙古土壤地理学的两个部分，收集了19篇著作和文章。

汇总第二篇、第三篇和第四篇为《文集》下卷。

秦伯益院士来函给我很大鼓励和鞭策："昨天收到尊著《石玉林文集》，不胜惊讶，万分钦佩。洋洋一千万字，字字心血。您足迹踏遍祖国大地，翻越山山水水，记录下祖国宝贵的资源，造福人民，真是功劳盖世。拿到您的巨著，我认识到您是留下了一份现代中国土地资源和自然资源的真实记录，将会长期指导我国众多领域里的建设者，您的工作是不朽的！"

序言和评价

除正文四篇外，《文集》前有总序、序一、序二、《岁月的回顾》

（代前言），和陈超子、张红旗、王立新联名介绍我的《踏遍青山人未老》文章。

总序是由宋健院士写的，为中国工程院所有《中国工程院院士文集》写的序，主要说明中国工程院组织出版《中国工程院院士文集》的意义。

序一是钱正英院士为我所写。这里有个小故事。我完成《文集》后，原本只想请师兄石元春院士为我作序，不敢惊动钱正英院士，正巧，临出版前，谢冰玉同志来访，发现我的文集没有钱正英院士写序，她自告奋勇向钱正英院士说明，钱回答说，她以为我的文集已经出版了（是我送给她的初稿）。钱正英院士毫不推脱，立刻动手，写了约1 000字短文《从天山到东海》。列举了几件她亲身经历的事情。其中两段话使我感动不已。一开始她写道："从天山到东海，石玉麟院士踏遍了中国的土地。他是我国最有发言权的土地资源专家。但在我心目中，他不仅是位专家，他也是我的同志，是一位与人民息息相通、有崇高理想和严格原则的人民科学家。"我对她如此评价，深感受之有愧。我将不安的心情告诉师兄石元春院士，师兄回函："看到钱老的序，字字千斤，掷地有声。序是给你照的一张相片。人民科学家，当之无愧。师兄2013.2.11"

我的学生王立新、张红旗知道后，也赞同。尽管如此，我心里总是忐忑不安，我不敢承受如此之重的称号！他们的鼓励，将鞭策我走完最后的人生。

钱正英院士在序中的第二段话，也使我感动不已。她写道："在我们项目组的内部讨论中，他直言不讳，有一次在讨论由我起草的西北项目的综合报告时，他批评报告的水平不高，遭一些同志的反对。我感觉他遭受压力，第二天到他家听取意见，从此与他结成肝胆相照的终身友谊。"这是事实，我感受到一位位高权重的国家领导人，有着特有的女性的细致观察力，有着团结不同意见的同志一起工作的宽广胸怀，加深了我对钱院士的认识，她是我一生中最值得崇敬的领导，最值得学习的长者，最可亲的同志和战友。

序二由我尊敬的石元春师兄所写，题目是《一幅我国土地资源研究的历史画卷》。这题目既独特，又有新意！这也是师兄从不墨守成规的风格。他写道："《文集》是石玉麟一生科研工作的经验总结，是他一生科研轨迹的写照，新中国建立后，土地资源与自然资源，综合研究与发展的一部记载，所以我以一幅我国土地资源研究的历史画卷为题做序。"师兄对我十分了解，他夸我："石玉麟同志为人正直，对人真诚，坚持真理，敢说真话。他治学严谨，重视实践，长年从事野外调查，重视掌握第一手材料；他尊重自然规律，实事求是，对工作极端负责，对国家尽忠竭力。这是我几十年与他交往中的深切感受。"师兄如此理解我，我很感谢！关于敢说真话，我深有体会，要成为社会风气，实属不易，敢讲真话就要付出代价，在工作中，我一向尊重自然规律，我从不迎合领导，不见风使舵，经常因说了真话，损害了某些部门的利益，即使经常请教我的单位，也会从此不再请我了；在评审会上，我也会坚持原则，不怕得罪人，有一次在国家土地管理部门的某个评审会上，他们提出的土地科学发展方向的问题上明显不对，我坚持要删去这段话，不删去我就不签字，最后删去了，我签了字；尽管作为土地资源学者，我是这个部门的常客，我也帮了他们不少忙。但从此他们再也不请我参加他们的会议了。可见不是人人都喜欢听真话的，也不是人人都敢讲真话。

所以钱副主席曾对王振海同志说："如果工程院都不敢说真话，我们的国家还有希望吗？"钱副主席的话一针见血，但执行起来却很不容易。在工程院应大力提倡讲真话之风，树立新风尚！

我回顾一生，虽做得还不够完美，但还是努力地要求自己做得更好。现在年过80岁，无以回报了。

《岁月回顾》是我写的代前言。主要写我个人发展过程和《文集》编写过程，以及主要内容。

《踏遍青山人未老》是由陈超子、张红旗、王立新联名写的，作为本书介绍我的开篇之作，是全面介绍我的第一篇报道。包括：求学之路，野外科考艰险的生活，学术发展历程和主要科学成果。科学出版社《概览》杂志编委会办公室李迪同志审稿的评价："您们撰写的石先生传，写得很好，文字流畅、生动有趣，有很强的可读性。"

一位老编辑看了后，认为写我的几篇文章中，这篇最好。看了这篇文章，对我有较全面的了解。所以我把它选为《文集》的开篇之作。

二、《岁月补遗》

我的话

按计划我的第三部作品《岁月补遗》于2015年10月在海峡文艺出版社出版。《岁月补遗》包含三个部分：第一部分，收集了半个世纪以来我在生活、工作中随笔写下的诗、词、顺口溜；第二部分，收集、挑选我近20年来，书法的习作；第三部分，选载我一生从事科研工作的感受及乐趣的文章，以及挑选一些亲友写的和记者、作家采访的报道，这些文章和报道反映了新中国培养我们这一代科学工作者的成长过程，也反映了我们团队的科学工作者为祖国繁荣昌盛，团结、献身创业的精神。这只是反映我的生活及工作的一个侧面，所以题为"岁月补遗"。

书出版后得到不少同志的鼓励：

秦伯益院士来函：

收到《岁月补遗》，不胜之喜。您不仅学术上造诣深厚，生活态度积极、乐观、坦诚、仁爱。中华传统美德在您身上体现得很充分，这正是当今社会很稀缺的。您小我4岁，时值人生的美好时光，愿你我共同珍惜，夕阳晚霞，美不胜收。

祝

健康长寿

秦伯益

2015-11-30

诗词部分

关于写诗、词，无论是古诗体，还是白话诗体，我都没有基础，不懂平仄，也不懂韵律，纯属诗盲。引起我写诗的欲望，起始于我的野外考察生活，从乌苏里江到帕米尔高原，从大小兴安岭到天涯海角，从东海之滨到云贵高原和高山之巅的青藏高原，美好壮丽的大好河山，以及我半辈子考察的新疆——我的第三故乡，独特的西域风光，都让我情不自禁，我祈望用诗句，记载、抒发我内心对美丽祖国的情怀。我开始用顺口溜的形式，记录在我的笔记本上及我的脑海中，这也是我开始写所谓"诗"的起因了。

另一个写诗的原因在于年近古稀，离乡数十载，时常怀念养育我成长的乡土及我少年的伙伴们，20年来，我用"诗"篇赞颂他（它）们，以寄托我的思念之情。

人常说"熟读唐诗三百首，不会作诗也会吟"，我开始用此笨拙的方法先后买了唐诗、宋诗、唐宋词一百首、三百首、一万首，边读、边学、边练，结合切身的体会模仿着写，尤其对有关"边塞"的诗词特别感兴趣。

特别是对毛泽东的诗词我由衷的喜爱，其气吞山河、雄才大略的革命气概，使我百读不厌。毛主席早期出版的诗词，我几乎都能

313

背诵下来，也常引用。

从20世纪50年代开始练习写作到2014年为止，我选出能勉强拿出来百多首，硬着头皮将我不成熟的作品去讨教我的师兄石元春院士，得到他的鼓励，还提出宝贵的意见，建议可分为：乡情篇、亲情篇、山水篇、事业篇，后来我自己又增加了歌颂篇、倡廉篇和杂篇，并添加了几首亲友的和诗及激励的诗篇。

我的作品，自知水平不高，也没有动人的词语，但它真实地抒发了我内心的喜怒哀乐、我之所爱、所憎的精神世界，值得我记忆。

诗词部分得到一些朋友的呼应，使我倍感亲切。

李飞教授函：今天在所老干办拜读了石玉麟院士大作，心潮澎湃，特赋诗一首。

《七绝》喜读《岁月补遗》有感

文/湘山

风雨兼程鬓似霜，

资源考察溢流芳。

书香翰墨尽儒雅，

醉了青山醉夕阳。

注：湘山是李飞的笔名。

答谢湘山君

石玉麟

夕阳虽好已黄昏，

老友一诗忆当年。

青山不忘湘君泪（累），

醉看万山慰晚年。

——石玉麟阅湘山君诗，即兴而作于2016.5.6北京中国农业大学郝晋珉教授有感：

诗作，不时为您的真情实感而动容。赋诗一首以表敬意。

> 诗风高雅韵真情，
> 字里行间励后生。
> 敬业不嫌山水远，
> 为民敢与地天争；
> 思亲千里歌长乐，
> 爱侣经年执子行；
> 万物轮回皆有序，
> 林森玉磊留英名。

注：长乐者故乡；子者超子爱妻；林森者思想深邃，玉磊者高洁磊落。

除诗词外，此部分还附有几首歌曲的填词。说起唱歌，我是五音不全的歌唱爱好者，出野外，只要我一登上越野车，就不由自主地放开嗓子唱，我尤其爱唱歌颂祖国美好山河及豪放的革命歌曲。写这本小册子，我又想借助我喜爱的歌曲，填上我的词，以表达我内心的感情世界。但没有找到打印简谱的厂家，只有求助我的学生章予舒，他在互联网上替我找到打印简谱的软件，又得麻烦我妻子陈超子了，她也不懂音乐，嫌我花样太多，但为了不伤我的积极性，年近80岁的她，只有重新学习打印简谱的软件，边摸索，边打印，费了九牛二虎之力，总算完成了填词篇，难免错误不少。

字

关于字，也算是我的书法吧，我成为业余的书法爱好者，也不过近20年。我的书法是"我行我素"，不登大雅之堂，没有"体"，也没有导师。我小时模仿过"柳公权"的字体，上了高中后再没拿过毛笔了。直到"文化大革命"才重新拿起毛笔写大字报，谈不上练字。1995年当选中国工程院院士后，不少同志请我题词、签名，

2007年，参加院里书画展览，
石玉麟展出书法：静

促使我开始练字。家里添置了些"文房四宝"，也得到我夫人的支持，一次在公园的展览会上，她居然出手给我买了一支200元的特大号的毛笔（在当时算是很贵的了），激发我练字的热情。此时，中国工程院正在筹备成立"中国工程院院士书画协会"，我踊跃参加，竟被选上第一届理事，鞭策我勤练字，我也就成为业余的书法爱好者，书法也成为我晚年的生活乐趣。有同志鼓励我说："你的字怎么写得这么好。"我自嘲地回答："天才！"其实我只是自娱自乐而已。经过一段练习，自我感觉写大字还可以，如"静""寿""云"等以及"横匾""竖匾"之类，超子和杨小唤等学生们又给我增添了几支写大字的毛笔及一些书法字典、字帖。我开始接受亲友的要求，有求必应，来者不拒，送去裱好的"寿"祝愿他们健康长寿；送去裱好的"静"字，祝愿他们在安静的环境多出成果……我与他们共享着快乐，同时，我的字也有长进，其乐无穷。

石玉麟书法作品（云、画、畅）

图为石玉麟三种不同写法的寿字，左幅为百岁寿

文章

关于文章，有我写的，有亲友们写我的，有记者的采访和报道我及我们的科学考察生活的。个别文章有夸张的成分，但总体来说，较真实地、生动地记录了我和我们团队工作、生活的一个侧面；反映了我们的团队——综合考察队及钱正英院士领导的中国工程院"中国水资源"战略研究团队的精神面貌。

这两个团队使我受益匪浅，终身难忘。

我一走出校门，就踏入了中国科学院新疆综合考察队，以后大半辈子没离开过综合考察队，我深深地感受到，综合考察队是一座大熔炉，一所大学校，她培养、哺育了新中国成立后，我们这一代科学工作者。我们这一批年轻的大学生在老一辈科学家的带领下，脚踏实地，深入实际，走入社会，贴近人民，了解民情，为了祖国的繁荣昌盛，为百姓安居乐业付出艰辛的劳动；这个团队不畏艰险走向大自然，探索大自然的规律，为使人类自觉地顺应自然、爱护自然、保护自然、合理利用自然而出谋划策。

综合考察队在学术研究上突显多学科、多专业的优势，学科之间相互交流、相互融合，扩展了队员们的知识面，而且团队里聚集有国家顶尖级的学者及著名的科学家，有各学科、各专业的科研骨

317

干，是我们现成的老师，她是一所难得的全面培养人才的大学校，促使我们科学事业得以深入发展。考察队培养出一支科学队伍，不完全统计其中参加过考察的院士就有20多位。这是毛泽东思想哺育下的一代年轻科学工作者成长之路，应该给予继承、发扬！

在我步入老年时期，有幸参加了钱正英院士领导的中国工程院"中国水资源"战略研究团队的工作，也是我应该继续回报社会，回报人民的重要时期。在这个时期我除了全心全意参加"中国水资源"系列战略咨询研究外，让我感受最深的是结识了钱正英院士及老一代科学家，他们以身作则，深入实际，深入基层群众，亲自动手写报告，反复修改报告等等的敬业精神，以及一心为公，不谋私利，坚持真理，敢讲真话的高尚品德，激励着我，为此，特写一文《晚年认识钱正英院士》，以宣扬正气，树立良好的社会风气。

感谢

这本书虽说是自娱自乐为目的的《岁月补遗》，但也花费了很多时间及精力。我要感谢我的夫人陈超子，她为我收集、保存了所有的原始资料，并给我很大的支持和鼓励。还要特别感谢关志华和石竹筠伉俪，该书的编辑、设计、修饰都是他们不厌其烦、辛勤工作的成果。还需说明的，我的《石玉林文集》等书的编辑出版，他俩也付出了辛勤的劳动及心血，两位教授，现已75岁高龄，在他们退休后不辞劳苦、热心地帮助我工作，足有10多个年头了，我从内心由衷地感谢他们。最后还要感谢中国科学院地理科学与资源研究所领导支持这本小册子出版；感谢王立新、张红旗等我的学生和战友，多年来他们支持、协助我工作并热情鼓励我出书和组织出版等工作；感谢福建省科协院士办的沙中然主任，是他极力支持并亲自联系海峡文艺出版社出版；对关心、帮助我的所有同志们、朋友们表示衷心的感谢！

关志华

关志华研究员是清华大学水利系毕业，1963年分配到综考会，在水资源研究室工作。关志华工作细心、负责、有工程师的严谨精神。他与石竹筠研究员（北京大学地理系毕业），退休之后，由于我的工作需要，我返聘他俩帮我工作有10年之久，前5年主要是石竹筠同志帮助收集《石玉林文集》的有关资料，后5年是关志华同志帮我完成三部图书的编辑工作。对此，关志华同志非常负责，非常耐心，不厌其烦，经他手整编的三部著作，可以说交出版社不用费劲重编，直接印刷即可，为我也为出版社的编辑省去好多功夫。关志华选择了《石玉林文集》和《岁月补遗》的封面图案，并做了具体设计。值得强调的，为出版《岁月补遗》中的第二部分"字"，关志华同志可费了功夫，他刻苦钻研，一丝不苟地挑选、编排、放大、修字，反反复复，才达到今天出版的水平。可以说关志华成了这行的专家。我衷心地感谢这位年已75岁的老科学家，他全心全意帮我完成三部著作，没有他的帮助，我不可能在短短的几年内完成这三部著作的任务。

王立新与张红旗

王立新、张红旗是我的学生，多年与我一起工作，是我得力的助手和副手。我的晚年学术生涯离不开他们两位，许多工作都是由他们替我工作，替我完成，《石玉林文集》著作后期所有的出版、校对等具体工作也都由他们完成，我有这样学生感到很欣慰。

王立新

王立新，北京大学毕业，20世纪80年代中期分配到综考会，参加第二次新疆综考之后，一直与我在一起，他现是我的学生，也是我的助手和副手。到了后期，分担我很多工作，协助我完成江苏、浙江、新疆课题。他对土地承载力研究时间最早、最长，认识最深。20世纪80年代新疆考察，我以新疆作为试点，开展土地承载力研究，王立新就参加了这项试点研究。1985年，正式开展中国土地承载力研究，他也是主力之一。记得在课题基本完成时，我忽然发现在课题中，缺少最大承载量的内容，我让王立新研究，由王立新运算结果，提出中国土地最大可承载约16亿人口（合理控制在15亿之内），这在当时是个大"亮点"，这个结论在学术界、政界和社会引起了很大反响，也驳斥了美国学者布朗提出"谁来养活中国"的谬论。王立新在农业资源环境项目研究中发现并提出中国耕地保持20亿亩的必要性和可能性的观点，在当今非常重要。可是王立新对他的贡献从来不宣扬、不夸耀自己，到现在可能只有我知道这桩事。王立新，性格内向，待人诚恳，做事认真负责，值得信赖。对工作总是吃苦在先，默默无闻，不求回报。对自己严格要求，从不向党、向组织提要求。他痛恶腐败的社会风气，能洁身自守，他有自己的人生价值观，是我最喜欢的学生，然而在如今的社会风气之下，他很吃亏。回想起来，我也内疚，很自责对他使用得多，培养、关心得少，感到对不住他，我常引《三国演义》中的一句话，即"大意失荆州"，终感遗憾。

张红旗

张红旗是北京农业大学毕业，与我同一母校，20世纪80年代中后期到综考会新疆队工作。从此，虽几经分离，但大多仍与我一起工作，是我的学生、助手和副手。特别在后期，与王立新一样，协助我做了很多工作。

张红旗性格活泼、人际关系广、脑子灵活、聪明，各种情况多能适应，能打开局面。在学术上有两次给我印象颇深，一次是做博士毕业论文，几经多次修改，圆满通过，学术水平提高一步；第二次他完成"三生用地"研究，有独创性，也有一定深度。

张红旗也善于组织管理工作，他当过千烟州实验站副站长，管理得不错。担任课题组的工作组组长和学术秘书任务也完成得好。他处事灵活，还能掌握一定分寸。我有关科研项目的经费管理，连我自己的科研经费，全交给他管理。

除了业务工作外，红旗乐于助人，我的子女不在身边，他很关心我们老两口的生活，经常帮助我们处理一些问题。我们夫妇俩遇到问题及麻烦，都会想到找红旗帮忙解决，我们很感谢他。

刘梦怡

刘梦怡是我的秘书。2016年由于我开始写自传，所长葛全胜感到我年老，有许多不便，随派刘梦怡做我的秘书，帮助我整理和写自传。小刘年轻，北京第二外国语大学人力资源专业毕业，计算机技术熟练，打字飞快，为我省下了不少时间。除业务上帮助我以外，在生活上也经常关心、照顾我们家的生活，使我与陈超子省了不少心，加快了"自述"的完成。

结　语

我呱呱落地在一个沿海、落后的农村，梦想不到，我竟能步入中国最高的科技殿堂。我一辈子都感谢中国共产党使我翻了身并受到高等教育，进入科技界，她培育我成为有用之才。我永不忘报效祖国、报效社会、回报人民。我有幸遇到志同道合，有着共同理想，同甘共苦的妻子陈超子和她的革命家庭，支持我、协助我，使我无忧无虑地、全身心地投入我所从事的事业，使我一生能为人民做些有益的工作。

我走出大学校门，就进入中国科学院综合考察队，一生从事综合考察事业及资源科学的研究。

综合考察事业伴随我一生，使我业务不断成熟，从第一次新疆综合考察队做"学徒工"成长为业务骨干，从普通考察队员到承担内蒙古综合考察队分队长直到领导第二次新疆资源开发综合考察队开展工作。

综合考察为我深刻了解国情、民情搭建了一个良好平台，我在这个平台上进入到土壤地理学研究领域，发展到土地资源学研究新领域，进一步延伸、跨进到资源科学与区域发展学科的研究领域。综合考察队是一所大学校，各种学科在这里交叉、融合，我就是在这个熔炉里锤炼成长。我努力应用实践论与矛盾论的基本原理，从发现问题到分析问题，通过去探讨问题提出解决方案，这是我成功的秘诀。

我感谢老一辈师长、领导的教导，也感谢同辈和晚辈同志们的支持和帮助。我们取得的成果，都是集体努力的结果。

2019.07.31

附录|一|

石玉麟大事记

1936年1月2日

出生在福建省福州市

1947年（11岁）

长乐县古槐小学毕业

1947—1950年（11~14岁）

就读于长乐建华初级中学

1950—1953年（14~17岁）

就读于福建省福州农业学校园艺科

1952年（16岁），加入中国共产主义青年团。

1953—1957年（17~21岁）

就读于北京农业大学土壤农化系

1954年，被评为北京农业大学优等生和北京市三好学生。

1956年2月17日（20岁），加入中国共产党。

1957—1961年（21~25岁）

在中国科学院综合考察委员会工作

参加中国科学院新疆综合考察队（国家1956—1967年科学技术发展远景规划中第四项），从事土壤与土地资源调查。

在石河子—玛纳斯地区、吐鲁番、哈密、焉耆、库尔勒、塔里木河下游、天山南坡、拜城、阿克苏地区、阿勒泰地区、噶顺戈壁、罗布泊地区等考察。

主持完成"新疆土地资源的评价与估算"，完成《新疆1∶100万土壤图》的编制，《新疆土壤地理》专著编写的主笔人之一。

1957年，母亲去世。

1961年，晋升为助理研究员。

1962—1966年（26~30岁）

参加中国科学院蒙宁综合考察队（国家1956—1967年科学技术发展远景规划中第四项），从事土壤与土地资源和农业发展研究在内蒙古西辽河流域、鄂尔多斯高原、乌兰察布高原、锡林郭勒高原、土默川、前山等地区考察。

任专业组负责人、分队长，主持大农业组总结。

主持完成"内蒙古自治区农业自然资源利用及农业发展意见"报告，主持完成"内蒙古自治区1：100万土壤图"（草图）、"内蒙古自治区1：100万土地资源图"（草图）、"内蒙古土地资源评价"。

1963年2月17日，与陈超子女士结婚。

1965年8月，儿子石东崖诞生。

1966年夏，向内蒙古自治区汇报。

1966—1971年（30~36岁）

"文化大革命"期间，科研中断

1966年，父亲去世。

1969年、1971年，两度在中科院湖北潜江"五七"干校劳动。

1971年2月，女儿石东晖诞生。

1971年年底，结束五七干校劳动，到中科院地理所工作。

1972—1974年（36~38岁）

在中国科学院地理研究所工作

主持内蒙古考察学术总结，主持完成《内蒙古自治区及东北西部地区土壤地理》专著编写。

1973年，对呼伦贝尔高原北部、锡林格勒东部进行考察。

1975—1978年（39~42岁）

参加黑龙江省荒地资源调查（国家科技发展规划重点项目）

1976年，在黑龙江省尚志县考察。

1977—1978年上半年，在黑龙江省伊春地区的嘉荫县、铁力县和乌伊岭林区考察。

1977年冬—1978年春，参加国家科技规划108项的第一项"中国农业区划"项目立项计划的起草工作。

1978年7月，在中科院、农业部、国家科委在山东泰安市联合召开的会议上做了"土地与土地评价"报告。

1979—1981年（43~45岁）

主要参加"中国综合农业区划"研究与土地资源研究

1979年下半年至1980年上半年，参加领导"中国综合农业区划"（为1978—1985年全国科技发展规划108项的第一项），并为主编人之一。主持其中第二部分"土地资源的合理利用"编写。

1980年冬，参加由国家农业委员会组织的代表团访问法国。

1981年春，参加中科院代表团访问澳大利亚。

1980年冬至1981年春，在北京顺义县招待所组织康庆禹、石竹筠、赵存兴、钟烈元等总结50年代到70年代综考会荒地资源调查的成果，编写出《中国宜农荒地资源》专著。

根据编制《中国1∶100万土地资源图》任务，去湖南长沙、衡阳、怀化、吉首、桃园、汉寿考察。建议湘西武陵山区20多个县列为国家贫困区，得到肯定。

1982—1990年（46~54岁）

主持编制《中国1∶100万土地资源图》，主持中国科学院新疆资源开发与生产布局项目研究，参加中国科学院国情分析研究项目

被任命为中国科学院新疆资源综合考察队队长，中国科学院自然资源综合考察委员会副主任、常务副主任。

晋升为研究员。

1982年，主持《中国1∶100万土地资源图》编制（该项目为1978—1985年全国科技发展规划第一项中"农业区划"项目的任务），任主编。

1981—1985年，为编图任务连续召开南昌会议（1981）、厦门会议（1982）、郑州会议、北京会议、银川会议，拟定《中国1∶100万土地资源图》的土地资源分类系统和编图制图规范。1990年由西安地图出版社印刷完成（共国际分幅60幅），相应完成60幅

的分幅说明书、数据库与数据集。

1982年冬天，根据编制《中国1∶100万土地资源图》任务，对河南省的开封、周口、荥阳做了路线考察。

1983年，被任命为中科院自然资源综合考察委员会副主任。

1984—1990年（44~48岁）

主持"中国科学院新疆资源开发与生产布局"项目的研究，被任命为"中国科学院新疆资源开发综合考察队"队长（该项目为中科院重大项目）。

1984年2月7日，被中科院授予首届"竺可桢野外科学工作奖"。

1985年，《中国综合农业区划》获国家科学技术进步奖一等奖，为主要获奖人（第五名）。

1985年，中科院国情小组成立，参加领导中科院重点项目"国情分析研究"。主持第2号报告"开源与节约——中国自然资源与人力资源的潜力与对策"，提出建立资源节约型国民经济体系的观点。

北疆考察。

1986年，晋升研究员。

南疆三地州考察。

1987年初夏，参加全国农业区划委员会组织编写《中国农业发展战略研究报告》，并上报国务院。

1988—1989年，新疆项目大总结。

1988年，南疆补点考察。

1988年，被中华人民共和国人事部授予中青年有突出贡献专家的称号。

主编由国家计委组织的《中国自然资源丛书·综合卷》。

1988年，任中科院自然资源综合考察委员会常务副主任。

1988年春，由中国科学院新疆考察队组团出访苏联（现俄罗斯的莫斯科，中亚的哈萨克斯坦、吉尔吉斯斯坦、乌斯别克斯坦、土库曼斯坦4国），任团长。

1988年冬天，随国家计委出访美国（华盛顿、田纳西州、犹他州、加利福尼亚州）。

1989年，参加主持"中国农业资源与区域开发"研究。

向新疆维吾尔自治区党政领导汇报，参加新疆成果鉴定。

1991—1999年（55~63岁）

主要从事国情分析研究和资源科学研究

1991年，获国务院颁发政府特殊津贴。

"新疆资源开发与生产布局"项目获国家科学技术进步奖三等奖及中科院科技进步奖一等奖，为第一获奖人。

1992年，"中华人民共和国1：100万土地资源图的编制与研究"获国家科学技术进步奖二等奖及中科院科学技术进步奖一等奖，为第一获奖人。

1992年，完成国情分析研究第2号报告"开源与节约——中国自然资源与人力资源的潜力与对策"。

1994年，组团访问澳大利亚阿德累德大学，为团长，并与该大学签订科技合作合同。

1995年，被遴选为中国工程院院士。

《中国自然资源丛书》获国家计委机关科技进步奖特等奖、国家计委科技奖一等奖，为主要获奖人。

1995年夏天，参加由全国政协副主席钱伟长组团的赴新疆伊犁河与额尔齐斯河流域引水开荒发展粮食生产的调查，钱伟长提出"1515"计划。

冬天，全国政协副主席钱正英接受李瑞环主席交办的任务，随钱正英副主席再次赴新疆调查"1515"工程计划，提出不同意见，为中央决策提供参考。

1996年，任中国工程院环境委员会副主任。

在"百名院士百场报告"做"中国资源特点与开发战略探讨"报告，并被收录于由周光召、朱光亚主编的《共同走向科学——百名院士科技系列报告集》。

1998年，"中国国情分析——中国长期发展问题的系统研究"（其中有国情分析研究第2号报告：《开源与节约——中国自然资源与人力资源的潜力与对策》）获国家科学技术进步奖三等奖及中科院科学技术进步奖一等奖，为主要获奖人。1998年8月28日—9月14日，参加中国科学院学部组织的新疆地区咨询考察组，组长为张新时院士，副组长为石玉麟，先后考察东疆、南疆、北疆，写出"新疆农业与生态环境可持续发展的几个问题的意见"，提出"把塔里木河列入国家大江大河治理计划的建议"（以科学院的名义上报国务院）。

被聘为青海省人民政府科技顾问。

被选为中国自然资源学会理事长。

1999—2010年（63~74岁）

从事中国工程院重大咨询项目"水资源"项目等研究及资源科学理论研究，国情分析研究

1999年，组团访问美国密里苏达大学，为团长，与该大学签订科技合作合同。考察精准农业研究状况。

1999年9月3—17日，参加中国科学院组织的对甘肃、宁夏、陕西三省（自治区）的黄土高原地区及毗邻相关区域进行农业可持续发展与生态问题的考察研究。对兰州、固原、延安等12个地区37个县（市）进行考察，形成了黄土高原农业可持续发展的咨询意见，由中国科学院上报国务院。

1999—2000年，参加以钱正英院士为首承担国务院交办中国工程院的"中国可持续发展水资源战略"项目，承担"中国农业需水与节水高效农业建设"的研究课题。

2000年，主编《中国资源百科全书》总论。共列150条目。

参加向温家宝副总理汇报"中国可持续发展水资源战略研究"，并合影留念。

2001—2003年，参加"西北地区水资源配置、生态环境建设和可持续发展战略研究"项目，承担"土地荒漠化与水土资源利用"研究课题。

2001年6月，带队考察内蒙古锡林格勒高原并撰写关于"抢救内蒙古高原生态环境的报告"，由钱正英送温家宝副总理，提出四条对策，其中第一条"提出建立中国京津冀地区与我国北方生态屏障"的观点，温家宝副总理做了批示。

2002年，受聘为新疆维吾尔自治区专家顾问。

2003年，考察新疆、甘肃河西地区、青海柴达木盆地和海南地区、内蒙古锡林郭勒高原、乌兰察布高原等地。在课题的报告中，提出"人与自然"和谐发展理念及相应的七条措施。

参加温家宝总理第四次听取西北项目组汇报"西北地区水资源配置生态环境建设和可持续发展战略研究"。

2004—2006年，参加"东北地区水土资源配置、生态环境建设与可持续发展战略研究"项目，为项目组副组长。考察了辽宁东半部、吉林中西部、黑龙江省的三江平原、松嫩平原、黑龙江干流以及内蒙古的呼伦贝尔市、兴安盟与西辽河地区。

出任中国工程院农业、轻纺与环境工程学部主任；中国工程院主席团成员。

受聘为福建省人民政府顾问。

2005年，年初由石玉麟、王浩向国务院写出对"新疆大面积开荒的意见"报告，由钱正英写信上书国务院温家宝总理批转给新疆维吾尔自治区领导。几年后新疆改变了大面积开荒的方针。

主持中国工程院专项研究"中国区域农业资源合理配置、环境综合治理和农业协调发展战略研究"，并向回良玉副总理做汇报。

参加中国工程院专项研究"建设资源节约、环境友好型社会的若干重大战略问题研究"，并主持"资源节约技术与措施"课题的研究。

受聘为内蒙古自治区科技顾问。

完成中国工程院农学部咨询重点"西北干旱区绿洲农业的若干重大问题的研究"。

2005年，参加主持中国工程院"十一五"期间我国农业发展若干重大问题咨询研究，主持其中"农业资源保证程度与安全"的编写。

2005—2007年，主持中国工程院重大项目"中国区域农业资源合理配置、环境综合治理与农业区域协调发展的战略研究"项目，负责项目的组织协调和总报告的统编，组织并领导山东与湖南两个省份的综合考察。

主持"农业资源合理配置与提高农业综合生产力研究"的课题。

2006年1月，参加在中南海国务院第一会议室第五次向温家宝总理等领导汇报"东北地区水土资源配置、生态环境建设与可持续发展战略研究"项目的会议，温家宝总理做了充分肯定。

主持并编写《资源科学》专著，执笔全书的导言与第二章资源科学理论的探讨。

2006—2008年，参加钱正英主持的中国工程院重大项目"江苏沿海地区综合开发战略研究"，为项目组副组长。承担其中水土资源合理利用与农业综合发展的课题研究。主要考察江苏南通、盐城到连云港东部沿海地区。并向温家宝总理等领导汇报。

2007—2010年，参加钱正英主持的中国工程院重大咨询项目"新疆可持续发展中水资源战略研究"项目并主持其中"人工绿洲建设与农林牧业可持续发展"的研究课题，为项目组副组长。

对北疆、南疆、东疆进行全面系统考察。

温家宝总理批示将项目的综合报告发各部征求意见，请李克强副总理听取汇报。

受新疆维吾尔自治区党委张春贤书记邀请，2010年12月钱正英派石玉麟、雷志栋、杨思秀与洪杰赴新疆向自治区向领导汇报。

2010—2011年，参加由钱正英主持的中国工程院重大咨询项目"浙江沿海及海岛综合开发战略研究"项目，为项目组副组长。主持其中"农业与海洋渔业发展战略研究"课题。对嘉兴、宁波、绍兴、舟山、台州与温州沿海市（县）进行了系统考察。

2010年4月11日，温家宝总理第七次听取了钱正英主持的浙江项目的研究汇报，作出重要评价，并与全体成员合影留念。

2011年至今

继续参加中国工程院咨询项目研究；整理一生撰写的有关著作

2010—2013年，完成并出版《石玉林文集》。共收集了报告、论文、专著及讲话160篇，占所有出版文字的1/2左右，内容包括土地资源、自然资源与综合开发、区域发展和土壤地理4篇，22个部分。是一生学术研究的主要总结。

2013—2014年，参加中国工程院重大咨询项目"中国生态文明建设重大战略研究"项目，主持其中"国土生态安全、水土资源优化配置与空间格局研究"课题。提出"人与自然"再平衡的战略及其实现的途径与措施。

2013年10月，关于新疆无序开荒问题，主持撰写了《新疆农业水土开发有关问题的情况说明与意见建议》，以中国工程院名义上报国务院，钱正英院士还单独呈送政协主席俞正声同志，经国家发改委去新疆审实，结论是报告符合实际情况。中央领导做了指示。

2015—2016年，协助夫人陈超子为她父亲撰写了《中国共产党武装斗争先驱陈昭礼》。

收集、整理、编写《岁月补遗》一书，该书为业余创作，分为诗词、书法与文章三个部分。

2016—2017年，主持中国工程院重大咨询项目"中国农业资源环境若干重大战略问题研究"，提出三大战略，八条战略性转变，16条措施与十项重大工程。

2018年，撰写一生总结性的自传——《我的自传》。

2018年10月，办理了退休手续。

2019年11月，在中国地理学会成立110周年大会上，被授予"中国地理学会科学技术奖：终身成就奖"。

附录 |二|

石玉麟主要著作和论文

1.石玉林（执笔者），中国科学院新疆综合考察队——新疆土地资源的估算和评价，1960年12月

2.石玉林（主要执笔人之一），新疆土壤地理，科学出版社，1965年

3.石玉林（主要编图者之一），新疆1：100万土壤图，科学出版社，1965年

4.柯自源*（石玉林），农业自然资源及其合理利用，自然资源，1977年第2期

5.石玉林，中国土壤（第十二章草原土壤的利用改良），科学出版社，1978年3月，第1版

6.石玉林，中国土壤（第十二章栗钙土、棕钙土和灰钙土），科学出版社，1978年3月，第1版

7.石玉林，土地与土地评价，自然资源，1978年第2期

8.石玉林（主编），内蒙古自治区与东北西部地区土壤地理，科学出版社，1978年

9.石玉林，关于西双版纳自然资源利用与保护问题，自然资源，1980年第2期

10.石玉林，关于我国土地资源主要特点及其合理利用问题，自然资源，1980年第4期

11.石玉林等，关于我国土地资源破坏及保护问题，环境科学丛刊，1980年第11期

12.石玉林，宜农荒地的开垦——中国综合农业区划（第二章第一节），农业出版社，1981年

13.周立三，孙颔，沈煜清，邓静中，石玉林（主编），中国综合农业区划，农业出版社，1981年

14.石玉林等，我国宜农荒地资源及其合理开发，自然资源，

---

* 柯自源即自然资源编辑部的化名，此文章由石玉林撰写。

15.石玉林，关于我国土地资源主要特点及其合理利用问题，经济研究参考资料，1981年6月27日

16.石玉林，关于《中国1：100万土地资源图土地资源分类工作方案要点》（草案）的说明，自然资源，科学出版社，1982（1）

17.石玉林等，我国宜农荒地资源的研究，自然资源，1984（4）

18.石玉林、康庆禹等，中国宜农荒地资源，北京科学技术出版社，1985年

19.石玉林，充分利用土地资源，提高土地生产能力，自然资源，1985（1）

20.石玉林，我国山地的主要特点及其合理利用，自然资源，1985年第4期

21.石玉林，关于新疆资源开发与生产布局的若干建议，科学报，1986年8月16日

22.周立三、石玉林，"新疆综合考察"，纪念自然资源综合考察委员会成三十周年文集（1956—1986），1986年11月

23.石玉林，"土地资源研究三十年"，纪念自然资源综合考察委员会成立三十周年文集（1956—1986），1986年11月

24.石玉林，土地生产能力与人口承载量，光明日报，1986年12月5日

25.石玉林，走在经济建设前面的新疆综合考察队，科学报，1987年5月5日

26.石玉林，关于我国土地资源利用的几个战略问题，科技导报，1988年6期

27.石玉林（主编），新疆资源开发与生产布局，科学出版社，1989年

28.石玉林等，"我国土地资源承载能力研究"，人口、资源、环境与农业发展，1989年

29.石玉林、李立贤，我国土地资源利用的几个战略问题，自然资源学报，1989.4（2）－97－105

30.石玉林等，切实保护、充分利用耕地资源，中国土地科学，1989第三卷第三期

31.石玉林，开发塔里木油田发展石油化学工业——谈新疆石油开发前景，中国科学报，1990年3月16日

32.石玉林（主编），中国1∶100万土地资源图，西安地图出版社，1990年

33.石玉林（主编），《中国1∶100万土地资源图》编图制图规范，科学出版社，1990年

34.石玉林，"关于甘新区的粮食生产问题"，全国农业区划学会第三次学术讨论会论文选编，1990年12月

35.陈百明、石玉林，提高我国土地资源生产能力的战略抉择，自然资源，1991（5）－1－9

36.石玉林，我国土地资源，中国科学报，1991年1月11日

37.石玉林，我国土地资源承载能力研究，大自然探索，1991.10（4）－9－14

38.石玉林（执行主编），国情分析研究第2号报告：开源与节约——中国自然资源与人力资源的潜力与对策，科学技术出版社，1992年

39.石玉林，在改革开放中发展我国的综合考察事业，自然资源，1992（1）

40.石玉林（主编），中国土地资源的人口承载能力研究（论文集），人民出版社，1992年

41.石玉林、容洞谷，中国资源态势与对策——资源节约与综合利用，1992（1）－12－15

42.石玉林，"开发山地资源，发展山区经济"，中国农业资源与区划学会成立大会暨学术讲座会论文选编，1992年8月

43.石玉林等，"开源与节约—建立资源节约型国民经济体系"，资源综合利用发展对策论文集，1992年8月

44.石玉林等，资源态势与对策，中国资源潜力趋势与对策 – 中国科学院地学部研讨会文集，北京出版社，1993年

45.Shiyulin, The Exploitation of Resources in Mountainous Areas and The Development of Mountains Economy, International forum on development of poor Mountain Areas（IF odopma）March 22-27, Beijing China，1993

46.孙颔、石玉林等，中国农业自然资源与区域发展，江苏科学出版社，1994年

47.石玉林（主编）等，中国自然资源丛书·综合卷，环境科学出版社，1995年12月

48.石玉林，依靠本国资源养活16亿人口，中国科学报（海外版），1996年7月25日

49.石玉林，从国情出发，走可持续发展之路，光明日报，1996年8月24日

50.石玉林，我国农业资源的高效利用与管理，科学中国人，1996年9月

51.石玉林，积极开展资源工程学的研究，中国科学报，1996年10月7日

52.石玉林，中国必须走可持续发展的道路——中国工程院院士石玉麟谈中国资源开发战略，中国科学报（海外版），1996年11月25日

53.石玉林，论我国资源的开发战略，光明日报，1997年7月27日

54.石玉林，资源开发百年大计，绿色日报，1976年8月3日

55.石玉林，"中国资源特点与开发战略探讨"《共同走向科学》——百院士科技系列报告集（中），新华出版社，1997年3月一版

56.石玉林，"依靠本国资源养活16亿人口"《中国怎样养活养好中国人》–中国权威人士论，中国财政经济出版社，1997年3月

57.石玉林，中国土地资源的可持续利用，地理知识，1997（2）8-9

58.石玉林，论我国资源的开发战略，光明日报，1997年10月27日

59.石玉林、封志明，开展农业资源高效利用研究，自然资源学报，1997.12（4）239-298

60.齐文虎、石玉林，计算机控制农业，资源科学，1998.20（2）34-38

61.石玉林，"黄土资源治理与开发"，黄土高原研讨会论文集，1998年

62.薛惠尹，中国工程院院士石玉麟呼吁西部开荒须科学适度，科学时报，1999年5月3日

63.石玉林、容洞谷，"资源科学的发展趋势"，中国科协年会文集

64.石玉林（主编）等，"中国资源科学百科全书"总论，中国大百科全书出版社，石油大学出版社，2000年3月

65.石玉林，劣势未必不是优势，北京青年报，2000年4月9日

66.石玉林、齐文虎，精准农业–现代农业的方向，人民日报，2000年6月5日

67.吕贤如，西部大开发新疆机会多——一位工程院院士看西部大开发，光明日报，2000年6月2日

68."如何合理进行西部开发"石玉麟院士提出六点看法，科学时报，2000年10月2日

69.石玉林、陈传友，回顾过去探索未来，自然资源学报，2001年第一期

70.石玉林、陈传友主编，资源——资财之源，山东教育出版社2001年1月

71.石玉林等，两种资源　两个市场——构建中国资源安全保障体系研究（摘要），科学时报，2001年1月19日

72.石玉林，我与地图相伴，科学时报，2001年8月31日

73.石玉林，卢良恕主编，中国农业需水与节水高效农业建设——"中国可持续发展的水资源战略研究报告集"第四卷，中国水利水电出版社，2001年8月

74.石玉林（主编）等，国情分析研究第8号报告：两种资源　两个市场——构建中国资源安全保障体系研究，天津人民出版社，2001年9月

75.石玉林，"构建资源安全保障体系"《世纪寄语》——百位专家学者谈资源与环境，人民出版社，2002年8月

76.孙颔、石玉林主编，中国农业土地利用，江苏科学技术出版社，2003年12月

77.石玉林主编，西北地区土地荒漠化与水土资源利用研究——西北地区水资源配置生态环境建设和可持续发展战略研究（土地荒漠化卷），科学出版社，2004年4月

78.石玉林，在向自治区政府汇报会上的发言，塔里木河流域信息，2004年第8期（总第106期）

79.石玉林，综合研究方法的一点体会——十载征程百年伟业，中国工程院建院十周年诗文书画集，2004年5月

80.石玉林，"以节水型社会建设为切入点，改变增长方式"，宁夏节水型社会建设材料汇编，自治区水利厅自治区科技厅，2004年

81.石玉林，"农业资源保证程度与安全"———《我国农业发展若干重大问题咨询研究》分报告一，中国农业出版社，2005年5月

82.石玉林主编，"西北干旱区绿洲农业的若干重大问题研究"，工程科技与发展战略咨询研究报告集，2005年12月

83.石玉林等，资源科学，高等教育出版社，2006年8月

84.石玉林主编，中国土地资源图集，中国大地出版社，2006年11月

85.石玉林主编，东北地区农业发展战略研究——东北地区有关水土资源配置、生态与环境保护和可持续发展的若干战略问题研究（农业卷），科学出版社，2007年2月

86.沈国舫、石玉林主编，中国区域农业资源合理配置、环境综合治理和农业区域协调发展战略研究（综合报告），中国农业出版社，2008年5月

87.石玉林主编，农业资源合理配置与提高农业综合生产力研究——中国区域农业资源合理配置、环境综合治理和农业区域协调发展战略研究（资源卷），中国农业出版社，2008年5月

88.石玉林，王立新等，中国农业资源合理配置与提高农业综合生产力研究，中国农业出版社，2008年6月

89.石玉林主编，江苏省沿海地区水土资源合理利用与农业综合发展研究——江苏沿海地区综合开发战略研究（农业卷），江苏人民出版社，2008年12月

90.钱正英、石玉林、雷志栋主编，新疆可持续发展中有关水资源的战略研究（综合卷），中国工程院，2012年9月

91.石玉林主编，浙江沿海及海岛地区农业与海洋渔业发展研究——浙江沿海及海岛综合开发战略研究（农业卷），浙江人民出版社，2012年12月

92.石玉林，石玉林文集（上、下卷），高等教育出版社，2013年6月

93.石玉林主编，新疆人工绿洲建设、盐碱地改良与农林牧业可持续发展，中国水利水电出版社，2013年11月

94.石玉林，岁月补遗，海峡文艺出版社，2015年10月

95.石玉林、于贵瑞等主编，国土生态安全、水土资源优化配置与空间格局研究——中国生态文明建设重大战略研究丛书（第二

卷），科学出版社，2017年5月

96.石玉林等，"中国农业资源环境若干战略问题研究"，中国工程科学，2018年第20卷第5期

97.石玉林（主编），中国农业资源环境若干重大战略问题研究（综合卷），中国农业出版社，2019年8月